Du même auteur :

Collection *Les Voyageurs peintres et écrivains du XIXᵉ siècle*
Le Voyage en Égypte
Le Voyage en France
Le Voyage en Terre Sainte
Le Voyage à Venise

22/24, rue de Nevers - 75006 Paris
Tél. : (33) 1 42 34 54 54.

LE VOYAGE EN ITALIE

Jean-Claude Simoën

LE VOYAGE EN ITALIE

nouvelle édition revue et augmentée

IMPACT LIVRE

Vue générale de Florence ; le Ponte Vecchio et l'Arno.

Autrefois, je vénérais le grand génie de Michel-Ange, cet homme qui fut grand en poésie, en peinture, en sculpture, en architecture, grand dans tout ce qu'il entreprit. Mais je ne veux pas de Michel-Ange au petit déjeuner, au déjeuner, au dîner, pour le thé, au souper et entre les repas. J'aime changer de temps en temps.

À Gênes, il a tout dessiné ; à Milan, tout a été dessiné par lui ou par ses élèves ; il a dessiné le lac de Côme ; à Padoue, Vérone, Venise, Bologne, de qui nous ont parlé les guides sinon de Michel-Ange ?

À Florence il a tout peint, il a presque tout dessiné, et ce qu'il ne dessinait pas, il le regardait assis sur une pierre et on nous a montré la pierre. À Pise, il a tout dessiné sauf la fameuse tour, et on la lui aurait attribuée si elle n'avait pas été si effroyablement hors de la perpendiculaire. Il a établi les plans des quais de Livourne et les réglementations douanières de Civitavecchia. Mais ici, ici c'est effrayant. Il a dessiné Saint-Pierre ; il a dessiné le pape ; il a dessiné le Panthéon, l'uniforme des soldats du pape, le Tibre, le Vatican, le Colisée, le Capitole, la roche Tarpéienne, le palais Barberini, Saint-Jean-de-Latran, la campagne romaine, la voie Appienne, les Sept Collines, les thermes de Caracalla, l'aqueduc de Claude, le Grand Cloaque – cet éternel importun a dessiné la Ville éternelle, et à moins que tous les hommes et tous les livres mentent il a aussi peint tout ce qui s'y trouve ! Dan a dit l'autre jour au guide : « Assez, assez, assez ! N'en dites pas plus ! Résumez ! Dites que le Créateur a fait l'Italie d'après des plans de Michel-Ange ! »

Mark Twain

Muletiers dans les environs de Naples.

SOMMAIRE

INTRODUCTION

« C'est l'amour de la campagne, le désir de contempler à loisir le spectacle de la nature, et surtout l'ardente ambition de la représenter avec justesse et vérité, qui ont déterminé notre profession. »

Pierre de VALENCIENNES

Un voyage en Italie, qu'il dure trois jours ou plusieurs semaines, laisse toujours un indicible regret lorsqu'il est terminé. Est-ce la beauté et la variété des paysages ? La chaleur méditerranéenne des habitants ? Est-ce la diversité de l'éventail artistique ? Peut-être tout cela à la fois, car nul ne peut quitter le sol italien sans s'être intérieurement juré d'y revenir un jour.

Une force plus intense et plus ténébreuse pousse le voyageur à retourner sur ses pas, une force qui surgit inconsciemment, comme un besoin d'appartenance à une mémoire collective. L'Italie, mère nourricière, apporte des réponses à travers son histoire. La Rome mythique de l'Empire des Césars, la flamboyance artistique du Quattrocento des Médicis, la suprématie commerciale de Venise ou de Gênes au Moyen Âge, ou la pérennité œcuménique d'une Église apostolique, lui ont, chacun à leur manière, légué un héritage difficile à occulter : l'Italie, pôle attractif du vieil Occident, carrefour des Arts et sanctuaire originel de l'Europe, fait partie de notre patrimoine sentimental comme nous sommes les transfigurations inconscientes du sien.

Aucun désordre n'est venu perturber le passage de la Rome antique et païenne à la Rome chrétienne, forgeant, du même coup, une légitimité reconnue, dans une continuité que l'on peut qualifier d'apaisante. Mais au-delà les symboles d'un passé révolu, jamais pays n'aura suscité autant de passions controversées. Maîtresse tour à tour adulée et délaissée, cette terre serpentine fut le réceptacle de toutes les fascinations et de toutes les répulsions. À la puissance éclairée des princes et des cités de la Renaissance se substitua une décadence interminable et languissante qui provoqua le mépris, la suffisance des pays voisins, trop heureux de mettre un terme à une jalousie souvent justifiée.

En butte aux armées impériales puis françaises, à la souveraineté espagnole, aux aventuriers à la solde de potentats locaux, plus enclins au pillage qu'à la quête artistique, l'Italie est devenue le champ de bataille de toutes les convoitises politiques. Figure emblématique déboulonnée de son socle, elle n'a pu résister longtemps aux querelles intestines, et aux invasions, devenant, bien malgré elle, prisonnière culturelle de ses divers conquérants. Montesquieu avouera, lors de son voyage en 1728 : « Les républiques d'Italie ne sont que de misérables aristocraties, qui ne subsistent que par la pitié qu'on leur accorde et où les nobles, sans aucun sentiment de grandeur et de gloire, n'ont d'autre ambition que de maintenir leur oisiveté et leurs prérogatives. »

Malgré ce dédain pour un peuple impuissant à enrayer sa chute, considéré comme licencieux et arriéré par l'Europe du XVIIIe siècle, bon nombre d'esthètes, d'artistes ou de diplomates s'émerveillaient encore pour les ruines et les vestiges des lumières d'une Rome-musée tandis que d'autres, moins délicats, se vautraient dans la luxure vénitienne. Même le *Risorgimento* du siècle suivant fera difficilement taire les sarcasmes et la méfiance des cousins environnants.

À partir du XVIe siècle, les conditions de voyage s'améliorèrent progressivement.

Jusqu'alors, routes et moyens de transport laissaient à désirer. Le pèlerin du Moyen Âge qui se rendait à Rome, la ville sainte, s'exposait à tous les dangers. Bandits de grand chemin qui rançonnaient quand ils ne tuaient pas, nuitées dans des bouges malpropres et mal famés, ruelles sombres et propices aux coupe-gorge. Les gîtes réputés, ou du moins, les plus sûrs, avaient pour nom *L'Hostellerie du cavalier* à Vérone, *L'Enseigne de l'épée* ou celui très en vogue de *L'Ours* à Rome.

Plus tard, l'intérêt de voyageurs comme Montaigne ou Milton consacre le renom artistique de l'Italie. À la suite du traité de Cateau-Cambrésis en 1559 et de la paix avec l'Espagne, la sécurité des routes n'est plus un leurre, même si les bandits sont encore légion dans la seconde moitié du XVIIe siècle. Les itinéraires se précisent, les villes se font plus accueillantes. Du voyage à dos de cheval, on passe au voiturin, véhicule à deux roues, puis rapidement à la voiture à quatre roues du XVIIIe siècle, confortable et rapide. Le tourisme – issu du mot tour et signifiant excursionner – voit ainsi le jour sous la houlette des premiers guides, ancêtres balbutiants des bréviaires actuels. Les « touristes néophytes » y apprennent la manière la plus commode et fructueuse de voyager, de même que les sites « remarquables » à visiter en priorité.

Avec le XIXe siècle, le confort amélioré des hôtels, l'avènement du chemin de fer et la création de nouveaux axes, l'Italie ouvrira ses portes en grand et les voyageurs pourront, en toute commodité, assouvir leur soif de curiosités, suivant des circuits désormais codifiés : la période antique à Rome, Pompéi ou en Sicile, la

Renaissance à Florence ou dans la Venise des doges.

En cinq siècles, la typologie des voyageurs se sera modifiée considérablement. Chacun d'entre eux aura, suivant l'époque, le tempérament, la nationalité, appréhendé à sa façon ce pays aux multiples facettes.

Qu'ils aient été précurseurs comme Montaigne ou Milton, chroniqueurs comme Montesquieu, épicuriens tel De Brosses, romantiques à la Chateaubriand ou Lord Byron, historiens d'art tels Hippolyte Taine ou Viollet-le-Duc, égotistes comme Stendhal, Goethe ou envoyés spéciaux à l'image d'un Émile Zola, tous ont éprouvé la passion mesurée, ou démesurée, d'un pays mythique et mystique et tous ont œuvré afin de perpétuer, en autant de palimpsestes, le souvenir vivace des éternités italiennes. L'Italie, qu'elle soit « la mère nourricière », la « sœur de lait » ou la « petite fille » soumise, restera pour tous ces voyageurs qui ont abordé ses rives et ses frontières, l'incontournable dispensatrice de la beauté sous toutes les formes.

Dès le XVIe siècle, le voyage en Italie parachève l'éducation de tout Européen éclairé, qui, de bonne famille et riche de surcroît – car un tel périple coûte cher –, se montre désireux de parfaire ses connaissances artistiques et historiques. Afin d'échapper à leur isolement, les gentilshommes anglais de l'ère élisabéthaine sont les premiers à entreprendre la reconnaissance du continent. Influencés par les récits de Thomas Hoby, ambassadeur privilégié de la reine, qui parcourt la péninsule de 1548 à 1550, ils s'enhardissent hors de leur île pour visiter d'autres terres, se frotter aux patrimoines étrangers, faisant fi de leur méfiance traditionnelle.

Le physicien Andrew Boarde mais surtout Richard Rowlands en 1576 sont les instigateurs involontaires de ce qu'on appellera *Le Grand Tour,* longue quête initiatique de la connaissance à travers l'Europe.

Francis Bacon qui a sauté le pas au début du XVIe siècle donne ainsi, à ses compatriotes, des leçons de savoir-voyager : « Si vous voulez que les jeunes apprennent le plus possible durant leur voyage, vous devez leur dire de se comporter de la manière suivante : d'abord, ils doivent connaître quelques rudiments de la langue du pays qu'ils visitent, puis doivent avoir un serviteur ou un tuteur comme guide du pays. Vous devez les inciter à emporter avec eux des livres qui décrivent le pays en question. Faites en sorte qu'ils tiennent un journal. Faites qu'ils ne restent pas trop longtemps dans un pays ou dans une ville [...] qu'ils fréquentent le meilleur milieu de la ville où ils se trouvent. [...] Faites qu'ils rendent visite aux personnes les plus influentes ». Malgré toutes ces précautions, certains jeunes gens se laissaient aller à l'imprudence. Grâce aux bontés de son père, James Boswell avait pu s'offrir neuf mois en Italie. Jeune et plutôt naïf, il rêvait d'une aventure passionnée avec une belle transalpine. Mais, inexpérience ou maladresse, il n'essuya que des refus, les dames du monde lui faisant grise mine. Et de se retourner vers des créatures moins farouches, à la galanterie tarifée, d'abord à Turin puis à Rome où une belle le gratifia de cuisants souvenirs. À peine remis de cette douloureuse expérience, le jeune homme se laissait prendre – cette fois à Venise – aux charmes d'une jolie danseuse : charmes aussi brûlants que ceux des précédentes...

Les Anglais, plus que les autres Européens, sont méfiants à l'égard des mœurs qui règnent en Italie. Bien que recelant des trésors artistiques, celle-ci n'en reste pas moins une contrée aventureuse, déchue, en proie à tous les vices et toutes les tentations. N'est-elle pas considérée comme le royaume des perversions hétérosexuelles et l'Eden de l'homosexualité européenne ? Aussi les jeunes aristocrates anglais ou français ne peuvent accomplir leur périple que dûment accompagnés de serviteurs et de précepteurs avisés, garants de leur sécurité morale et physique. Car, si voyager forme la jeunesse, si avoir un esprit sain dans un corps sain sert d'ultime credo, il ne faut sous aucun prétexte sortir des limites imposées, s'occuper ni des coutumes ni de la vie sociale d'un pays dangereux, si dépravé, en butte à toutes les intrigues. On évitera donc de participer aux fêtes, de s'intégrer de quelque manière que ce soit à la vie quotidienne, ou alors de très loin, tels les témoins privilégiés mais passifs des bacchanales d'une population arriérée. Seuls l'érudition, l'art de la musique et de l'architecture, la visite des monuments, la fréquentation de la haute société doivent guider les pas de ces jeunes gens. N'est pas humaniste qui veut !

Jeunesse dorée en quête d'apprentissage, mais également notables en poste, ambassadeurs, lettrés, artistes bénéficiant d'une bourse, militaires ou chargés de mission, les voyageurs du XVIe et du XVIIe siècle appartiennent à la caste fermée de *l'intelligentsia,* seule capable de supporter, tant sur le plan financier qu'intellectuel, un périple qui dure souvent plus d'une année.

Lorsque en 1580, à quarante-sept ans, Michel Eyquem de Montaigne, après être passé par l'Allemagne, entreprend son voyage en Italie, il ne déroge pas à la règle. Bien que son âge le dispense de toute leçon, il part avec son jeune frère, Bertrand de Mattecoulon, désireux d'apprendre l'art de l'escrime à Rome, quelques amis, dont son beau-frère Bernard de Cazalis, et Charles d'Estissac, ainsi que plusieurs domestiques, laquais et muletiers sans oublier un secrétaire zélé qui écrira une partie de sa relation de voyage en français – Montaigne prenant un malin plaisir à coucher la sienne en italien.

Il s'agit, pour lui, de « rendre visite » à ce pays de l'érudition et de l'humanisme, d'assouvir sa curiosité universelle à la source incontestée de la civilisation occidentale. Car pour l'ancien maire de Bordeaux qui s'est retiré sur ses terres afin de s'y consacrer au travail intellectuel et moraliste, qui à « quarante ans se juge engagé dans les avenues de la vieillesse », l'Italie représente, à défaut de la puissance, la quintessence du savoir et de la culture.

En effet, depuis le début du siècle, le paysage économique de l'Europe a changé d'âme. Christophe Colomb, « le traître génois », a détourné le commerce méditerranéen au profit du Nouveau Monde. Les routes maritimes s'ouvrent à l'Amérique, terre de conquêtes et de trésors futurs. Les villes de l'Atlantique prennent le pas sur leurs voisines italiennes. En même temps, l'Espagnol Charles VIII envahit la péninsule et fait de l'Italie l'enjeu de guerres européennes. Les mercenaires affluent et les Italiens baissent pavillon. Seule survit la richesse omniprésente des arts qui continue de susciter une irrésistible curiosité. Les voyageurs aspirent à connaître non tant les Italiens que leur patrimoine. Ils préfèrent dialoguer avec les ombres illustres d'un passé nostalgique et glorieux, se rassasier d'une culture qu'ils estiment proche de la perfection.

Montaigne définit ainsi l'utilité majeure du voyage : « Voyager me semble un exercice salutaire. L'âme s'entraîne continuellement à noter les choses inconnues et neuves et je ne connais autre meilleure école, comme je le dis souvent, pour former la vie que de mettre continuellement en avant la diversité de tant d'autres vies, idées, usages et de goûter ainsi à une variété perpétuelle des formes de notre nature. »

Montaigne souhaite sortir de France en raison de l'ennui qui le ronge depuis qu'il s'est retiré du pouvoir. Il aimerait aussi vérifier *de visu* ce qu'il a appris dans les livres, visiter les pays étrangers pour « rapporter principalement les humeurs de ces nations et leurs façons et pour frotter et limer nostre cervelle contre celle d'autruy ». Rome qui a occupé une place prépondérante dans sa formation classique l'attire par-dessus tout. Enfin Montaigne souffre depuis longtemps d'une gravelle. Il espère qu'un climat plus doux, les eaux et bains italiens d'excellente réputation auront raison des atroces coliques néphrétiques qu'il endure. Décrivant diverses stations thermales dont celle de Lucques, en Toscane, où il fera un tong séjour, il n'épargne au lecteur aucun détail de son anatomie en péril ni la manière dont il expulse ses cailloux gros comme des fèves.

Malgré ses ennuis de santé, et contrairement à ses compagnons qui s'impatientent de rallier Rome, but principal de leur pérégrination, Montaigne prend le temps de jouir de son environnement quotidien. Les étapes sont courtes, en moyenne une trentaine de kilomètres par jour, les chemins loin d'être praticables. Quant aux hôtels italiens, ils ne valent pas, selon lui, leurs équivalents français ou allemands : « Les logis en Italie de beaucoup pires, nulles salles (salles à manger), les fenêtres grandes et toutes ouvertes, sauf un grand contrevent de bois qui vous chasse le jour ». Les couches se révélant souvent inconfortables et le linge pas très net, Montaigne dort parfois sur un matelas dans la salle à manger « pour éviter les punaises dont tous les lits sont forts infectés ». Les prix, en revanche, sont les mêmes qu'en France, la nourriture est très inégale : si le vin est à Florence, « communément pire » qu'ailleurs, l'auteur des *Essais* déclare avoir apprécié du « fromage tel qu'il se fait vers Milan et dans les environs de Plaisance puis de très bonnes olives sans noyau, assaisonnées avec de l'huile et du vinaigre en façon de salade et à la mode de Gênes. »

Au XVIe siècle, les voyageurs peuvent déjà compter sur des guides touristiques rédigés en latin et provenant, pour la plupart, d'Allemagne. Les plus réputés sont ceux de Paul Hentzer et de Sébastien Munster, documents étonnants et précieux où la topographie des villes, la description méticuleuse des rivières, côtes, montagnes, le recensement de tous les sites et monuments sans oublier les institutions ou les recommandations d'usage accompagnent le « vray pourtraict des animaux estranges et incogneuz et l'ensemble des coustumes, loix, religions, faictz et changemens de toutes nations, avec les généalogies des Roys, Ducz et autres Princes de toute la terre. »

Montaigne, lui même, se plaindra à son secrétaire de ne pas avoir emmené avec lui son *Munster*. Mais si le Français a dû compulser ces manuels de référence, il reste avant tout un sensitif, se fiant à son instinct. Il ne cherche pas à mettre ses pas dans les traces de ses prédécesseurs, mais à imprimer les siennes propres : « S'il fait laid à droite je prends à gauche. »

Son journal rassemble une somme de sensations et d'expériences accumulées au fil des jours. Montaigne n'a cure des conseils et des itinéraires, il veut faire un voyage « extravagant », porter un regard critique donc lucide sur ce qu'il a vu. Sa description de Rome, d'évidence bien étudiée, n'a pas eu d'égale en son temps.

Il est curieux de tout ce qui l'entoure, aussi bien d'un paysage anodin que d'une belle villa. « L'observation dans la sobriété » fut son antienne tout au long de ces dix-sept mois passés hors de France. Il est en ce sens un précurseur que suivront par la suite bon nombre de « visiteurs extravagants ».

Le Grand Tour nécessitant une solide assise financière, les premiers voyageurs de l'ère élisabéthaine utilisent, pour se déplacer, la lettre de crédit. Le futur touriste dépose une certaine somme d'argent dans un comptoir italien de Londres ou de Paris qui délivre un avis de crédit. Les banques de la péninsule, prévenues de ces tractations financières, peuvent alors lui remettre des liquidités tout au long de son périple. Seul inconvénient, les monnaies. Il faut avoir une bonne dose d'humour et de sang-froid pour jongler avec celles qui ont cours dans les différents États et provinces du sol italien. Et donc connaître l'équivalence du Jules romain en lires italiennes, de la lire en pistoles françaises, de la pistole en florins allemands, du florin en réaux espagnols et ainsi de suite. Aussi, pour ne pas perdre de temps et de patience, les voyageurs sont invités à se familiariser avec la langue de Dante avant d'entamer leur aventure. À partir du XVIIIe siècle, avec l'afflux grandissant des étrangers, la lettre de crédit s'universalise et les transactions se banalisent, de banque à banque. Mais les douanes, elles demeurent aussi nombreuses qu'il y a d'États à traverser : « On passe sous tant de dominations différentes en parcourant l'Italie, écrivait Duclos en 1767, que ces visites sont une des incommodités du voyage. On se les épargne quelquefois avec de l'argent mais que les commis visitent ou non, il faut toujours payer... »

Il faudra une centaine d'années, pour que l'Italie peu à peu se métamorphose. À l'aube du XVIIIe siècle, elle offre aux touristes voyageurs de plus grandes commodités. Les chemins « des écoliers » empruntés par Montaigne ont été aménagés ; les voyages d'agrément sont devenus une distraction plus courante. Les coches plus confortables ont remplacé le cheval de selle et le chariot à mulets. Le carrosse à quatre chevaux, monté sur des ressorts d'acier et pourvu d'un train avant mobile, peut transporter huit personnes avec armes et bagages et parcourir de grandes distances sans trop altérer la santé de ses précieux locataires. La voiture, tirée par un ou plusieurs chevaux devient le moyen de locomotion par excellence. Légère, elle permet une grande souplesse dans les déplacements et surtout une liberté non négligeable pour visiter à sa guise les villes, les campagnes et les monuments.

Quant aux bagages, leur volume est proportionnel à la durée du séjour : monstrueux ! Marianna Starke, une Anglaise qui vécut sept ans – de 1793 à 1800 – en Italie décrit avec moult détails la panoplie gargantuesque nécessaire à tout voyageur anglais désireux de prendre ses aises. La liste est impressionnante : « Une couchette qui puisse se transformer en canapé-lit, deux sacs à dos en peau de brebis, deux coussins, deux couvertures de laine, deux descentes de lit, des draps, deux taies, une moustiquaire de voile fin, un cadenas de chambre, serviettes de bain, nappes, serviettes de table (pas belles mais résistantes à l'usage), pistolets, couteaux, un couteau de poche pour les repas, des cuillers d'argent pour le service, des cuillers à soupe et à thé, des petites cuillères pour le sel, une théière d'argent ou même plaquée, un pot en fer-blanc pour faire bouillir l'eau du thé, une boîte avec le briquet et l'amadou ou une simple lampe de poche, une boîte pour le thé et une pour le sucre [...] » sans oublier le thé, bien sûr, du poivre de cayenne, de la noix de muscade, de l'encre en poudre, des aiguilles, du fil, du ruban, des épingles, des selles de cheval, des bas de laine transparents, des chaussures et diverses bottes à semelle double, normale ou en liège pour lutter contre le froid des sols en marbre, une boîte à médicaments, de l'éther, de l'opium pur, des élixirs de tous ordres, un thermomètre, les ustensiles pour se nettoyer et limer les dents, du vitriol (qui sert à déposer les impuretés de l'eau croupie et à la rendre potable), de la lavande pour éloigner les moustiques et autres insectes de nuit, des onguents pour les ampoules, etc. Sans compter les malles, les coffres pour ranger et transporter le tout. Bref une panoplie plutôt incommode pour se déplacer incognito et ne pas attirer l'attention des bandits de tout poil et qui pourrait prêter à rire si l'on ne connaissait pas l'insécurité des routes, l'état déplorable de certaines auberges infestées de punaises, puces, cafards et autres charmantes bestioles, et surtout le préjugé défavorable vis-à-vis du peuple italien.

Tous les voyageurs n'emportaient pas avec eux un tel attirail, certains se contentaient d'une ou deux malles de vêtements, d'une trousse de toilette et de premiers secours. Mais aucun *grantouriste* n'omettrait dans ses bagages le nécessaire à aquarelle, à gouache qui permettait d'immortaliser sur carton ou papier un lieu jugé beau ou pittoresque ! Ces croquis de voyage, souvent repris et embellis en atelier par les peintres professionnels, engendreront au début du XIXe siècle un art à part entière de la peinture à l'extérieur, dont Corot sera l'un des plus illustres représentants. Pour l'heure, les voyageurs du siècle des lumières se contentent, en bons humanistes qu'ils sont, de transcrire leurs impressions par l'écrit, le dessin n'étant qu'un complément au souvenir.

Outre un bon guide (il s'en publie deux ou trois par an au XVIIIe siècle), la carte topographique est un document sans lequel bon nombre de voyageurs seraient passablement perdus. Misson, le premier, insiste sur la nécessité d'emporter une carte : « Rien n'est plus agréable, en voyageant que de consulter la carte [...] je donne sur cela trois avis. Premièrement de n'attendre pas à acheter des cartes dans les pays où l'on va : nous en avons cherché en plusieurs grandes villes, sans en pouvoir trouver. Il faut donc en faire provision avant de partir [...] secondement de les faire entoiler et de les rouler sur un bâton fait exprès et enfin d'écrire sur un mémoire particulier, toutes les diverses fautes que l'on y rencontre. »

Malheureusement les premières cartes ne sont pas toujours fiables, aussi beaucoup de voyageurs se plaignent-ils de trouver une montagne aride là où ils s'attendaient à voir une plaine verdoyante. Néanmoins les adeptes du Grand Tour connaissent tous le *Portefeuille nécessaire à tous ceux qui font le tour d'Italie,* un recueil en vingt-six cartes topographiques imprimé en Angleterre et légendé en français. Autres cartologies connues, le *Novum Italiae Theatrum* de l'Italien De Rossi ou l'atlas de son compatriote Magini sans oublier, bien évidemment, le travail de véritable fourmi accompli par Lalande, dans son *Voyage d'un François en Italie* publié en 1749.

Rome, plus que jamais la capitale des arts, jouit d'un prestige grandissant dans la formation européenne. Nombre d'érudits écument les bibliothèques et étudient avec soin les textes latins et grecs. Jean Mabillon, chargé par les bénédictins de rapporter d'Italie des manuscrits anciens, établit un recensement minutieux de son voyage dans la Ville éternelle. Les Anglais, comme Jonathan Richardson, se spécialisent dans les répertoires de peintures ou de sculptures. Quant aux collectionneurs d'antiquités, ils n'hésitent pas à ramener chez eux d'authentiques chefs-d'œuvre, afin d'y recréer artificiellement une « petite Rome ». L'Italie devient un vaste atelier où il fait bon promener sa curiosité. À l'instar des étudiants bien nés des provinces romaines antiques qui allaient, sous l'empire, parfaire leur éducation dans les académies grecques, les jeunes noblaillons européens vont à Rome après leurs études « par convoitise de voir ». Ils sont généralement accompagnés d'un précepteur qui, outre son enseignement éclairé du voyage, rédigera le carnet de bord.

Le tuteur, qu'il soit ecclésiastique ou non, est un personnage quasi incontournable. Bien rémunéré, jouissant d'un statut privilégié, homme de confiance de l'aristocrate qui lui confie son adolescent, il a la lourde tâche d'éduquer son élève et de lui ouvrir les yeux sur les richesses artistiques. Ce poste est aussi recherché que prisé par nombre de lettrés qui y trouvent un moyen efficace d'approfondir leurs connaissances. Ainsi François-Maximilien Misson accomplit, entre 1687 et 1688, le Grand Tour en tant que tuteur des descendants du duc d'Ormond. Ce juge protestant français qui a fui son pays pour l'Angleterre après la révocation de l'Édit de Nantes, écrivit à cette occasion *Le Nouveau Voyage d'Italie.* L'ouvrage réimprimé plusieurs fois devient le guide le plus en vogue du XVIIIe siècle tant par la pertinence du propos que par la justesse de l'observation.

Richard Lassels, prêtre anglais et tuteur de jeunes aristocrates britanniques, effectua de la sorte plusieurs voyages en Europe dont cinq en Italie entre 1635 et 1665. Il relata ces expériences dans son *Voyage of Italy, or a complete journey through Italy,* témoignage précieux qui fut largement diffusé dans toute l'Europe.

C'est vraisemblablement à ce même Lassels que l'on doit l'expression de « Grand Tour ». Pour lui, « seul celui qui a accompli le "grand tour" de la France et le tour de l'Italie est en mesure de comprendre César et Tite-Live. » Cette formule, qui fera sensation, dessine les limites d'un circuit bien organisé qui passe par un certain nombre de pays européens, parmi lesquels l'Allemagne et l'Autriche, avec comme point d'orgue, l'Italie et principalement Rome, « centre du monde et jardin des arts ».

Le but de ce périple étant de s'initier à toutes les expériences, les voyageurs-érudits profitent de ce grand brassage cosmopolite pour échanger leurs vues avec les penseurs, artistes, diplomates d'autres contrées que la leur. Munis des fameux *Travel books* qui commencent à se propager, il suivent un véritable itinéraire balisé. Partis de Marseille, ils s'embarquent pour accoster à Gênes, Pise, Livourne ou traversent les Alpes par le Mont-Cenis : « Je pris là huit marrons (porteurs) pour me faire porter en chaise jusqu'au haut du Mont-Cenis et pour me faire ramasser de l'autre côté, » conclut Montaigne en 1581 à la fin de son voyage. Le même chemin sera emprunté, en 1758, par l'homme politique Jean-Pierre Grosley : « Nous passâmes le Mont-Cenis dans la voiture ordinaire, c'est-à-dire, sur une civière en forme de claie fixée sur deux bâtons. C'est la voiture commune à toutes les grandeurs de ce monde qui ont à passer les Alpes. [...] Ce portage dure près de quatre lieues » (près de seize kilomètres).

Venise, Milan, Florence, Sienne, ou Rome sont les villes du Grand Tour, avec Naples comme pointe extrême. Au milieu du XVIIIe siècle naîtra un engouement nouveau pour l'Italie du sud et cette région encore négligée, du moins par le plus grand nombre, deviendra, au XIXe siècle, partie intégrante de l'itinéraire.

Les voyageurs du Grand Tour ne musardent pas en chemin. Ils ne séjournent dans les villes que le temps nécessaire à la découverte des monuments et des lieux indiqués dans les guides, pour des périodes comprises entre une semaine et trois mois. Le reste est consacré au voyage proprement dit. Leurs témoignages pris sur le vif mettent au jour une réalité plurielle, des « Italies » hétéroclites et différentes, sujettes aux compromissions, aux luttes intestines et souvent fratricides ou, plus caricaturalement, aux rivalités de clocher. L'unité italienne n'est encore qu'une lointaine utopie. Mais nos aventuriers du XVIIe et du XVIIIe siècle n'en ont cure. Rome avant de devenir la capitale du royaume en 1870, aura été depuis bien longtemps dans leur cœur la capitale universelle par excellence.

Le voyage se déroule souvent par petites étapes car les routes sinueuses demeurent peu propices aux longs trajets. Les voitures prennent la poussière, les chevaux doivent souffler, les hommes manger et dormir. Les auberges de campagne, à la différence des villes, sont à l'avenant, effraient l'étranger par leur vétusté, leur saleté et si celui-ci doit s'en contenter, la méfiance règne. « Il y avait un lit sans rideau, une table sans tapis et deux chaises. Excepté la poussière qui couvrait ces meubles, ils étaient assez propres. Les deux officiers se mirent en devoir de faire mon lit et d'y mettre des draps qu'ils m'assurèrent être blancs de lessive. Je le crus pour leur faire plaisir et je les fis étendre sur ma couverture, ma coutume étant, depuis que j'étais en Italie, de coucher dans mon manteau tout habillé quand je n'avais point mon hamac », note Jean-Baptiste Labat lors de son voyage en 1709. Le même homme de foi, alors qu'il est à Messine, fait connaissance avec les punaises : « Nous en fûmes couverts en un moment. Les lits, les chaises, tout en était plein. Elles sortaient comme les essaims d'abeilles sortent d'une ruche et pour surcroît de mal, je crois que chaque brin de poussière dont la chambre était assez bien garnie, était composé d'un régiment de puces. »

Dans ces gîtes de campagne souvent dépourvus de cheminée et de vitres aux fenêtres, il arrive aux voyageurs de partager la même salle où sont exposés des lits douteux infestés de poux et de punaises, les draps, lorsqu'il y en a, ayant servi à plusieurs « générations » de clients. Certains tenanciers, peu scrupuleux, mouillent simplement les draps en les pliant pour faire croire qu'ils viennent d'être lavés. Smollett durant son périple italien en 1766 n'est pas tendre pour les sites qu'il fréquente : « Dans l'auberge de San Remo, il y avait à peine la place pour deux lits et une vieille table moisie couverte de figues desséchées. Il y avait aussi deux chaises dépareillées. Les murs, autrefois blanchis à la chaux, étaient drapés de toiles d'araignée et tachés de saletés de tous genres tandis que le sol n'avait pas eu la visite d'un balai depuis au moins un demi-siècle. » D'autres « clients » dorment tout habillés de peur d'attraper une quelconque maladie vénérienne. Certaines auberges ne possèdent même pas de latrines. Ainsi Goethe qui demandait à un domestique où se trouvaient les commodités s'entendit répondre « dans la cour ». Une fois sur place et ne voyant rien qui ressemblât à des toilettes, il réitéra sa question. Et le domestique, le plus naturellement du monde lui répondit : « Là où vous préférez ! »

Dans les villes, le même inconfort s'offre à la venue des étrangers. Montaigne condamne Florence mais se reprend à vivre à Lucques ou à Milan, quitte à parfois préférer une maison en location dont il peut arranger l'espace à sa façon.

Quant à la nourriture, elle diffère selon les régions et les goûts de chacun. William Beckford, le poète néo-romantique, se régale d'ortolans, de raisins et de pêches, mais fuit épouvanté devant des gésiers de corbeaux à la moutarde. Le père Labat, toujours lui, grandgousier devant l'éternel et joyeux compagnon, sauvera de Justesse à Tivoli le chapon et les pigeons qu'il venait d'acheter, près d'être bouillis avant d'être rôtis (il ne savait pas le brave homme que les Romains agissaient de la sorte pour que la viande soit plus tendre) ; mais il confesse toutefois d'avoir fort apprécié « une soupe de petits pois, un ragoût, des animelles ou ris de veau frits, et un gros pigeon rôti. J'eus encore des artichauts à la poivrade, des fraises et du fromage excellent et du vin blanc et rouge à la neige (c'est-à-dire frais). Et les oignons farcis de viande, de pignons, de raisins de Corinthe, de la coriandre et de l'écorce de citron confite » l'ont comblé. Sans compter le régal d'une *minestra* aux vermicelles couverte de cannelle battue.

A contrario, Misson dresse un inventaire plutôt sévère de l'art culinaire pratiqué dans les auberges : « Rien n'est plus pitoyable que les repas d'auberges dans les petites villes, particulièrement en de certaines routes. Leur entrée de table, qu'ils appellent antipasto est une assiette de gésiers ou de pattes et d'ailerons bouillis avec du sel et du poivre et quelques blancs d'œufs mêlés. Après cela viennent l'un après l'autre deux ou trois plats de différents ragoûts et le tout en petite mesure. En allant de Rome à Naples, on est quelquefois régalés de buffles et de corneilles [...]. Il y a toutes sortes de vins en Italie mais les bons sont les plus rares. Aux environs de Rome, on a le vin de Gensane, d'Albano et de Castel Gandolfo, tout cela n'est qu'un même terroir, [...] nous nous accommodions plutôt du petit asprino bianco ou du chaiarello piccante, quoiqu'ils soient beaucoup moins estimés. [...] Le beurre est rare en Italie... l'huile tient lieu de beurre mais quoiqu'ils la tirent de leurs propres olives, elle est souvent plus mauvaise que dans les pays où ces fruits ne croissent pas. » Ses critiques ne s'appliquent pas cependant aux raisins blancs de Venise, aux melons d'hiver de Naples où encore aux « succulentes cerises de Gênes ».

En Sicile, selon Roland de la Platière, « le veau est rare, le mouton détestable et à bas prix a un goût fort de bouquin [...] le gibier d'aucune espèce n'est bon dans cette partie de l'île (Palerme) mais la volaille est excellente. » Enfin il découvre sans apprécier la figue d'Inde,

« fruit vert en dehors et d'un beau rouge en dedans [...] d'un goût fade et les gens aisés en font peu de cas. » En revanche, il fait grand cas de la « glace à la pistache. »

Et les pâtes ? ces macaroni qui ont fait et font toujours la fortune gastronomique de l'Italie ? Si le père Labat en mange, il semblerait qu'à cette époque cette préparation ne soit pas encore un plat destiné aux gourmets.

Les repas sont servis à des heures tardives. « Monsieur de Montaigne se louait de leur coutume de dîner (déjeuner) et de souper (dîner) tard, selon son humeur : car on n'y dîne aux bonnes maisons qu'à deux heures après midy et soupe à neuf heures ; [...] (Montaigne) disait que c'était un bon pays pour les paresseux, car on s'y lève fort tard... »

Montesquieu a trente-neuf ans lorsqu'il accomplit son tour d'Europe. Il vient de vendre sa charge de président au Parlement de Bordeaux et d'être élu à l'Académie française. Lorsqu'il foule pour la première fois le sol italien, en 1728, il est encore empli de préjugés vis-à-vis de ce pays qu'il découvre en humaniste. La réalité va vite dissiper ces impressions. Tout d'abord dilettante et critique, il se transforme petit à petit en observateur attentif et émerveillé de Rome et de ses trésors.

« J'appelais Rome un sérail dont tout le monde avait la clé, » Montesquieu exprime ainsi ce que pensent tous les Européens du XVIIIe siècle : l'Italie tient lieu d'héritage universel. Comme beaucoup de ses contemporains, Montesquieu blâme sévèrement le peuple italien qui ne demande « qu'à être flatté ». Il juge le Génois « poltron », les Romains « fripons, (J'ai vu à Frascati trois hommes sur le perron d'une église faire de la contrebande du tabac devant tout le peuple [...] ; je les ai trouvés, le lendemain à Tivoli, auprès de l'église faire le même manège et aller ainsi se promener dans tout l'État ecclésiastique) », les Napolitains « paresseux », les Florentins « avares » et les Vénitiens « décadents ». Jamais on a vu tant de dévots et si peu de dévotion qu'en Italie. Il faut pourtant avouer que les Vénitiens et les Vénitiennes sont d'une dévotion à charmer ; un homme a beau entretenir une putain, il ne manquera pas sa messe pour toutes sortes de choses du monde. » Les filles de joie et la dépravation qui ont envahi la cité des doges ne trouvent pas grâce à ses yeux : « Vous remarquerez que les putains sont très utiles à Venise : car il n'y a qu'elles seules qui puissent faire dépenser les jeunes gens du pays et qu'il faut avouer que les marchands ne reçoivent de l'argent que d'elles. [...] Les putains de Venise, exécrables putains ; intéressées jusqu'à donner du dégoût au plus déterminé ; forts gâtées et peu belles ; ayant enfin, les défauts de la profession plus que celles d'aucun pays du monde. »

Mais lorsqu'il arrive à Rome, son esprit s'est aiguisé, ses sens se sont affinés et c'est d'un œil transformé qu'il visite, regarde et apprécie les vieilles pierres, la magnificence artistique de la ville des lumières. Il devient ainsi un amateur éclairé et un critique d'art attentif et attentionné : « On peut voir Naples dans deux minutes, il faut six mois pour voir Rome. » Passionné comme Montaigne des infrastructures commerciales et militaires, il donne des descriptions précises sur les arsenaux, les digues, les innovations agricoles, les systèmes d'irrigation et même sur l'artisanat du verre vénitien pour lequel il se passionne.

L'auteur des *Lettres persanes* ne semble pas étonné de rencontrer un grand nombre de ses compatriotes, car pour lui, « la promenade est précisément un besoin des Français. Les nations méridionales sont trop languissantes et les septentrionales trop pesantes... »

Pourtant quantité d'Allemands pratiquent le Grand Tour devenu, au milieu du XVIIIe, une mode. Il est en effet de bon ton de pouvoir dire « je l'ai fait ». Les premiers guides allemands écrits en langue latine étaient très connus dans l'Europe lettrée. À partir de la fin du XVIIe siècle, les contemporains de Goethe se mettent à écrire dans leur propre langue. Les ouvrages qui paraissent sont faits à l'usage des seuls Allemands. Johann Keysler en 1751 mais surtout Johann Volkmann en 1770 font paraître, chacun à son tour, des guides précieux. Celui de Volkmann connaîtra même une traduction française dans un format de poche.

Le néoclassicisme d'outre-Rhin qui sera à la naissance de l'effervescence romanesque du XIXe siècle provoque une étonnante passion italienne parmi les écrivains et érudits comme Johann Winckelmann, spécialiste de l'antiquité et archéologue de renom, Johann Hermann Von Riedesel ou Goethe. Mais c'est ce dernier qui portera les jugements les plus savoureux sur ce pays qui eut une grande influence sur sa formation et ses écrits. De tous les voyageurs néoclassiques, Goethe est certainement le plus amoureux des paysages italiens. Venu, à l'âge de trente-sept ans, en 1786, pour s'initier à la peinture et au dessin, il devra à cette rencontre avec l'art, le choc émotionnel de son existence : « J'ai l'impression d'être né ici, d'y avoir été élevé et de revenir maintenant d'un voyage au Groenland ou d'une chasse à la baleine. »

L'apparition de l'*Italienische Reise* de Goethe marquera la fin du Grand Tour. Italie modèle littéraire et artistique mais également modèle de vie, voilà bien un nouvel aspect du voyage. Il signe l'acte de naissance du Petit Tour, c'est-à-dire du seul voyage italien avec un séjour prémédité dirons-nous, de longue durée : en un mot, le voyage égotiste, tourné vers le vagabondage de l'âme.

Pourtant en ce XVIIIe siècle des Lumières, Anglais, Allemands, Français, Flamands ou Polonais, adeptes du Grand Tour poursuivent leur apprentissage, poussés par la curiosité chère à Samuel Johnson qui affirmait que « Rien ne distingue mieux l'âme noble et généreuse qu'un degré élevé de curiosité et cette curiosité ne peut s'appliquer à rien de meilleur que l'examen des lois et des coutumes des nations étrangères. » De plus en plus nombreux, les étrangers écument les villes de Toscane, de Vénétie, de Lombardie ou du Latium. Selon certaines sources, on ne recense pas moins de quarante mille d'entre eux à Rome durant le seul hiver 1760 ! Et Montesquieu qui se plaignait, en son temps, de ne rencontrer que très peu d'allochtones, aurait été éberlué. L'Italie devient une véritable tour de Babel européenne, un lieu de vacances organisées où les fêtes, les bals masqués et amusements de toute nature se multiplient et rivalisent d'effets. Les voituriers, tels les gondoliers de Venise, sont recherchés à titre de guides locaux. Le voyageur qui débarque pour la première fois s'en remet souvent à la débrouillardise de son « homme de main » pour lui trouver non seulement le gîte et le couvert, mais aussi le conduire, moyennant finances, dans tous les endroits qu'il est bon de visiter, mais aussi pour lui servir d'interprète si besoin est. Ces maillons, indispensables au tourisme grandissant, finissent par se rassembler en une corporation au sein de laquelle il est difficile d'entrer et où les places sont chères. Le voiturier italien des longues distances, celui qui conduit ses touristes de Naples à Rome ou de Florence à Gênes, voire qui accomplit une partie du Grand Tour avec eux, propose des prix très compétitifs par rapport à ses collègues français (les voiturins) ou britanniques. La concurrence est telle que les prix chutent. C'est le voiturier qui fixe le tarif de la location de la voiture ainsi que des repas à prendre à l'auberge. Quand, d'aventure, l'un des convives souhaite manger à sa guise et ne pas partager les dîners et soupers communs, il doit alors s'acquitter d'un supplément. Un grand nombre de voyageurs aisés, munis de lettres de recommandation, sont invités par les grandes familles italiennes ou étrangères vivant sur le sol italien. Ils ont le privilège de séjourner à Rome, Florence ou Pise dans de très bonnes conditions et profitent pleinement de leur apprentissage culturel. Comme l'explique le poète Thomas Gray, *grantouriste* en 1739 et invité à Florence par le consul anglais Horace Mann : « L'Arno coule sous nos fenêtres d'où nous pouvons pêcher. Le ciel est si pur et l'air est si doux que l'on peut rester dehors avec une robe de chambre légère pendant toute la nuit sans le moindre danger ; tout le monde va au pont de marbre pour écouter de la musique, manger des fruits glacés et dîner au clair de lune... »

Le voyage italien, aussi populaire soit-il, n'en reste pas moins une véritable odyssée. Edward Gibbon recommande au voyageur anglais « une énergie intense et inépuisable, dans l'esprit comme dans le corps, qui lui consente de faire recours à n'importe quel type de transport et de supporter avec le sourire sur les lèvres n'importe quelle adversité relative à la route, au temps et aux auberges où passer la nuit. Cette énergie doit stimuler une curiosité inépuisable, doit le rendre hostile au repos, capable de lutter contre le temps... »

Ce flux ininterrompu de rejetons aristocratiques, d'artistes, de bourgeois « à la mode », d'écrivains, de marchands, de soldats, d'ecclésiastiques, de laquais, de cuisiniers ou de secrétaires compose une troupe bigarrée dont les rangs ne feront que grossir au fil des décennies. Ces voyageurs déjà organisés qui ont acheté leur *travel book,* l'ont lu, appris, apprécié, veulent maintenant voir, toucher, sentir. Ils constituent une faune cosmopolite qui n'échappe pas aux sarcasmes de certains écrivains. L'Irlandais Lawrence Sterne, qui fit le voyage en 1768, en dénombre diverses catégories : « les voyageurs oisifs, les curieux, les menteurs, les orgueilleux, les vaniteux, les qui s'ennuient » sans oublier ceux qui sont là par nécessité comme « le voyageur délinquant et criminel, le voyageur infortuné et innocent, le simple voyageur. Enfin, (écrit-il) le dernier de tous, le voyageur sentimental (autrement dit moi-même, moi, qui ai voyagé, et qui m'assieds à l'instant même pour vous raconter comment j'ai voyagé autant par nécessité, par besoin de voyager, que n'importe quel autre membre de cette classe). »

Tous ces voyageurs impénitents qui suivent les mêmes parcours, les mêmes itinéraires expriment leur force créatrice par l'écriture, la peinture ou les deux disciplines. Chacun réagissant selon sa propre sensibilité, son esprit critique, le tout aboutit à un patchwork passablement répétitif, mais précieux, fait de témoignages suffisamment disparates et personnalisés pour que s'y laisse cerner un pays devenu le plus grand sérail touristique du monde.

Ces voyages d'humanistes en quête de savoir, s'ils sont souvent le fait d'hommes d'esprit, férus de sciences et spécialistes éminents de l'art, ont engendré une autre race de voyageurs, les épicuriens. Montaigne peut en être considéré comme le modeste initiateur ; mais son épicurisme qui se bornait à sortir des tracés établis et à laisser vagabonder son imagination, n'est rien à côté de celui de Charles de Brosses et de ses amis, partis à la conquête de l'Italie en 1739. De Brosses, personnage haut en couleur, âgé de trente ans, n'est encore que simple conseiller au parlement de Bourgogne lorsqu'il entreprend son Grand Tour. De petite taille, « il a une tête gaie, ironique, satirique, perdue dans l'immensité d'une forêt de cheveux qui l'offusquent. » Il aime la frivole compagnie des femmes, gaspille son argent en jouant aux cartes et participe régulièrement à des soupers qui finissent fort tard. Ce jouisseur, doté d'une grande intelligence, est capable de s'entretenir de sciences et techniques, de philosophie, d'art ou littérature avec le même aplomb. Ne s'est-il pas proposé pour faire partie de l'équipe des encyclopédistes avec Diderot et d'Alembert ? De Brosses, parti, comme tant d'autres, sans autre but que frotter ses humanités à la réalité, animera son récit de voyage d'une chronique savoureuse et sensuelle composée de mille détails aussi bien sur la vie quotidienne, l'art consommé du Titien, la musique et les grands de ce monde que sur les ruelles de Naples ou les courtisanes vénitiennes. Cette succession de tableaux vivants et emplis d'humour tranche nettement avec l'académisme frileux de la plupart des autres voyageurs.

Toutefois de Brosses ne sera pas édité de son vivant. Dans cette première moitié du XVIIIe siècle, seuls les érudits conformistes ont droit à la parole. Les lecteurs se penchent plutôt sur les écrits de Lalande, astronome célèbre et auteur d'un grand nombre d'ouvrages scientifiques de référence. Son non moins réputé *Voyage d'un Français en Italie en 1765 et 1766* est alors un incontournable livre de chevet et de voyage. De Brosses serait-il trop léger, trop dandy pour susciter l'envie de prendre ses lettres pour guide ? Il faudra Stendhal pour écrire, plus tard, qu' « excepté de Brosses, les voyageurs ne se sont pas doutés des mœurs, des habitudes, des préjugés, des diverses manières de chercher le bonheur du peuple qu'ils traversaient, ils n'ont vu que les morts. »

Les *Lettres d'Italie* du président de Brosses sont une suite de descriptions plus sensuelles et passionnées qu'exactes ou précises. Et pourtant il a certainement écrit les plus belles pages sur Venise, Ferrare ou Rome, laissant éclater son amour pour le beau et faisant ressortir les détails d'une toile de maître ou les couleurs d'un ciel pâlissant sur une vieille église. À son tour il a brocardé les voyageurs incapables de regarder et d'apprécier ce qu'ils ont sous les yeux, qui visitent sans âme, manquent de curiosité créatrice « et qui considèrent comme un déshonneur d'avoir vu quelque chose qui ne soit pas beau. » De Brosses, qui n'est pas avare de satire, n'épargne ni le « nez en gobille » de la reine de Naples, ni les « coïonneries » des cardinaux romains ou encore les décolletés vertigineux des nonnes vénitiennes. Et si lui-même ne dédaigne pas courir la belle ou s'encanailler dans un « casino » vénitien, son libertinage ne doit pas nous faire oublier ses rencontres admirables avec la peinture de Raphaël, de Michel-Ange ou du Corrège qu'il préfère à celle de Cimabue ou de Giotto. Mélomane averti, il s'étonne que Vivaldi ne soit pas encore connu de ses contemporains, lui dont la musique est la plus belle qui soit donnée d'entendre ; et de s'inquiéter que le forum antique de la plus belle ville du monde devienne « un marché aux bœufs et aux vaches ».

Le Grand Tour possède ses codes, ses étapes préméditées, ses sanctuaires. Si Rome revient aux Français depuis que Colbert y institua l'Académie de France – la Villa Médicis – en 1666 pour permettre aux artistes lauréats des grands prix de cultiver « au service du roy le bon goût et la manière des anciens », Venise et Florence sont investies par les Anglais.

Du côté des peintres, Claude Lorrain, au XVIIe siècle, semble être le représentant le plus éminent du paysage classique et aura une influence considérable sur la peinture du siècle des Lumières. Ses escapades romaines (dès 1640), son contact permanent avec une nature si riche sont efficacement relayés par un génial trait de crayon et un coup de pinceau d'une vivacité nettement en avance sur son époque. Pareil talent ne saurait toutefois faire oublier Nicolas Poussin. Celui-ci, vers la fin de sa vie, portera le même intérêt aux études sur le vif de la campagne romaine qui lui sert de toile de fond qu'aux divers sujets abordés. Galerie Doria, à Rome, Chateaubriand, devant les tableaux de Poussin et de Lorrain, pourra ainsi s'exclamer : « Ce sont les yeux français qui ont le mieux vu la lumière d'Italie. » Tous deux sont en effet à l'origine du paysage italien comme thème central des œuvres de Cozens, de Corot et même de Turner. À partir de la seconde moitié du XVIIIe siècle, l'attrait des ruines inspire les peintres bercés par la mode de l'antique.

La peinture de plein air, dont Rome et ses environs sont les représentations les plus recherchées, est avant tout un exercice de style que l'on se doit de maîtriser. Cette technique qui permet de saisir un paysage ou un monument dans l'instant présent, propose à chaque artiste des éléments proches de la réalité, dont il se servira dans ses compositions imaginaires. C'est pourquoi le voyageur se doit de posséder dans ses bagages un nécessaire à peinture qu'il peut sortir à tout moment, lorsque l'inspiration lui vient. En 1708, Roger de Piles décrit cette nouvelle habitude : « Ils portent (les peintres) à cet effet, une boîte plate qui contient commodément leur palette, leurs pinceaux, de l'huile et des couleurs. Cette manière, qui demande à la vérité quelque attirail, est sans doute la meilleure pour tirer de la nature plus de détails et avec plus d'exactitude... » Et de donner des recettes de l'étude à l'huile, technique la plus adéquate pour rapporter la vérité nue d'un paysage. On parle plus volontiers alors d'étude, d'ébauche ou d'esquisse que de peinture finie puisque ces toiles ne sont destinées qu'à servir de brouillon ou de « pense-bête ». L'étude d'après nature doit exercer l'œil du peintre, le familiariser avec un environnement de plein air. Si la peinture reste l'élément privilégié, elle le doit surtout à Joseph Vernet. « Je vous recommanderais, plus que toute chose », confiait le védutiste anglais Joshua Reynolds à un élève, « de peindre d'après nature, au lieu de dessiner, de transporter votre palette et vos crayons au bord de l'eau. Telle était la coutume de Monsieur Vernet que j'ai connu à Rome. Il m'a montré ses études colorées qui m'ont grandement frappé par la vérité que seules possèdent ces œuvres réalisées tant que l'impression de la nature est encore chaude.»

Au XVIIIe siècle, le plus original des peintres, du moins celui qui initiera le style néoclassique est italien. Giovanni Battista Piranesi, dit le Piranèse, Vénitien de naissance et qui a étudié l'architecture de Palladio et la peinture avec Tiepolo, « poète des lignes et des courbes », sera surnommé le « Rembrandt des ruines ». Graveur génial, passionné d'histoire romaine dès son plus jeune âge, il invente de grandioses reconstitutions à partir des vestiges archéologiques qu'il visite. Dans son œuvre très romanesque il entremêle, avec un art consommé de la mise en scène et un grand scrupule du détail – il a appris l'art de la perspective théâtrale à Rome dans un atelier de scénographie –, l'amplification des proportions et la luxuriance d'une végétation imaginaire. La villa Adriana dans les environs de Tivoli est exemplaire de sa démarche. Les vestiges découverts à Pompéi et Herculanum vont l'entraîner dans un délire dont tous les néoclassiques s'inspireront, parmi lesquels Fragonard. Avant de devenir le peintre du libertinage, ce dernier, en effet, a affûté ses premières armes à Rome. Pensionnaire de l'Académie de France, il part, âgé de vingt-trois ans, s'installer à Naples. Là les deux cités englouties sous les cendres du Vésuve guideront son imaginaire, sous l'inspiration de Piranèse. Joseph Vernet, connu pour ses marines admirables, a déjà accompli lui aussi son Grand Tour. À vingt ans, il a débarqué en Italie, et sous le charme pictural de ces paysages en a rapporté une série d'aquarelles et de dessins du plus grand intérêt. Il sera plus tard élu à l'Académie française et deviendra le peintre officiel de Louis XV. Abraham Louis Ducros, autre amoureux de l'Italie, séjournera plus de trente ans à Rome dont il réalisera de magnifiques aquarelles.

Mais le plus inspiré, le plus fou peut-être, demeure sans conteste John Robert Cozens. Fils d'un aquarelliste anglais d'origine russe qui a lui-même entrepris un voyage en Italie, John Robert part sur les traces de son père dès 1776. Il séjourne trois ans dans la péninsule avant d'y retourner en 1782 en compagnie de William Beckford, ami de son père et son mécène. Ce peintre dont Constable disait volontiers qu'il était certainement le plus grand génie de la peinture que l'Angleterre ait connu nous a légué des œuvres où se mêlent harmonieusement des dégradés de gris, de bleus ou de verts pâles. Mais si ces artistes trouvent dans les campagnes ou les villes italiennes « tout ce dont les yeux peuvent disposer de beauté infinie, » la plupart n'ébauchent que des esquisses en plein air qu'ils transformeront, au gré de leur mémoire, en toiles achevées dans leurs ateliers. Certains sont des topographes de précision et agissent, avant la lettre, comme des photographes, d'autres subliment ces ruines anciennes et leur donnent le brillant du grandiose. Peu importe la réalité et la vérité pourvu que la composition rayonne la gloire.

Mais les Européens ne sont pas seuls à fouler les sanctuaires romains. Quelques jeunes Américains, sous l'influence de peintres anglais venus leur apporter dans leur nouveau monde l'esprit du Tintoret, du Titien ou de Raphaël, parcourent, dès 1760, les routes italiennes à la découverte du berceau des arts. Et les précurseurs que sont Benjamin West, John Allen et Joseph Shippen, font rapidement des adeptes. Bientôt Rome et Florence deviennent les centres les plus recherchés par ces nouveaux voyageurs qui n'hésitent pas à se mêler aux autres peintres, formant de joyeuses bandes qui piqueniquent sur les bords du Tibre.

Presque tous les voyageurs empruntent les mêmes routes. Ceux qui viennent d'Allemagne, comme Montaigne, arrivent à Venise par Udine et Trévise. Venise la libertine, la sérénissime, les éblouit par ses fastes et ses originalités. « Le premier coup d'œil de Venise est charmant », affirme Montesquieu, « et je ne sache point de ville où l'on aime le mieux être. » William Beckford partage cet avis : « Embrasser d'un coup d'œil ces majestueux édifices rendus si illustres par l'histoire des temps anciens où à l'époque florissante de la République tant de héros et de princes ont abordé chargés des dépouilles de nations lointaines, constituait une vision unique. » Les splendeurs byzantines qui se reflètent dans les eaux lagunaires provoquent toujours un choc. Venise de tous les plaisirs où le Carnaval dure six mois attire toute l'Europe : six mois de fêtes, de sérénades, de festivités nocturnes où se mêlent masques flamboyants et intrigues amoureuses, six mois de libertinage poussé à son paroxysme. Aussi les vingt-six cafés de la place Saint-Marc débordent-ils de badauds qui discutent des manifestations à venir ou regardent, amusés, la foule chanter et danser sur les dalles usées.

Les voyageurs quittent Venise pour Florence via Padoue, Ferrare ou Bologne, la ville « après Rome la plus grande, la plus peuplée et la plus considérable de tout l'État ecclésiastique ». Les Apennins, passage obligé, « offrent partout des situations pittoresques et des vues d'une étendue immense [...] On n'exagérerait pas en disant qu'avec des télescopes on pourrait distinguer sans obstacle une étendue de plus de cinquante lieues », constate le marquis de Sade lors de son voyage en 1775. Florence, qui déchaîne la controverse, certains ne peuvent s'en passer tels Marianna Starke ou William Beckford : « dès mon entrée dans ce temple du goût et de l'élégance, une envie me saisit, y fixer ma résidence pour toujours. Je demeurais éperdu devant tant de merveilles... » D'autres, comme Sade, sont plus critiques : « Qu'attendre d'une telle nation et que diraient Dante, Pétrarque, Machiavel, Michel-Ange et tant d'autres, s'ils revenaient dans cette ancienne patrie des arts et qu'ils vissent l'abjection et l'anéantissement où ils sont maintenant réduits ? Ces réflexions ne jettent pas un vernis agréable sur la nation. Il est certain qu'on n'en peut pas dire grand bien quand on l'a examinée d'un peu près. À peine un Florentin apprend-il à lire et à écrire à ses enfants. Au moment présent il serait impossible d'y citer un seul homme de génie et ces belles bibliothèques publiques ouvertes à tous ceux qui veulent y recueillir quelques connaissances ne sont habitées que par l'indigence. » Même les Florentines que le divin marquis dit bien connaître « ne méritent pas d'être peintes sous des couleurs plus douces. Elles y sont hautes, impertinentes, laides, malpropres et gourmandes. On ne compte pas six jolies femmes dans toute la noblesse de la ville, le reste est épouvantable et ce qui est pis, exigeant et à prétention... » Cette réflexion se fait l'écho de celle d'un Montaigne désabusé qui disait « jusques lors n'avoir jamais vu endroit où il y eust si peu de belles femmes. » Heureusement, la plupart des contemporains de l'auteur de *Justine,* moins cruels, préfèrent s'extasier sur les richesses de la ville toscane, capitale de la Renaissance et des Médicis.

Certains empruntent des voies différentes pour arriver à Florence. Partis de Cannes, Nice ou Marseille, ils s'embarquent sur des felouques légères ou des brigantins et accostent, après avoir longé le littoral pour éviter les pirates, à Gênes ou Livourne. Livourne, vieille cité cosmopolite, est selon l'écrivain anglais du XVIIe siècle John Ray, « une ville point trop grande, avec des édifices d'une hauteur assez parcimonieuse et pourtant elle a un je-ne-sais quoi de charmant et affiche partout un air d'uniformité suprême... »

D'autres encore suivent la corniche en voiture particulière par un chemin périlleux mais grandiose qui « tord, abaisse et relève ses spires fantastiques le long de la mer toute bleue, au travers d'une végétation quasi tropicale » : une route parsemée d'aloès et de cactus où les palmiers font penser à l'Afrique.

Les voyageurs qui passent le col du Mont-Cenis descendent dans la vallée après un parcours pittoresque fait de lacets, de fourrés d'épicéas et de mélèzes, pour rejoindre Turin, ville cossue mais trop nordique à leur goût. De là, ils se rendent à Gênes, la grande cité ligure, ou à Milan, la capitale lombarde qui, selon Montaigne, « ressemble assez à Paris ».

À partir de Milan les voyageurs vont visiter les lacs pour leur plus grande satisfaction : « Le dernier bassin du lac Majeur », écrit J. Cambry en 1788, « est d'une opulence, d'une variété qu'il m'est impossible de décrire. [...] Peintres, brisez votre palette, poètes, cessez vos faibles chants, vous, heureux voyageurs, jouissez en silence des merveilles de l'univers. » Mais la destination principale de ceux qui font le voyage des lacs reste sans conteste l'*Isola Bella,* cette île au cœur du lac Majeur où se dresse le magnifique palais des Borromées aux dix terrasses voûtées s'étageant « au-dessus de la nappe d'azur » à une hauteur de trente-deux mètres. Cette opulente bâtisse, construite au XVIIe siècle par le comte Vitaliano Borromeo sur un rocher stérile, enchante le regard par ses allées ombreuses, ses espaliers, ses fontaines, ses grottes de rocaille et de mosaïque. Le comte avait fait transporter en barque l'humus d'où s'élancent les bosquets d'orangers, de citronniers, de magnolias et les buissons de plantes exotiques. Et Cambry de s'exclamer : « Je faisais ces réflexions en m'approchant de l'Isola Bella, c'est un enfant de la féerie ».

De Gênes, on rejoint Florence par Lucques et Pise que Lalande juge « grande et bien bâtie, aux rues larges, belles et garnies de trottoirs en dalles de pierre. Mais la grandeur de la ville, relativement au peu d'habitants qu'il y a, fait qu'elle paraît déserte. »

Après Venise et Florence, Rome, la ville aux sept collines, la cité des papes après avoir été celle des empereurs. Rome est le troisième grand centre touristique. De Florence la belle, on y peut accéder de deux manières : la route de Sienne ou celle de Pérouse. Le premier tracé Florence-Arezzo-Pérouse-Orvieto-Terni-Rome suit les vallées de l'Arno et du Tibre et semble une invitation à la douceur et à l'enchantement. L'autre qui passe par Sienne, Montefiascone, Viterbe et Ronciglione, plus tortueux et sauvage, est parsemé de relais de poste et de tavernes à donner des cauchemars. En revanche, les paysages sont incomparables. Si Montefiascone est, selon Montaigne, « une villette assise à la teste de l'une des plus hautes montagnes de toute la contrée », Sienne, elle, semble faire l'unanimité. À en croire le père Labat les Siennois « aiment les étrangers » au point d'accorder des privilèges à ceux qui viennent étudier chez eux.

Mais quelque soit le trajet, au terme il y a Rome, Rome qui apparaît dans toute sa splendeur. L'écrivain Edward Gibbon ne contient pas son enthousiasme : « Je ne puis oublier, ni exprimer les vives émotions qui agitèrent mon esprit à mon approche et à ma première entrée dans la cité éternelle. Après une nuit d'insomnie, je sortis et foulai d'un pied enorgueilli les ruines du forum. Tous les endroits mémorables où Romulus s'arrêta, où Ciceron parla, où César tomba, étaient à la fois présents à mes yeux et je perdis ou jouis de plusieurs jours d'ivresse avant d'être en état de passer à un examen froid et minutieux... » Et là c'est Rome grouillante où les mendiants se traînent derrière les riches carrosses qui déambulent, où les ecclésiastiques du Vatican côtoient les hommes « d'affaires » pressés. Les étrangers en poste ou déjà familiers de la ville la font découvrir aux novices, au nom de l'universalisme humaniste qui souffle sur le siècle. Les spectacles abondent et comme le souligne Charles Pinot Duclos, en 1767, « on sait la passion que les Romains avaient pour les spectacles et que le peuple, surtout depuis la perte de sa liberté et de ses vertus, ne désirait que panem et circenses, du pain et des spectacles. Les Italiens modernes diraient *circenses et panem*, des spectacles d'abord. »

Il est vrai qu'ils ont le sens de la fête. Et ils courent de ville en ville, n'hésitent pas à supporter des voyages de plusieurs jours pour aller applaudir un opéra de Piccinni à Naples ou entendre la célèbre Gabrielli à Milan. À cette époque, Venise ne compte pas moins de quatorze théâtres ouverts au public, quant à ses opéras, ils sont célèbres pour le faste de leur mise en scène et de leurs costumes.

Le grand Haendel, attiré par la musique italienne, part pour Rome où il compose ses premiers opéras : *Almira, Daphné* et *Agrippina.* Il parcourt le pays, de Venise à Florence, de Rome à Naples, se lie d'amitié avec Domenico Scarlatti, qui né la même année, 1685, triomphera de lui dans un concours. Il fréquentera aussi Arcangelo Corelli, le violoniste virtuose de Bologne. De même l'Allemand Johann Adolf Hasse, après avoir été l'élève de Scarlatti, partagera sa vie entre l'Allemagne et l'Italie son pays d'adoption, dont la musique populaire influencera presque toutes ses œuvres. Surnommé « il Sassonne » (le Saxon), il rencontre à Venise en 1740 Charles de Brosses, qui le décrit comme un inconditionnel de la musique italienne. Il est vrai que cette dernière passe pour être la plus brillante et la plus influente excepté ses ballets-bouffes, exécrables et sans finesse au dire d'un grand nombre d'observateurs étrangers, Hasse et quelques irréductibles mis à part. Et si les musiciens qui voyagent beaucoup, composant pour les potentats européens, s'imprègnent de musiques étrangères, l'Italie reste, malgré tout, le pays de la musique par excellence. Comme l'affirme si bien Grosley en 1758 : « Dans les premières villes que l'on rencontre en Lombardie, on trouve déjà un goût décidé pour la musique. Tout le monde y joue du violon, avec tous les arpègements et tous les démanchements : l'office même des églises de village a tout l'air d'un concert [...] plus on avance en Italie, et plus ce goût paraît augmenter en vivacité [...]. L'Italie peut être comparée à un diapason dont Naples tient l'octave... »

Rome, ville aux multiples facettes, offre au touriste un choix infini de plaisirs et de beautés. On peut ainsi s'adonner à la visite studieuse des monuments, églises et ruines de la ville, aux flâneries « romantiques » dans la douceur bucolique des collines alentours, ou aux promenades le long de l'apaisante via Appia antica bordée de cyprès où l'on peut s'abriter de *l'aria cattiva,* cet air mauvais qui surprend la ville à partir du mois de juin. Par les fortes chaleurs, les nombreux marais et étangs croupis répandent dans l'atmosphère « des exhalaisons pestilentielles ». On aura garde d'oublier le Carnaval qui n'a rien à envier à son rival vénitien et qui fera s'écrier Goethe, entre un tourbillon mauresque et une frénésie tartare : « J'ai passé la journée avec des fous ! »

Les voyageurs n'hésitent pas à se rendre aux cascatelles de Tivoli, à la Villa Adriana, à Castel Gandolfo ou bien encore à Frascati, lieux idylliques aux couleurs subtilement contrastées très prisés par les amoureux.

Après Rome, Naples, paradis des castrats, « ces messieurs les châtrés qui ne donnent pas leurs effets pour rien », dernière escale connue des amateurs du Grand Tour. Au début du XIXe siècle (1801), Augustin-François Creuzé de Lesser qui eut cette formule malheureuse, « Voir Naples et partir », écrivait : « L'Europe finit à Naples et même elle y finit assez mal. La Calabre, la Sicile, tout le reste est de l'Afrique ! »

Naples, « ce paradis habité par les diables », comme le dit encore Guyot de Merville en 1718, symbolise pour certains voyageurs « le jardin des Hespérides » tant le contraste est grand entre la plaine fertile, luxuriante, parsemée d'oliviers et de vignes, la ville grouillante, exubérante et le Vésuve, sentinelle imprévisible et redoutable. Et lorsque, venant de Rome, on arrive dans ce port-carrefour, on est saisi par le mélange parfait du nord civilisé et du sud considéré comme sauvage. Et Guyot de Merville de s'extasier à nouveau sur la ville : « La situation est très belle et l'air y est si tempéré et le climat si doux, qu'on y voit ensemble, les beautés du printemps avec les richesses de l'automne, [...] cette cité bâtie en amphithéâtre autour du golfe qui offre le plus bel aspect qu'il y ait dans l'univers. Je doute que Constantinople l'emporte à cet égard sur Naples. » De Brosses n'est pas en reste qui note au sujet de cette dernière « que sa situation est ce qu'il y a de plus beau. » Pas un seul voyageur ne séjourne à Naples sans écrire des pages saisissantes sur la baie, la mer, le Vésuve « qui étincelle la nuit » et laisse échapper de ses flancs « une épaisse fumée le jour ».

La ville cosmopolite, levantine et baroque, féroce et ensorcelante, effrayante et charmeuse, serre les cœurs des visiteurs au son des guitares languissantes et nostalgiques. Pourtant, malgré les dangers que ce royaume des Bourbons espagnols cache dans ses ruelles, malgré la présence quotidienne d'une foule misérable, malgré les innombrables « lazzaroni, gueux sans profession fixe, dont un grand nombre n'a d'autre habitation que les rues et les places », l'afflux d'étrangers ne cesse de croître, faisant de Naples la ville la plus grouillante d'Europe. Ces voyageurs téméraires, qui ont du mal à trouver une auberge ou un hôtel pour loger, garderont le souvenir impérissable des représentations d'opéras de Scarlatti ou de Paisiello ou de la visite des ruines récemment mises au jour d'Herculanum et de Pompéi. Sans parler de Paestum, ravissement des yeux et des sens, qui inspire ces mots à Forsyth : « Je n'hésite pas à définir ces monuments les plus impressionnants que j'aie vus sur la surface de la terre. »

Si la baie de Naples, Capri et Paestum représentent pour les voyageurs du Grand Tour les confins de l'Europe civilisée, la Calabre, les Pouilles ou la Sicile, qui susciteront l'émerveillement des voyageurs du XIXe siècle, demeurent encore des sites confidentiels que peu de curieux ont l'idée de visiter. Seuls quelques esprits indépendants osent s'y aventurer. Ce qu'ils découvrent les enchante et ils s'étonnent de cette méfiance à l'égard de régions qui n'ont de sauvage qu'une nature austère et grandiose à la fois.

C'est le cas de Sade qui s'y rend en automne 1776, ou encore de Vivant Denon qui lors de son voyage en Calabre en 1779 note : « Il faut se répéter qu'on est en Calabre, pour ne pas se croire sur les rives de la Seine ou de la Loire et pour perdre l'idée qu'on a généralement à Naples, dans toute l'Italie et ailleurs, que cette province est un pays sauvage, désert et pauvre, tandis qu'il n'y manque que des chemins et des bras pour en faire le Pérou et les Indes pour le Royaume de Naples… »

À la suite du père Labat, pionnier en la matière puisqu'il se rend en Sicile en 1708, Anglais et Français se succèdent, de loin en loin, à la manière des premiers découvreurs des Amériques.

Le chevalier de Hamilton en 1767, le baron de Riedesel en 1771, le géologue Déodat de Dolomieu en 1781. Roland de la Platière, qui en tant qu'inspecteur des manufactures et académicien des sciences y séjourne trois ans à partir de 1776, et surtout l'abbé de Saint-Non en 1778, foulent le sol sicilien. Chacun à sa façon en rapportera des impressions précises et éclairées qui serviront de base aux touristes du XIXe siècle.

La Platière, tombé amoureux de cette île, note que « ceux qui jugeraient les Siciliens et même tous les Italiens par la manière dont ils se montrent en certaines circonstances, feraient comme les voyageurs qui d'un fait particulier, tirent toujours des conséquences générales. »

Si Palerme « grande ville fort bien bâtie où l'on croise de superbes édifices, où le granit, le porphyre, le lapis-lazuli, l'agate, les pierres dures, les variétés de l'albâtre, et toutes les sortes de marbres sont employés en marqueterie, en placage, en relief, en ronde-bosse, avec une variété de couleurs et une profusion de dessins qu'on ne saurait se figurer sans les voir », si Messine attirent les visiteurs c'est l'âpreté de l'île, la beauté mélancolique des paysages, la concentration prodigieuse des vestiges grecs et romains, les ciels changeants et la présence de l'Etna mythique qui accentueront la curiosité des voyageurs égotistes dont Goethe fut l'un des précurseurs. Le grand poète allemand y séjournera en 1787, le temps pour lui de faire quelques croquis et de prendre des notes en compagnie du dessinateur Kniep.

En 1769 le peintre Jean-Pierre-Laurent Hoüel, fort d'une solide expérience et muni d'un brevet de pensionnaire de l'Académie de France à Rome, traverse l'Italie. Il s'attarde particulièrement en Sicile, sa terre de prédilection. Il en tire une impressionnante collection d'aquarelles et de gouaches (ces dernières se rapprochent de la peinture à l'huile), qui offre une vision nouvelle et passionnante de cette région méconnue du Grand Tour. La précision de son dessin, l'acharnement méticuleux qu'il met à décrire les moindres détails d'un paysage, d'une ruine ou d'une roche basaltique sont autant de témoignages topographiques qui serviront, plus tard, de repère visuel aux futurs amoureux d'Agrigente ou de Syracuse.

Hoüel subit tellement le charme de la Sicile, qu'il y retourne une seconde fois ; fait assez rare à l'époque.

À peu près au même moment, Dominique Vivant Denon, ce « gentilhomme ordinaire du roi et de l'Académie royale de peinture et sculpture », livre l'un des témoignages les plus fins et les plus pertinents sur l'art, la société et les paysages siciliens. Il a trente ans lorsqu'il découvre l'Italie en 1777. Or le nom de cet érudit chargé d'affaires au royaume de Naples, qui non seulement parle la langue de Dante mais manie certains dialectes, est étroitement mêlé à celui de son presque homonyme l'abbé de Saint-Non. Ce dernier avait accompli un voyage en Italie au milieu du siècle et voulait laisser une trace écrite de son passage. Il se mit dès lors à la rédaction de son *Voyage pittoresque ou description du royaume de Naples et de Sicile,* une entreprise colossale qui devait lui apporter la gloire et le respect de ses pairs. Pour mener à bien son projet il s'assura les services de Vivant Denon, le chargea de recruter les collaborateurs et de superviser l'ensemble. Mais l'abbé commis l'erreur de s'approprier la paternité des notes et des descriptions envoyées par Denon qu'il relégua dans l'anonymat. Celui-ci, ulcéré par une telle attitude, se répandit en propos désagréables à l'égard de son mécène et l'abbé fut obligé de faire une mise au point. Plus tard, Denon publia son propre *Voyage en Sicile*. Peut être pour se venger d'un tel affront, il confia son *Voyage en Calabre* à un Anglais, Henry Swinburne qui publia en 1785 un *Voyage dans les Deux Siciles*.

Denon est conquis dès son arrivée, en accostant au port de Messine, « le plus beau port que la nature ait jamais formé ». L'Etna le fait frémir. Ce volcan où « tout est étranger à la nature, nulle végétation, nul mouvement d'aucun être vivant n'y trouble le silence effrayant de la nuit ; tout est mort, ou plutôt rien n'a encore commencé de vivre, rien n'y est combiné, c'est le chaos des éléments. Un air éthéré qui presse, étonne l'existence et en fait connaître une qui avertit l'homme qu'il est hors de la région où ses organes l'enchaînent... » À Palerme qu'il affirme être « d'une grande propreté que l'on ne trouve dans aucune ville du royaume », il séjourne, grâce à ses lettres de recommandation, chez le prince de Pietre Percia. Celui-ci se charge de « satisfaire à toutes ses curiosités » et lui fait partager « tous les plaisirs d'une ville où on les connaît et où l'on sait en jouir ». Là il s'étonne du nombre de carrosses, de la joie communicative des Palermitains, il s'intéresse aux courses de chevaux qui ont lieu en pleine ville, va à l'Opéra, assiste à un feu d'artifice et contemple avec admiration les richesses artistiques de la ville qui « s'embellit » de jour en jour « par les détails ».

Puis il prend le temps de visiter Ségeste avec son temple grec « tourné vers le soleil et conservé presque dans son entier », Trapani, Sélinonte et Agrigente, fait un bref crochet par Malte avant de rejoindre Messine en passant par Syracuse. De ce voyage qui durera près d'un an, il rapportera un des premiers témoignages sur ces territoires méconnus et chargés d'histoire.

Le XIXe siècle, époque de bouleversements, va susciter une nouvelle approche du voyage en Italie. Après quinze années de frustrations dues aux guerres napoléoniennes, c'est avec une curiosité renouvelée que les visiteurs abordent la terre italienne. Il ne s'agit plus de parcourir l'Europe pour peaufiner son savoir mais de se laisser emporter par les effluves sensuelles de la seule Italie. Le voyageur, plus égotiste, désire, devant l'afflux touristique qui ne cessera de croître au fil des décennies, se réserver un jardin secret dont les paysages, les villes, les ruines et les senteurs sont la substance. L'évolution artistique à la suite de l'économie et de l'industrie va participer aux mutations inéluctables d'un pays à la recherche d'une identité nationale. Si les romantiques ouvrent le bal en offrant une vision onirique et exacerbée du *jardin des délices*, les naturalistes, les positivistes ou les réalistes, sans pour autant jeter aux gémonies l'esprit romantique, font évoluer le voyage vers des nouvelles préoccupations. L'avènement du chemin de fer, la création de tunnels, de routes rapides, d'hôtels de luxe, transforment l'Italie en une vaste aire de villégiature pour adeptes de « vacances organisées », munis de leurs guides Baedeker, Murray ou Joanne.

Pourtant et malgré cette banalisation du voyage italien, les artistes et les écrivains perpétuent l'esprit d'aventure, de conquête et d'originalité. Ils font et défont à chaque chapitre, à chaque toile, l'histoire déjà contée par un autre prédicateur. Car l'Italie, vrai kaléidoscope, ne peut être la même pour tous, elle présente tant de facettes que chacun peut assouvir sa passion sans avoir le sentiment de la redite ou du déjà vu. Seuls les touristes en manque de personnalité useront des guides précités pour aller contempler là un coucher de soleil, ici la beauté de telle ruine.

Le 12 avril 1796, le jeune général révolutionnaire français Napoléon Bonaparte, nommé par Carnot chef de l'armée d'Italie, remporte la bataille de Montenotte et met en déroute l'armée autrichienne alliée au roi de Sardaigne et à des princes italiens. Cette victoire, suivie de bien d'autres, marque le début de l'ère napoléonienne. Le 10 février 1797, il envahit les États de l'Église et le 12 mai il entre victorieux dans Venise où il dépose le doge. Milan, Rome, Naples, Florence ne peuvent résister à l'ascension fulgurante du « petit Corse ». Les prises de guerre permettent de combler le déficit du Directoire. Celui-ci perçoit plus de cinquante millions de francs en provenance de l'armée d'Italie, mais également un formidable butin artistique : des centaines de tableaux, de bustes, de statues, de livres anciens et de parchemins confisqués aux villes italiennes rebelles.

Sacré Empereur des Français en 1804 mais toujours amoureux de l'Italie, il se déclare, l'année suivante, roi d'Italie en coiffant, à Milan, la couronne de fer des rois lombards. Puis Gênes devient un département français. En 1810, tous les territoires de la botte italienne, excepté la Sicile et la Sardaigne, font partie du grand Empire et sont alors gouvernés par un membre de la famille Bonaparte. Eugène de Beauharnais est nommé vice-roi d'Italie, Joseph, roi de Naples, avant que Murat ne le devienne en épousant Caroline, sœur de l'empereur ; quant à Élisa, la sœur aînée, elle est princesse de Lucques et de Piombino et grande duchesse de Toscane.

L'Europe tremble. Les guerres succèdent aux guerres, et l'Italie devient l'enjeu de toutes les convoitises.

Après deux siècles d'or, le Grand Tour s'interrompt brutalement. Seuls quelques Français en poste continuent de voyager.

Il faudra attendre quatorze ans et le Congrès de Vienne pour que le chemin de Rome s'ouvre à nouveau.

Cette bien longue pénitence va être suivie d'une véritable « redécouverte » opérant un changement profond dans les mentalités des nouveaux voyageurs. L'esprit cosmopolite qui a animé le Grand Tour tout au long des XVIIe et XVIIIe siècles, cette volonté humaniste de parfaire son éducation à travers le patrimoine des autres pays européens se métamorphose en une quête plus personnelle dont l'Italie est l'enjeu exclusif. Goethe, pour qui l'Italie était une « mère, un pays où il adora les beaux corps et les belles âmes qui habitent sous le même toit », Goethe avait atteint dans son voyage le bonheur suprême. Son romantisme archaïque allait engendrer un mouvement irrésistible dont les villes et les paysages italiens allaient être les lieux privilégiés.

Comme toute l'Europe, l'Italie est agitée par les soubresauts de la Révolution française. Bon nombre d'Italiens, asphyxiés par les pouvoirs en place, accueillent à bras ouverts les chantres de la liberté qui veulent transformer les royaumes en Républiques Sœurs. Mais l'impérialisme naissant déçoit toutes les illusions. L'Italie se voit ravalée au rang de simple province française avant d'être jetée, à nouveau, en pâture aux despotes sous tutelle autrichienne, et pour longtemps.

Henri Beyle est âgé de dix-sept ans lorsqu'en 1800 il vient aider Daru à organiser l'armée d'Italie. En compagnie de Bonaparte, il fait l'ascension du Grand-Saint-Bernard et, à son côté, entre dans Milan en vainqueur. La liesse, la joie des habitants libérés du joug autrichien, le dépaysement, la douceur de la campagne lombarde provoquent chez l'adolescent grenoblois une irrésistible sensation de bien-être : « la douce Italie est le pays où l'on sent le plus le pays des poètes », s'exclame-t-il, sous le charme. Et c'est à Milan qu'il viendra s'installer après la chute de Napoléon. C'est en Italie qu'il sentira souffler le vent d'un romantisme anticonformiste, bien loin des sensations et des émotions fortes recherchées par d'autres voyageurs.

Pendant la domination napoléonienne, nombre de Français franchissent les Alpes. Ils sont alors diplomates, administrateurs ou militaires. Si la plupart d'entre eux se contentent d'exercer platement leur métier, d'autres comme Stendhal, consul à Civitavecchia, où bien encore Chateaubriand, secrétaire d'ambassade à Rome, profitent de leur séjour pour assouvir leur amour de l'Italie.

Chateaubriand que Bonaparte admirait mais qu'il « préférait avoir comme ennemi que comme ami forcé » arrive à Rome en 1803 pour y entrer en fonction. Il n'y reste qu'un an, avant de rompre définitivement avec le futur empereur après l'assassinat du duc d'Enghien. Ce premier séjour italien, aussi bref soit-il, transforme le jeune diplomate. Et de Rome qu'il « redécouvrira » il dira un demi siècle plus tard : « Je vais bientôt quitter Rome et j'espère y revenir, je l'aime de nouveau passionnément cette Rome si triste et si belle. »

Avec Mme de Staël et Stendhal, Chateaubriand inaugure le nouveau profil du voyageur, solitaire et individualiste, plus amoureux de la puissance évocatrice que de la sommaire description d'une ruine ou d'un tableau.

Napoléon déchu et la paix revenue en Europe, l'engouement pour l'Italie retrouve tout naturellement son essor. La frustration causée par quinze années d'isolationnisme pousse les Anglais à suivre les traces de leurs illustres aînés au point qu'un Américain, sidéré par ce déferlement britannique, relève qu'à « Rome, on trouve des Anglais partout ; ils constituent l'essentiel du beau monde pendant l'hiver. »

« Le Petit Tour » s'épanouit alors sur les cendres du Grand. Mais cette fois, les données sont différentes. On considère que l'éducation d'un jeune homme de la bonne société est incomplète tant qu'il n'a pas fait un séjour en Italie et goûté aux charmes de sa culture et de son art de vivre. L'Europe est désormais négligée au profit de la seule péninsule.

À dater de 1815, le tourisme s'accélère. Le percement des passages alpins ordonné par Napoléon, du Mont-Cenis en 1802, du Simplon en 1807 puis du Saint-Gothard en 1830, entraîne par ces nouvelles facilités d'accès un afflux grandissant de Français d'abord puis d'étrangers de tous pays. Le goût de l'art antique qui a bercé les voyageurs du siècle des Lumières survit toujours au début du XIXe siècle, accentué par la mise au jour des sites de Pompéi et d'Herculanum. Le romantisme, né de la désagrégation des valeurs morales et conservatrices de l'Europe de l'Ancien Régime, va trouver dans les ruines un viatique propice au culte du Moi. À l'idéal classique d'un Winckelmann se superpose l'idéal de l'instinct imaginatif. Dès lors, chaque visiteur se doit d'être un solitaire à l'écoute de ses propres sens et de ses propres passions et non plus un voyageur passif, recopiant sur un carnet des impressions lues dans les livres. L'Italie apparaît comme une « belle image » et le soleil, le *farniente* et le son langoureux des guitares concourent à enchanter les touristes. Même les bandits de grand chemin trouvent grâce aux yeux de certains voyageurs, frémissant d'excitation à l'écoute des tribulations occasionnées par quelques chefs de bande, aussi redoutables que redoutés.

Le voyageur romantique, contrairement à son prédécesseur humaniste, exalte à l'excès le beau et le magnifie pour mieux en ressentir les effets secondaires. Tout devient « propre à la réflexion et à la rêverie ». Le néant cher à Chateaubriand, la mort, le spleen, le vague à l'âme sont autant d'éléments de torture douce propres à fouiller les profondeurs de l'inconscient pour donner naissance aux fulgurances de l'esprit créatif. C'est ainsi que l'Italie devient le pays romantique par excellence. Les ruines mais aussi les paysages ou les scènes insolites de la vie quotidienne inspirent les poètes et les peintres. L'Italien Canova, artiste officiel de Napoléon, perpétue, en le modifiant quelque peu, l'art antique. Dans le même temps, les grands travaux impériaux dégagent une partie du forum, intensifiant le goût des pierres antiques.

Ces nouveaux voyageurs tournent définitivement un chapitre de l'histoire des voyages en Italie. Même s'ils ont lu et relu les écrits des grantouristes, s'ils partagent leur goût pour le pays et ses vestiges passés, ils leurs reprochent de ne pas avoir suffisamment regardé autour d'eux. « Excepté de Brosses », dira Stendhal, « les voyageurs ne se sont pas doutés des mœurs, des habitudes, des préjugés, des diverses manières de chercher le bonheur du peuple qu'ils traversaient ils n'ont vu que les murs ». Reproche imagé identique chez Châteaubriand : « presque tous les voyageurs anciens et modernes n'ont vu dans la campagne romaine que ce qu'ils appellent son horreur et sa nudité ».

Quoique Chateaubriand passe pour l'un des premiers voyageurs étrangers à avoir foulé le sol italien au XIXe siècle, un Anglais l'a précédé dès 1801, d'ailleurs à ses dépens, Joseph Forsyth. Le valeureux sujet écossais, à qui l'on doit *la Chute de l'empire romain,* maître d'école épris de voyages et d'aventures, qui avait décidé de braver Napoléon, va gagner l'Italie pour raison de santé. Deux ans plus tard, après avoir visité la péninsule, donné libre cours à sa verve poétique et à son savoir scientifique, il est arrêté et jeté dans une prison piémontaise par les Français qui le soupçonnent d'activités terroristes. Pendant les onze années que dura son incarcération, il va s'appliquer à rédiger l'un des meilleurs guides de l'Italie : *Remarques sur les antiquités, les arts et les lettres au cours d'un voyage en Italie en 1802 et 1803.* Son recueil haut en couleur servira plus tard de vademecum à nombre de ses compatriotes.

Le romantisme, cher aux Allemands, ressemble à un volcan dont la lave produit une multitude de jets incandescents qui suivent leur route propre, sans souci des autres.

Quel rapprochement y a-t-il, en effet, entre le romantisme d'un Goethe et celui d'un Byron. celui d'un Hubert Robert et celui d'un Piranèse ? Un goût commun pour le culte de l'indépendance, la nature, les ruines magnifiées et leur moi intérieur ? À tous le moins, chez eux le sentiment domine la raison, selon la théorie chère à Jean-Jacques Rousseau. Et puis tous veulent imprégner leurs œuvres de lyrisme et de poésie, tous se laissent emporter par des émotions exacerbées et savourent l'idée d'un drame latent.

Depuis Montaigne et de Brosses, les moyens de locomotion ont évolué. La berline, surtout lorsqu'elle est d'origine anglaise, devient confortable : « tout est ferme, soigné et commode. Les roues tournent sans bruit sur de larges essieux, le corps de la voiture, adroitement suspendu sur ses ressorts, cède à chaque ballottement mais prévient chaque secousse ». Toute voiture digne de ce nom possède des rangements placés sous les sièges pour ne pas empiéter sur l'espace réservé aux voyageurs. L'intérieur est souvent confortable, capitonné de tapisserie, les sièges sont garnis de coussins moelleux et les petites fenêtres se ferment aisément à l'aide de crochets prévus à cet effet. Certaines de ces berlines de luxe ont six places, d'autres huit. Le choix des chevaux est aussi important que celui du postillon qui accompagnera « ses » clients ou « sa » famille parfois six mois durant sur des routes difficiles. « En général », explique Ruskin, « il y avait quatre robustes chevaux et un bon conducteur, rarement saoul, souvent assez jeune étant donné que les hommes mûrs étaient plus utiles à d'autres travaux et que n'importe quel jeune homme intelligent était capable de conduire des bêtes bien dressées et d'humeur pacifique ».

Un autre personnage joue aussi un rôle important : le courrier. Chaque famille ou chaque groupe de touristes aisés voyageant en carrosse utilise, en effet, en plus du postillon, les services d'un courrier chargé de les précéder, de trouver la meilleure auberge, de s'occuper des changements de chevaux dans les relais de poste, voire de leur éviter toute contrainte matérielle. Le courrier fait également office de guide touristique, indique les endroits pittoresques et accompagne, s'il le faut, les dames faire leurs emplettes dans les rues animées des grandes villes.

Ceux qui n'ont pas la chance de disposer de leur propre carrosse, peuvent en louer et faire confiance à des voituriers locaux qui, pour un prix modique, exercent à la fois la fonction de postillon et de courrier. Pour les voyageurs de l'ère post-napoléonienne qui, contrairement à leurs ancêtres, sont économes et méfiants, le voiturier est un rouage essentiel de la vie touristique. Un contrat préalablement établi entre les deux parties détermine la somme forfaitaire qui comprend le parcours ainsi que les frais d'hébergement et de nourriture.

Avec la multiplication des voies de chemin de fer, dans la seconde partie du XIXe siècle, ces voituriers se regroupent dans les villes, où ils sont, en quelque sorte, les précurseurs des taxis urbains tandis que d'autres se concentrent sur les petits axes difficiles d'accès mais toujours aussi prisés par les voyageurs.

Ces derniers suivent les mêmes circuits que leurs prédécesseurs. Ils visitent les mêmes lieux chargés de sensations mais modifient leur manière de séjourner dans les villes. Autant au siècle précédent, les villes n'étaient que les étapes obligées d'un long périple, autant elles deviennent à présent des lieux où l'on s'attarde. S'il était rare qu'un grantouriste retourne en Italie après son périple, leurs successeurs, au contraire, n'hésitent pas à multiplier les séjours dans une même cité, pour mieux s'en imprégner. Ils ne restent pas toujours très longtemps, mais reviennent souvent. Certains louent une maison pour l'été ou l'hiver, d'autres pour l'année. Les plus « dépendants » en font même leur seconde patrie. De véritables colonies étrangères s'installent ainsi à Venise ou à Rome et les hôtels les plus réputés, du moins les plus sûrs, prennent alors le nom du pays d'origine de la majorité de leurs résidents. Et on trouve le *Gran Bretagna* à Milan ou à Venise, *Villa di Londra* à Rome, sans oublier les nombreuses *Pensione di Londra* ou *d'Inghilterra,* présentes dans toute l'Italie.

La plupart des romantiques anglais fuient leur pays trop « puritain » et une morale jugée par eux trop répressive. Ces épicuriens amoureux du beau et de la liberté des sens trouvent en Italie une terre propice à leur épanouissement. Ainsi Byron ou Shelley vivent-ils à Venise et au grand jour leurs pulsions amoureuses, loin de tout scandale, loin de toute contrainte et de toute censure. Peu importe dès lors que Byron se montre avec sa maîtresse, la comtesse Teresa Guiccioli, qu'il se fasse remarquer pour ses frasques et ses extravagances, que Shelley préconise l'amour libre et passe d'une femme à l'autre, l'Italie absorbe leurs secrets. Ces dandys assoiffés d'idéal sont envoûtés par le charme grandiose des ruines et Shelley ira jusqu'à affirmer que le Colisée est plus « sublime » à moitié détruit et envahi par la nature sauvage qu'il n'avait dû l'être au temps de sa splendeur.

Mais ce doux exil exalte aussi leur sensibilité créatrice. Et si Shelley, l'âme vagabonde et tourmentée, passe une partie de son temps à écrire, devant les thermes de Caracalla, Byron chevauche, grisé, sur les plages du Lido, avant de jeter sur des feuilles de papier les phrases immortelles de son *Pèlerinage de Childe Harold.* Byron l'immoral, l'indomptable, l'insatiable vit fastueusement dans un palais, au milieu de ses maîtresses et de ses animaux peu communs, parmi lesquels des paons, des singes, une cigogne d'Égypte, un loup, et projette avec son spleen ses caprices d'enfant gâté à la face de ceux qui tentent de l'enfermer dans un carcan de conventions.

L'Italie en général, Venise en particulier servent d'alcôves complices aux amants éternels qui se vautrent dans la volupté d'un coucher de soleil ou d'une promenade en gondole. Les liaisons tumultueuses de Musset et de George Sand au

Danieli, celle de Liszt et de la comtesse d'Agoult ou encore celle d'Elisabeth Barrett et de Robert Browning à Florence sont là pour nous le rappeler. George Sand qui contemplait à Venise, « des nuits étoilées au point que le blanc argenté des astres occupait plus de place que le bleu de l'éther dans la voûte du firmament [...]. Je commence à ne plus vivre que par les pores, et malheur à qui viendrait faire un appel à mon âme ! je végète, je me repose, j'oublie. Qui n'en ferait autant à ma place ? »

Robert Browning, après son mariage clandestin avec la douce Elisabeth Barrett, choisit l'Italie pour y vivre ouvertement son grand amour. « Si on m'ouvrait le cœur, on y trouverait ce nom gravé : Italie ! » Les deux amants avaient enfin échappé à la jalousie morbide du père de la jeune femme. Elle n'était d'ailleurs plus si jeune puisqu'elle avait trente-neuf ans au moment de sa rencontre avec Browning. Pâle, menue, éthérée, elle souffrait depuis son enfance d'une grave atteinte de la colonne vertébrale (sans doute une tuberculose osseuse). Ils passeront cinq ans en Italie, libres et heureux. Malheureusement Elisabeth ne saura jamais les succès remportés par son mari puisque ce n'est qu'après sa mort que Browning, désabusé et meurtri, rentré en Angleterre, connaîtra la gloire et que leurs amours romantiques entreront dans la légende.

Le romantisme éclate comme un cri du cœur et les voyageurs ne peuvent que s'extasier devant les enchantements de l'Italie, ce pays où le soleil brille, où il fait bon musarder et se laisser aller à un doux *farniente*. Le compositeur Berlioz lui aussi se laisse griser par ce chant des sirènes : « Liberté de cœur, d'esprit, d'âme, de tout ; liberté de ne pas agir, de ne pas penser même ; liberté d'oublier le temps, de mépriser l'ambition, de rire de la gloire, de ne plus croire à l'amour, liberté d'aller au nord, au sud, à l'est, à l'ouest, de coucher en plein champ, de vivre de peu, de vaguer sans but, de rêver, de rester gisant, assoupi des journées entières, au souffle murmurant du tiède sirocco ! Liberté vraie, absolue, immense ! Ô grande et forte Italie ! Italie sauvage ! insoucieuse de ta sœur, l'Italie artiste. »

Mais l'Italie peut aussi se montrer cruelle et la mort y est parfois au rendez-vous. Quelques romantiques exaltés rêvent d'y finir leurs jours ou d'y être ensevelis. Ainsi Shelley qui meurt noyé dans le naufrage de son yacht, l'*Ariel*, au large de Lerici, près de la côte ligure et dont les cendres sont dispersées aux quatre points cardinaux, ou encore John Keats, venu en terre italienne tenter de guérir sa phtisie, et qui y rendra son dernier soupir. L'Italie leur servira de « doux linceul », comme Venise à Wagner quelques années plus tard.

Face au romantisme anglais fondé sur l'instinct et la liberté pure, ou à celui des Allemands orienté vers le dépaysement et la sensualité qui en découle, le romantisme des Français paraît plus mesuré, plus intérieur, plus porté vers la beauté des vestiges archéologiques et la passion qu'elle exprime. Avec Stendhal c'est l'idéalisme et le modernisme qui dominent car, pour lui, être romantique signifie être moderne, c'est-à-dire à l'écoute des mutations sociales dont l'Italie est un creuset inépuisable. Celui qui disait « je n'ai que le cœur italien » considère l'Italie comme une maîtresse à part entière et cherche, à travers elle, le bonheur absolu. Pour elle il veut se battre, faire la révolution et créer, avant l'heure, le Risorgimento pour la sortir du cloisonnement politique où elle s'englue. Il regrettera par la suite que ce souffle épique de la Révolution, chargé d'espoirs, se soit épuisé définitivement avec l'Empire : « Les Italiens ont raison, Marengo avança d'un siècle la civilisation de leur patrie comme une autre bataille l'a arrêtée pour un siècle ».

Pas de lyrisme, pas d'emphase chez l'auteur de *La Chartreuse de Parme,* mais une irrésistible attirance pour le naturel, la spontanéité et la liberté des Italiens qu'il oppose inlassablement à la morgue française de la Restauration. L'homme et ses mœurs l'intéressent plus que la description minutieuse d'un paysage ou le pittoresque d'une vallée. « J'aime ce qui peint le cœur de l'homme mais de l'homme que je connais. »

L'Italie de Stendhal, loin des guides officiels et des circuits organisés, crée le mythe d'un voyage onirique, humain, tendre et héroïque. André Suarès dira plus tard : « Il a créé une Italie plus italienne, cent fois, que celle que nous avons sous les yeux. » Stendhal mieux que quiconque a su approcher le cœur de l'Italie. Ses pages admirables sur la peinture ou sur la musique sont le fait d'un esprit certes sentimental mais également avisé et instruit : « Vous savez que l'école de Florence se reconnaît à un dessin hardi qui sur les pas de Michel-Ange outre un peu la partie saillante des muscles. Raphaël eut l'expression, le dessin, l'imitation de l'antique [...] le Corrège a la grâce séduisante, le clair-obscur, les raccourcis [...]. Le Titien et tous les Vénitiens ont la vérité des couleurs, Giorgione [...] en eut l'idéal. L'école de Bologne est presque, dans tous les genres, la perfection de la peinture... » Ses écrits sur la musique, notamment sa *Vie de Rossini.* ne manqueront pas d'irriter certains compositeurs dont Berlioz qui dira quelques années plus tard, lors de son voyage en Italie, « Monsieur Beyle a écrit une Vie de Rossini sous le pseudonyme de Stendhal et les plus irritantes stupidités sur la musique dont il croyait avoir le sentiment. »

Chateaubriand, à la fois l'un des premiers et l'un des derniers romantiques purs, promène son vague à l'âme, sa solitude et son pessimisme. Son voyage est une quête de la vertu universelle dont il puise les exemples dans une antiquité romaine à la hauteur de ses ambitions. Il profite des vestiges romains pour flatter sa mélancolie et se laisse submerger par l'esprit des sépultures de la Via Appia, propres à glorifier le néant et le chaos irrémédiable auquel toute civilisation, et donc tout homme, est confronté un jour ou l'autre. Toutefois son idéal conventionnel ne s'accorde pas avec les excès des Anglais qu'il fustige sans cesse, notamment lors de son séjour à Rome en 1828 : « Ce qu'il y a de vraiment déplorable ici, ce qui jure avec la nature des lieux, c'est cette multitude d'insipides Anglaises et de frivoles dandys qui, se tenant enchaînés par les bras comme des chauves-souris par les ailes, promènent leur bizarrerie, leur ennui, leur insolence dans vos fêtes et s'établissent chez vous comme à l'auberge. Cette Grande-Bretagne vagabonde et déhanchée [...] je ne sais pas comment un ambassadeur peut souffrir ces hôtes grossiers et ne les fait pas consigner à sa porte... »

On se plaît à imaginer les relations chaleureuses que Chateaubriand, ancien ambassadeur de France à Londres, devait entretenir avec les sujets de Sa Gracieuse Majesté...

Si la plupart des voyageurs de l'époque s'attachent au pays, si certains s'y installent même définitivement, ils demeurent généralement des témoins extérieurs, curieux mais peu concernés. Rares sont ceux qui s'impliqueront dans son histoire.

En 1835, Alexandre Dumas fait un premier voyage en compagnie de son ami, le peintre Godefroy Jodin qui voyage avec son chien Mylord, et d'une blonde et grasse comédienne, Ida Ferri, alors sa maîtresse en titre. Ce premier séjour sur le sol italien commence plutôt mal puisque très vite, non seulement il se fait expulser de Gênes, mais il se voit refuser, sous prétexte qu'il est un républicain convaincu, l'entrée du royaume de Naples. Cependant le grand Dumas n'allait pas se laisser manipuler et grâce à la ruse d'un autre ami, le peintre Guichard, un échange de passeports lui permet de parcourir tant la Calabre que la Sicile. Cet habile tour de passe-passe lui donne l'occasion de s'embarquer incognito pour une croisière de trois mois sur un petit bateau, le *Speramare*. Une fois débarqué à Naples, il prend le temps de visiter la ville et d'y aller au concert. « En France on va au théâtre pour se montrer, à Naples on va à l'Opéra pour jouir », écrira-t-il quelques années plus tard.

Mais rapidement reconnu et dénoncé par un Napolitain, Dumas est arrêté puis expulsé. Il retourne alors à Rome, très désireux de rencontrer le pape. Sa visite au souverain pontife est loin d'être chaleureuse, et c'est encadré par deux carabiniers qu'il est raccompagné, plus fermement que poliment, jusqu'à la frontière des États pontificaux.

En 1840, il retourne en Italie et séjourne deux ans à Florence. C'est d'ailleurs durant cette période qu'il fait le récit de son premier voyage sous le titre *Une année à Florence.*

En janvier 1860, autre voyage, autres rencontres, et tout particulièrement celle de Garibaldi dont – sans le connaître – il avait raconté avec enthousiasme les premiers combats *(Montevideo ou une Nouvelle Troie).* Les deux hommes se plaisent, tombent dans les bras l'un de l'autre et se jurent soutien et amitié. Alexandre offre des fusils à Giuseppe qui promet de lui dicter ses mémoires. Mais le chef des Chemises rouges n'aura jamais cette patience. Il se contentera de lui livrer en vrac des notes que Dumas utilisera par la suite pour rédiger lesdites mémoires.

Après un retour en France, Dumas s'embarque à nouveau pour un périple que tout son entourage prend pour un voyage d'agrément. Lorsqu'il arrive à Gênes, en mai 1860, les Chemises rouges de Garibaldi ont déjà débarqué en Sicile. Dumas décide d'aller le rejoindre, sans toutefois trop se presser puisque, à son arrivée quinze jours plus tard, Garibaldi est déjà maître de Palerme. Ce dernier, sans rancune, l'accueille à bras ouverts et ensemble ils traversent la Sicile sous les vivats. Puis Dumas, chargé de mission et de fonds par l'Italien, s'en retourne à Marseille. Enchanté de participer à l'Histoire, il achète des fusils et des munitions et revient, non sans peine, les livrer à son ami. En récompense, il reçoit une autorisation de chasse dans le parc de Capo di Monte ainsi que la direction des fouilles de Pompéi.

Puis leurs destins divergent. Garibaldi se retire pour un temps dans son île de Caprera tandis que Dumas tout en collaborant au journal du premier, *l'Independante,* travaille de son côté. Lorsque, deux ans plus tard, Giuseppe Garibaldi reprendra sans succès son combat, Alexandre Dumas tentera encore de le soutenir en relançant *l'Independante* tombé en désuétude.

À la grande Histoire, Stendhal, lui, préfère la petite histoire. Plus friand d'anecdotes quotidiennes que de grands faits politiques ou militaires, peu aventureux sinon en imagination, Stendhal – il n'est encore qu'Henri Beyle, petit diplomate en poste à Rome – engrange un maximum de récits véridiques : « J'ai cherché », note-t-il dans son *Journal,* « à indiquer le plus de faits possibles ». Mais par principe et par délicatesse, il se refuse à utiliser dans ses récits des événements afférents à la société dans laquelle il est reçu, même si certaines de ses héroïnes ont les traits et le caractère de quelques-unes de ses amies ou maîtresses.

À Rome donc, il découvre, grâce à un bibliothécaire qu'il soudoie, des archives – comptes rendus de procès rédigés aussi bien en latin qu'en italien – qu'il recopie page à page, scrupuleusement. Puis il traduit le tout, dans une langue simple, sans fioriture aucune. À ce sujet il écrit d'ailleurs à son éditeur : « Ces historiettes seraient l'utile complément de l'histoire de l'Italie aux XVIe et XVIIe siècles. Ce sont ces mœurs qui ont enfanté les Raphaël et les Michel Ange. »

Ces manuscrits ne représentent pour lui que des faits divers, une mine d'informations précieuses sur la société italienne des siècles précédents, donc une sorte de matière première pour de futurs romans. Mais lorsque Pauline Beyle, à la mort de son frère, héritera de ces archives – entièrement traduites –, elle les vendra à la Bibliothèque nationale par l'entremise de Prosper Mérimée. Mérimée en effet était intervenu auprès d'un de ses amis, M. Panizzi, alors conservateur du British Museum, pour lui venir en aide. « Monsieur Beyle est mort et sa sœur, qui est dans la misère, cherche à vendre ces manuscrits. Le British Museum pourrait-il, voudrait-il s'en accommoder ? Quel prix en donnerait-il ? Y a-t-il à Paris quelqu'un que vous pourriez charger de les examiner ? » Telle est la source des *Chroniques italiennes* qui n'auront jamais été publiées ni sous ce titre, ni dans leur intégralité, du vivant de l'écrivain.

Stendhal a publié ses premières chroniques à partir de 1837, dans le plus strict anonymat, pour ne pas nuire à sa carrière diplomatique. D'une simple nouvelle, *L'origine de la grandeur des Farnese*, lui vient l'idée d'un roman transposé au XIXe siècle. Et c'est *La Chartreuse de Parme* qui en sera issue, dans laquelle sous les traits de la duchesse de Sanseverina il évoque celle qui fut son premier amour italien, Angela Pietragrua.

Quant à ses véritables amours italiennes, Stendhal les a plus vécues en rêves que dans la réalité. La belle et plantureuse Angela Pietragrua qui était, au moment de leur première rencontre, la maîtresse en titre de l'un de ses amis, ne lui cédera que onze ans plus tard. Elle est alors bien moins fraîche, beaucoup plus lourde et surtout moins touchée par la passion que lui voue le petit diplomate, aussi pauvre qu'encombrant, et qui lui alloue chichement deux cents francs par mois, que par les attentions financières de ses nombreux autres amants. Aussi pour ménager sa tranquillité, enjoint-elle à son soupirant de s'éloigner, de vivre dans une autre ville afin de ne pas nuire à sa réputation et ne pas exciter la jalousie de son mari. On raconte que Stendhal l'aurait même surprise ou épiée en train de se faire lutiner par un autre amant, ce dont il ne lui tiendra pas rigueur puisqu'il fera d'elle une héroïne de roman.

Petite Histoire certes mais loin d'être une peinture anachronique de l'Italie, *La Chartreuse de Parme,* publiée en 1839, est une œuvre tout à fait actuelle. Et Stendhal qui a épousé la cause italienne fait dire à Clélia : « Ô pouvoir absolu, quand cesseras-tu de peser sur l'Italie ! »

Quelques années plus tôt, il avait dû quitter Milan précipitamment à la suite de la publication de *Rome, Naples et Florence,* jugé nuisible par le pouvoir autrichien.

A partir de 1840, le train fait son apparition entre Milan et Monza. En 1858, le Piémont peut s'enorgueillir d'être à la base d'un formidable bouleversement économique et technique avec ses huit cents kilomètres de voies ferrées. La bourgeoisie des affaires prend le pas sur l'intelligentsia désuète d'Ancien Régime. Ces transformations entraînent une nouvelle génération de touristes pressés de voir, de profiter et qui en veulent pour leur argent. Ils ne peuvent plus, comme Montaigne, de Brosses ou Byron, séjourner des mois durant en un lieu, aller au gré de leur existence et de leur inspiration. Il leur faut aller droit au but, se rendre compte sur place du bien pensé des livres emportés dans les bagages. La déception est souvent au rendez-vous. Comment en effet s'extasier sur Tivoli après avoir rêvé sur le tableau d'un Fragonard ?

Les écrivains et les peintres, heureusement en perpétuelle gestation créatrice, continuent de prendre des chemins de traverse. Cependant ils sont obligés, pour innover et surtout ne pas paraphraser les guides, de voyager différemment. Et réalistes comme naturalistes tentent de traiter de « choses vraies », de décrire la vie italienne dans toute sa splendeur aussi bien que dans toute sa misère. Ils deviennent chroniqueurs et journalistes. Guy de Maupassant qui fustige le modernisme, lui pour qui la Tour Eiffel « ne fut le phare que d'une kermesse internationale », préfère fuir le Paris d'alors, temple du Dieu machine pour l'Italie plus apaisante : « Voilà, en effet, qu'aujourd'hui, l'émotion séductrice et puissante des siècles artistes semble éteinte tandis que des esprits d'un tout autre ordre s'éveillent et inventent des machines de toute sorte [...] tout cela pour servir aux besoins physiques de l'homme ou pour le tuer. [...] J'ai peut-être tort absolument. En tout cas, ces choses, qui nous intéressent, ne nous passionnent pas comme les anciennes formes de la pensée, nous autres, esclaves irritables d'un rêve de beauté délicate, qui hante et gâte notre vie. J'ai senti qu'il me serait agréable de revoir Florence et je suis parti. »

Les écrivains ne se contentent plus de décrire des sites ou des lieux utilitaires, mais font profiter de leur expérience personnelle les futurs amoureux de l'Italie. Le ton se fait familier et le texte s'émaille d'anecdotes, de descriptions insolites, d'aventures diverses. Les voyageurs de la seconde moitié du XIXe siècle marchent sur les traces de Stendhal. Pour eux l'Italie est un miroir destiné à les révéler à eux-mêmes, et chacun restitue « son Italie ». Théophile Gautier, le parnassien, croque à merveille les détails de la vie quotidienne et joue avec les couleurs : « Sur le pont vont et viennent des jeunes filles, ouvrières, grisettes ou servantes, en chemise et jupon sous leur long châle ; sur leurs nuques s'enroulent, comme des câbles, de longues torsades de ces cheveux blonds, roux, si chers au peintre vénitien [...]. De vieilles femmes encapuchonnées de la baüte nationale se hâtent pour arriver à temps à la messe », tandis que Maurice Barrès se plaît à confondre l'Italie de 1893 et la poésie afin de perpétuer, à un siècle de distance, le souvenir d'un Goethe inspiré : « Dans les jardins d'Italie je m'enivre d'une poésie à l'état flottant, essentielle, dégagée de tout remaniement humain. Émotion indéfinie, par là inférieure aux choses d'art, mais qui donne une impression d'autant plus féconde. »

Émile Zola, lui, voyage comme le ferait un journaliste. Son récit, sans concession et construit comme un reportage, renseigne ses compatriotes sur les grandes mutations de l'Italie moderne. Bien sûr Zola visite les lieux sacrés, mais il se laisse plus souvent attirer par ce qui touche au social dont il brosse un tableau réaliste. Ses phrases sont courtes, hachées, rythmées : « Au Trastavere, les rues étroites, misérables, puantes. Les viandes saignantes, noirâtres, mal tuées sans doute [...]. Un grouillement d'enfants, sales, à demi nus (la fécondité, le pullulement de la misère). Des femmes en cheveux, en fichus et en jupes sales. Toutes noires et sales. Hommes en manches de chemise de couleur, en pantalons sales [...]. Le linge qui pend partout aux fenêtres, dans le soleil. Des coups d'ombre dans les rues qui tournent. L'odeur insupportable... »

Le XIXe siècle connaît encore un autre type de voyageur : l'érudit. Les voyages d'études se multipliant, les échanges culturels entre nations se font fructueux et les académies regorgent d'artistes désireux de confronter leurs idées et leur talent avec ceux de pays voisins. Il n'est pas rare de voir des peintres français, hollandais, américains et anglais choisir le même sujet de composition et croquer, ensemble, un paysage ou un lieu propice à l'inspiration. Contrairement aux savants du XVIIIe siècle qui s'attachaient à tout, les historiens du siècle présent travaillent sur des thèmes spécifiques et se spécialisent. Hippolyte Taine, qui parcourt l'Italie en 1866, tente de rendre intelligibles les interrogations historiques et anthropologiques. Il ne s'agit pas pour lui de les décrire aux futurs lecteurs de son voyage mais de dénouer la complexité des rouages de l'histoire de l'art italien : « Je suis donc allé à Pise tout rempli de la question sur laquelle j'avais quitté Sienne. Il n'y a que ces sortes de choses qui occupent en voyage. On marche enveloppé de son idée, et on ne s'inquiète pas du reste [...] comprendre les sentiments des grands hommes et des vieilles époques. Pourquoi ont-ils senti de cette façon ? Et, de question en question, au bout d'une semaine, on les entend, on les voit face à face... »

Sous l'influence du romantisme de Goethe et de Horace Walpole, l'architecture néo-gothique devient un pôle d'attraction. Viollet-le-Duc et surtout l'Anglais John Ruskin visitent l'Italie et remettent au goût du jour, par leurs écrits et leurs aquarelles, des monuments moyenâgeux pratiquement ignorés de tous. Viollet-le-Duc, attaché aux valeurs rationnelles de l'architecture gothique, profite de son séjour italien en 1836 pour exalter des monuments pris pour eux-mêmes et non destinés à illustrer le sublime, l'étrange ou le fantastique. C'est une démarche similaire qu'entreprend John Ruskin. Anglais polyvalent, qui s'intéresse aux minéraux ou aux plantes et qui dessine, peint et écrit avec le même brio, Ruskin recherche avant tout la vérité dans l'art. Il condamne ceux qui, par perversion, tentent de la transformer et de la maquiller au profit d'une mise en scène onirique ou d'un idéal. Encore que l'art ne se suffise pas non plus d'une représentation sèche, vide de tout instinct. Pour lui, qui possède justement « un instinct puissant [...]. celui de voir et de décrire les choses qu'il aime, l'idéal est un art qui se donne pour unique objet les choses telles qu'elles sont et accepte, également, dans chacune d'elles, le bien et le mal. » Sa découverte de l'Italie en 1842 est pour lui une source d'inspiration aussi émerveillée qu'inépuisable. La réalité implique un engagement profond, une sensibilité sincère et sous sa plume et ses pinceaux les palais et monuments florentins, vénitiens ressuscitent dans toute leur splendeur. Le grain de la pierre, les moindres fissures, les tonalités subtiles des marbres se mêlent harmonieusement aux cieux et aux places ensoleillées. Ce « pittoresque noble », qu'il oppose au « pittoresque superficiel » des barbouilleurs de carnets incapables de mettre en évidence ces reliefs du passé, le pousse à suivre la mode du néo-gothique dont il deviendra l'un des principaux maîtres à penser.

La peinture exécutée en plein air sur les traces de Poussin, Lorrain, Vernet, Richard Wilson, Thomas Jones et surtout Pierre Henri de Valenciennes, connaît ses plus belles heures dans la première moitié du XIXe siècle. Pierre Henri de Valenciennes, peintre de talent, est considéré comme le fondateur du paysage néo-classique. Il a visité l'Italie en long et en large entre 1782 et 1784 et il est l'un des premiers à avoir compris que peindre en plein air apportait une expérience incomparable. On y gagnait une richesse de couleurs que le dessin ne pouvait rendre, on y avivait l'instinct de curiosité que l'atelier confirmait. Aussi prône-t-il la rapidité d'exécution, meilleur moyen selon lui de voir l'effet de lumière choisie et le choix fugace d'un motif. Visionnaire, il aura un premier fils spirituel en la personne du peintre Corot. Il annonce aussi l'un des principes fondateurs de la vision picturale de Monet. « Les reflets d'une couleur sur une autre donnent une teinte mixte qui tient des deux, et qui les met en harmonie » et il ajoute : « la couleur des ombres n'est pas uniforme, variant autant que peut varier celle de la partie éclairée des corps sur lesquels elle est projetée et à laquelle elle doit toujours être analogue ». Il précise enfin : « Si la couleur de ce corps est jaune, alors l'ombre sera plus ou moins verdâtre, en raison de ce que l'ombre bleuâtre, transparente, se mêlant avec le jaune, forme nécessairement le vert. Par la même raison, si, au lieu d'être jaune, le corps qui reçoit l'ombre se trouve rouge, il en résultera une ombre violette. »

Ainsi, presque tous les paysagistes travaillant en Italie après 1810 appliqueront cette nouvelle théorie picturale. Les ombres dans les toiles de Corot sont vertes ou marron foncé, violettes ou ocres. Lorsque les peintres utilisent le noir, c'est qu'ils veulent insister sur le contraste entre un intérieur obscur et la clarté de l'extérieur, l'ombre et la lumière, subtil et définitif.

Ainsi quand Jean-Baptiste Corot débarque à Rome en 1825, à l'âge de vingt-neuf ans, il a déjà suivi toutes les étapes de l'artiste classique des ateliers parisiens. Il n'est donc pas « dépaysé » en arrivant dans la cité antique. Rome est devenue le centre artistique de toutes les nations et il n'est pas une taverne où l'on ne parle peinture en mangeant un plat de macaronis. Les paysages de la campagne romaine l'inspirent particulièrement, et Corot restera trois ans en Italie, trois ans durant lesquels il produira plus de deux cents dessins et près de cent cinquante huiles. Héritier spirituel de Pierre de Valenciennes, le jeune peintre, que ses collègues appellent déjà « le maître », modifie dès son arrivée à Rome la peinture de plein air. Il lui donne cette fluidité et cette simplicité qui feront école plus tard. Comme tous ses condisciples, et suivant les conseils de ses maîtres, ces peintures ne sont encore que des esquisses vouées à être transformées en atelier, mais sa palette, les sensations émotionnelles qui se dégagent de ses toiles, donnent déjà un fort avant-goût de modernité.

Sur place le jeune homme loue une chambre dans le quartier des étrangers, Piazza di Spagna. Il partage son penchant pour l'Italie avec un grand nombre d'autres peintres français, dont Nicolas Robert Fleury et Prosper Barbot. Mais il a surtout pour ami des étrangers comme le Letton Johann Karl Baehr ou l'Allemand Ernst Fries. Tout ce petit monde se retrouve au café Greco, devenu la boîte aux lettres de Corot et fief des peintres allemands. Une grande solidarité semble exister entre ces jeunes artistes comme en témoigne Prosper Barbot : « Je trouvai à l'hôtel du signor Martorelli nombreuse compagnie de paysagistes de tous pays.

Quatre compatriotes de nos amis, puis des Italiens, des Allemands, des Anglais, des Russes. Deux fois par jour, la table présidée et servie par notre hôte nous réunissait au nombre de douze ou quinze... » Reste que leur vie de bohème ne nuit pas à leur travail, et que la plupart d'entre eux profitent des beaux jours pour sillonner les environs de Rome. « Tu ne peux pas te faire une idée du temps que nous avons à Rome », écrit Corot à l'un de ses amis. « Voilà un mois que je suis, chaque matin, réveillé par l'éclat du soleil qui frappe sur le mur de ma chambre. Enfin, il fait toujours beau ; mais aussi, en revanche, ce soleil répand une lumière désespérante pour moi. Je sens toute l'impuissance de ma palette. Apporte des consolations à ton pauvre ami qui est tout tourmenté de voir sa peinture si misérable, si triste auprès de cette éclatante nature qu'il a sous les yeux. Il y a des jours, véritablement, où on jetterait tout au diable... »

Heureusement Corot résiste à cette langueur italienne et peint de magnifiques tableaux, emplis de délicatesse, riches en couleur et au trait juste.

L'hiver, ces jeunes gens regagnent les ateliers romains où ils peuvent donner libre cours à leur imagination et travailler à leur « grand œuvre ».

Corot n'est pas le premier paysagiste de plein air, mais sa maîtrise et son talent en ont fait le peintre le plus représentatif de cette technique classique.

L'anglais Turner n'a pas du tout la même approche. Lors de son séjour italien il laisse parler son imagination romantique face aux paysages qui le dépassent. L'œuvre italienne de Turner s'inscrit dans un schéma unique en son genre : transcrire en couleurs l'émotion exacerbée de son moi profond. En un mot, plaquer sur une toile, les bouillonnements intérieurs et non canalisés de ses états d'âme. Violence du trait, flamboyance des couleurs, fondus savamment orchestrés, Turner annonce les impressionnistes plusieurs décennies avant leur apparition. Ses visions de Venise, ses couchers de soleil font renaître dans une étonnante modernité une ville hors du temps et de l'espace.

Autre symbole de la prospérité artistique italienne, la présence en nombre de peintres américains, pour qui, comme le précise en 1850 l'avocat George Stillman Hillard, « aucun pays ne cumule autant d'attraits, ne promet autant de merveilles différentes. » Éblouis par ce pays qui, plus qu'aucun autre, est un point d'attraction commun pour « l'homme d'État, l'érudit, le pèlerin chrétien et l'artiste », les peintres du Nouveau Monde puisent dans cette Italie l'inspiration que leur patrie trop jeune ne pouvait leur offrir.

Encouragés par leurs prédécesseurs, ils s'installent à Florence, Rome, Sienne, Venise ou Naples. Ces voyageurs du Nouveau Monde, contrairement aux Anglais, se sentent assez proches du peuple italien qu'ils trouvent sympathique. Même la crasse ne les effraie pas : « Rome est sale, mais c'est Rome », dit le peintre Story. « Cette saleté a un charme que la propreté en d'autres endroits n'a jamais eu [...]. Mais le terrain et la patine que certains appellent saleté, moi je les appelle couleur. »

Or ces Américains, curieux de retrouver un passé glorieux, recherchent eux aussi les racines profondes dont ils sont issus. Benjamin West, John Apthorp, ou John Singleton Copley ont fait des émules de plus en plus nombreux. Thomas Cole qui arrive à Florence en 1831 est l'un des premiers peintres américains à renouer avec le tour italien. Il perpétue à sa manière la tradition de la peinture en plein air, chère à Valenciennes ou à Corot, et ses toiles conçues, entre autres, à Tivoli sont des exemples frappants d'une maîtrise consommée. Henry Roderick Newman, Sanford Robinson Gifford, et surtout le talentueux John Singer Sargent vont de leur côté être les témoins privilégiés d'une Italie en pleine mutation qu'ils traduiront avec l'œil neuf d'un continent, lui aussi en pleine mutation.

Mais il est une chose qui n'évolue pas aussi vite que les machines ou l'accroissement du nombre des étrangers, c'est bien le voyage proprement dit. Bien sûr, les facilités d'accès permettent de joindre les villes italiennes avec plus de rapidité, mais avant l'apparition du chemin de fer les trajets restent quasiment identiques à ceux du XVIIIe siècle. Les passages alpestres améliorés aboutissent toujours à Turin. Et Chateaubriand arrive en Italie par le Simplon comme Edgar Quinet en 1832 : « Si l'on traverse les Alpes en été, elles sont à peine un obstacle. La route du Simplon les a supprimées. » Turin, qui ne présente que peu d'intérêts pour certains touristes par son « uniformité désastreuse et ses rues à angle droit », trouve grâce aux yeux d'autres voyageurs. Lady Morgan, romancière irlandaise qui accomplit son Petit Tour en 1819, est frappée, en approchant de la ville, « par sa brillante situation, au milieu d'un amphithéâtre de coteaux couverts de vignes [...]. La première vue de Turin est extrêmement imposante, des faubourgs mal bâtis ou des murailles ruinées n'en défigurent point l'entrée... » De Turin le voyageur a le choix entre Gênes ou Milan et la région des lacs. Gênes séduit Stendhal où, du port, on a une « des plus belles vues d'Italie : la mer et le rivage jusqu'à Savone... » Ruskin, lui, est fasciné par la lumière et les couleurs de la ville : « Dans le port il y avait de magnifiques bateaux au mouillage et le ciel était strié de bandes lumineuses de nuages effilochés, résidus d'une terrible tempête... » Nombreux sont ceux qui, comme au XVIIIe siècle, préfèrent emprunter la route de la mer et partant de Marseille se dirigent vers Gênes ou

Livourne. A la fin du XIXe siècle. Gênes représente plus de la moitié du trafic maritime de l'Italie. Des centaines de grands navires, à voiles ou à vapeur, y jettent l'ancre sans compter le cabotage intense de milliers de petites embarcations.

Le compositeur Hector Berlioz embarque au port phocéen en 1830. Il va rejoindre la Villa Médicis, à Rome, fief de l'Académie de France, en qualité de lauréat du prix de Rome. Il a vingt-sept ans. Comme tant d'autres musiciens, Mendelssohn, Wagner, Liszt ou Gounod, il a hâte de connaître ce pays de l'opéra, et *a fortiori* de la musique. Dans ses *Mémoires* il indique le chemin (qu'il ne prend d'ailleurs pas) qui permet de rallier la cité italienne. C'est celui que suivent traditionnellement les lauréats du prix de Rome. Entassés dans une lourde carriole, une demi-douzaine de voyageurs affrontent en commun la longue route qui les attend, confiant aux bons soins d'un voiturin l'organisation du périple. Le voyage, lent – car on ne change jamais de chevaux – et inconfortable, se révèle riche en incidents, ce qui n'est pas pour déplaire aux jeunes voyageurs que l'aventure attire.

Le compositeur a préféré le voyage par mer. Il atteint Livourne après avoir essuyé une tempête mémorable, Livourne où Stendhal, toujours précis, conseille au voyageur de descendre à l'*Aquila Nera,* un hôtel où la chambre ne coûte que la somme modique de trois *pauls* – un paul valant six *gratz,* ce dernier, « monnaie la plus légère de l'univers », valant 7 centimes. Satisfait de n'avoir pas gaspillé ses économies dans une auberge aussi ruineuse qu'insalubre, il évoque les dîners au café Greco ou à la Pergola, sans oublier toutefois de préciser le prix du repas : *25 gratz.*

Henry James, qui a élu l'Italie comme pays d'adoption, est amoureux de Gênes et de ses paysages : « S'il est bien de faire une première étape à Turin, il est encore mieux d'aller à Gênes tout de suite après. Gênes est l'enchevêtrement topographique le plus embrouillé du monde et même une seconde visite ne vous aidera guère à le débrouiller. Dans les merveilleuses rues génoises, courbes, tortueuses, raides, vertigineuses, mystérieuses, le voyageur est réellement immergé dans le pittoresque italien traditionnel. »

De là, on atteint Pise puis Florence après avoir emprunté les routes escarpées de la côte ligurienne que décrit si bien Ruskin : « Le profil bleu sombre des collines se découpait, net comme du cristal, sur la pureté d'un ciel vert, pâle et lointain, tandis que le soleil caressait les pentes herbeuses et que les villages blancs disposés le long du golfe brillaient d'une lumière argentée vers le nord-ouest. »

À Florence, les artistes-voyageurs se retrouvent très vite en bonne compagnie. Les Anglais y sont les plus nombreux, ce qui fait dire aux Goncourt, lors de leur séjour en 1855, que Florence est une « ville toute anglaise où les palais sont presque du triste noir de la ville de Londres et où tout semble sourire aux Anglais [...], une ville qui n'a pour elle que le bon marché de la vie et le merveilleux musée des offices. » Une description tranchant sensiblement avec celle d'Henry James qui a fait de Florence sa perle italienne : « Le fleuve est jaune, la lumière est jaune, et ici et là, un peu partout, une surface veloutée s'effrite, une trace de couleur, un événement de l'atmosphère se remet à raconter l'histoire... »

Pour nombre de voyageurs, cependant, l'Italien lui-même reste un être doté des pires intentions. Ainsi cette diatribe décochée par Théophile Gautier : « À Milan, nous avons eu ascension dans la flèche de la cathédrale. [...] Les murs de l'escalier sont historiés de recommandations de propreté les plus bizarres et les plus variées. L'Italien est si naturellement porc, qu'il se vide n'importe où ; ce qui est cause que les vidangeurs meurent de faim dans ce pays qui donne la botte au cul de la Sicile. J'ai recueilli quelques inscriptions :

Il faut garder pour la maison
le superflu et la boisson.
Les gens qui sont de bonne race
Ont soin de pisser sur la place.
Si vous sentez quelque besoin,
Gardez-vous de salir ce coin.

Ce faible échantillon suffira à votre intelligence ; il y a des pancartes équivalentes pendant la valeur de 572 marches au-dessus du niveau de la mer et non de la merde, car on en trouve sur les flèches les plus aiguës, qui n'a pas été pondue par des hirondelles. »

Il est évident que Stendhal, Italien de cœur et Milanais dans l'âme, n'a pas emprunté le même escalier que l'auteur d'*Émaux et camées* : « Jamais l'architecture ne m'a donné de telles sensations. Ce marbre blanc découpé en filigranes n'a certainement ni la magnificence ni la solidité de Saint-Paul de Londres. Je dirai aux personnes nées avec un certain tact pour les beaux-arts : cette architecture brillante est du gothique sans l'idée de mort, c'est la gaieté d'un cœur mélancolique ; et comme cette architecture dépouillée de raison semble bâtie par le caprice, elle est d'accord avec les folles illusions de l'amour. Changez en pierre grise le marbre éclatant de blancheur, et toutes les idées de mort reparaissent. Mais ces choses sont invisibles au vulgaire et l'irritent. En Italie, ce vulgaire est le petit nombre, il est l'immense majorité en France. »

Ceux qui viennent en Italie par les Alpes passent inévitablement par Milan pour emprunter par la suite l'enchanteresse route des lacs. L'émotion est à son paroxysme et le lyrisme rejoint l'idéal : Alexandre Dumas est fasciné par les jeux de lumière sur le lac Majeur, ce « miroir de vif-argent », où les îles Borromées, fondues entre le ciel et l'eau, figurent « des nuages noirs, cloués sur un fond d'azur étoilé d'or ». Moins emphatique mais tout aussi enthousiaste, Stendhal se contente de « plaindre les gens qui n'en sont pas fous. »

Après Milan, Venise demeure l'un des hauts lieux du Petit Tour comme il le fut du Grand. La ville de toutes les tentations est le cadre privilégié des peintres qui n'ont que l'embarras du choix pour choisir leurs angles de vue. Ce n'est pas un hasard si c'est à Venise que le jeune artiste anglais Richard Parkes Bonington va peindre ses plus belles aquarelles avant d'y mourir, deux ans plus tard, en 1828, d'une tuberculose foudroyante à l'âge de vingt-deux ans.

De tout temps, les peintres ont subi le charme, ont été séduits par la lumière de cette cité lagunaire, issue de la vase et qui doit irrémédiablement retourner au néant. Cette vision morbide et tenace enveloppera la Sérénissime d'un voile de tristesse romantique tout au long du XIXe siècle. Ce n'est d'ailleurs pas le moindre des paradoxes que ces paroxysmes macabres aient été supplantés, lors de la renaissance touristique et commerciale, par les voyages de noces et les clichés sentimentaux au milieu des pigeons de la place Saint-Marc. Vendue à l'instar de toutes les villes italiennes situées sur les circuits vantés par les guides, la Sérénissime est prise d'assaut, surtout depuis l'arrivée du chemin de fer qui déverse inlassablement ses cohortes de touristes. Le voyage est désormais mis à la portée du plus grand nombre. Et, pour être sûr de ne pas se tromper, et pour garantir le succès d'un séjour court mais fructueux, mieux vaux partir avec un bon livre-guide qui conseille, tranche, oriente, et schématise.

La publication des écrits et des gravures embellies des humanistes du XVIIIe siècle avait suscité un véritable engouement pour l'Italie, qui était devenue un lieu de villégiature. Plus tard, les nombreux commentaires livrés par les écrivains de l'époque post napoléonienne, en particulier ceux de Stendhal, vont donner naissance à des ouvrages pratiques et didactiques, respectueux de circuits bien établis. C'est ainsi que paraît en 1839 le premier des fameux guides *Baedecker,* du nom de son inventeur allemand, libraire et écrivain à ses heures, qui, pensant servir la cause de ses compatriotes, eut l'idée de mettre à profit ses connaissances et son expérience en établissant un descriptif détaillé et sans état d'âme sur les us et coutumes des Italiens.

Si Henry James ne peut se passer du livre très personnel de Joseph Forsyth, *Remarques sur les antiquités, les arts et les lettres au cours d'un voyage en Italie,* paru en 1813 et, dans le genre, best-seller avant la lettre, les guides Murray (dont le premier sur la Hollande paraît en 1836), et surtout les guides Baedecker laissent de côté tous commentaires littéraires. Le voyageur trouvera dans ces ouvrages des enseignements concernant les hôtels, les auberges, les relais de poste, le change, les musées et leurs heures d'ouverture, les routes à suivre, les curiosités à visiter, les horaires des trains (lorsqu'ils seront en activité), les circuits obligatoires ainsi que les recommandations d'usage au sujet des pourboires, les pièges à éviter, le tout agrémenté de cartes très détaillées et de plans des villes principales. Bref tout ce qui peut faciliter la vie et permet de passer de bonnes vacances.

Le succès de ces guides traduits en plusieurs langues fut à l'image du flux incessant de visiteurs : colossal. Plus personne, après 1850, n'aurait osé se promener en Italie sans son Baedecker, véritable livre de chevet du voyageur moderne.

Après Venise et Florence, le voyageur atteint Rome qui conserve tout son attrait, malgré la valse permanente de touristes endimanchés. « Je dirais aux voyageurs », conseillait Stendhal : « en arrivant à Rome, ne vous laissez empoisonner par aucun avis ; n'achetez aucun livre, l'époque de la curiosité et de la science ne remplacera que trop tôt celles des émotions. »

Ceux qui n'ont pas encore goûté aux avantages du chemin de fer atteignent Rome en voiture à cheval, après avoir traversé une « immense solitude où moutonnent de petites ondulations qui méritent à peine le nom de collines et qu'entrecoupent des creux sinistres et de bizarres escarpements... », dira Jules Gourdault en 1883.

C'est à cette même époque, dans les années 1862-1865, que Thomas Cook, l'inventeur des wagons-lits, organise ses premiers voyages, les *Cook's tour* à travers la péninsule. La légende veut que le brave homme ait traversé les Alpes en hiver, pour préparer son périple, et subi les affres d'une avalanche avant d'être secouru et sauvé par l'alcool bu au tonnelet-collier d'un saint-bernard bienveillant. Ce désir commercial de mettre le voyage à la portée de tout le monde, ou presque, correspond à la fin de la période romantique. Les voyageurs-écrivains de l'ère du train devront, comme on l'a vu, inventer d'autres sensations pour s'échapper des sentiers battus.

Avec ou sans son bréviaire touristique, l'étranger qui découvre la Ville éternelle peut encore se promener dans les environs et laisser libre cours à ses rêveries devant les cascatelles de Tivoli. Il peut s'adonner à la mélancolie devant le temple de la Sibylle ou contempler les eaux limpides du lac de Nemi et les paisibles paysages des Colli Romani si souvent mis en couleurs par les peintres et encensés par les écrivains. « La nuit est tranquille et fraîche », écrivait Charles Didier en 1842.

« La mer invisible murmure au loin ; le lac d'Albane et le miroir de Diane réfléchissent à nos pieds les étoiles du ciel. Quel silence ! Quel repos sur ces monts, dans ces plaines où la nature et l'homme ont à l'envi soulevé tant d'orages ! »

Poursuivant son périple, le voyageur du XIXe siècle prend la route qui mène de Rome à Naples. C'est une expédition difficile et angoissante. Naples n'est-elle pas la porte du « monde sauvage » ? Mais avant d'arriver dans cette ville « lointaine », les carrosses passent par le relais d'Itri, cauchemar des vacanciers. « Itri, qu'on traverse avec peine et danger à cause de sa montée étroite et escarpée, décrit Lady Morgan, laisse dans l'âme une impression ineffaçable. [...] Qu'ils voient une fois seulement ce nid de crimes et de maladies, qu'ils y contemplent le bandit bien connu pour tel, se glissant vers la porte de la maison noire et démantelée où il retrouve, quand il descend de la montagne, la nichée gémissante de petits misérables affamés que sa part de dépouilles suffit à peine à nourrir. [...] Qu'ils voient cette race misérable destinée à mendier ou à suivre la profession de leur père, défigurée par les haillons et la malpropreté. [...] Telle est la ville d'Itri, la terreur des étrangers, la honte des natifs, l'asile des bandits. »

Naples et ses *lazzaroni,* ces « gueux » presque nus qui vivent d'on ne sait quoi et qui dorment à la belle étoile en souriant, proposent un dépaysement assuré à tous les étrangers. La misère côtoie les marbres, l'éclat du ciel contraste avec la noirceur de la terre volcanique, et la mer nourricière y déverse ses poissons comme une offrande. Dumas, quant à lui, prend sous sa protection ce peuple italien insouciant et charmeur, dont les premières victimes semblent être les voyageurs anglais, « sans doute, » dit-il avec humour, « parce que l'Anglais a une attraction instinctive pour le lazzarone comme le lazzarone a une sympathie pour l'Anglais. » Un étrange rapport semble s'être établi entre les naïfs sujets de Sa Majesté et les Napolitains. Ceux-ci leur servent à la fois de guides et de bouffons, plongent à la mer pour récupérer les pièces qu'on leur lance, puis les détroussent habilement, étape incontournable pour le voyageur anglais en quête de couleur locale.

Si la gastronomie est presque toujours acceptable, le Sud continue à susciter la méfiance. Ainsi François Lenormant, archéologue et sommité scientifique, se plaint, lors de son excursion dans le « grand sud », de ne manger que du poulet « et quels poulets ! d'affreux oiseaux à l'aspect misérable et souffreteux, juchés sur de grandes pattes jaunes, auxquels jamais on a donné une seule poignée de grains et qui cherchent leur vie comme ils peuvent parmi les ordures... » En revanche, il semble se régaler d'un lièvre à la mousse de chocolat avec « des petits dés de jambon et des amandes de pin pignon » en buvant avec étonnement du cidre, legs des Normands en Sicile.

Ah Naples ! où la musique règne toujours en maître : « Et là, pour la première fois depuis mon arrivée en Italie, j'entendis de la musique », écrit Hector Berlioz, là où le Napolitain « parle autant avec ses mains et tout son corps qu'avec sa langue, » loin des préjugés dont l'affublent la plupart des étrangers et qui n'a pas son pareil pour entonner une chanson langoureuse à l'écoute de laquelle se pâment des Anglaises en quête d'aventure...

Une fois disparues les premières craintes d'un Sud considéré comme barbare, les voyageurs atteignent la Sicile en passant par la Calabre ou les Pouilles. Paul Bourget juge la ville de Bari tout à fait « charmante [...] avec ses rues à angles droits qui permettent sans cesse de voir la mer à leur extrémité, comme à Turin on voit les Alpes, et quelle douce, quelle voluptueuse mer [...] bleue de ce bleu si profond, comme d'un saphir fondu, où il semble qu'un objet se teindrait d'azur en s'y plongeant... » De la Calabre où, selon Dumas, il n'y a rien à voir sinon « l'aspect sauvage du pays, les costumes pittoresques de ses habitants, la vigueur de ses forêts, l'aspect de ses rochers et les mille accidents de ses chemins, » les touristes voguent vers la Sicile qui, grâce aux écrits de Vivant Denon, est inscrite dans les circuits italiens. Du haut de « son » Etna, Dumas s'émerveille du paysage grandiose qui s'offre à sa vue, et embrasse d'un seul regard « tout le vieux monde d'Homère, de Virgile, d'Ovide et de Théocrite. » Et cette émotion, engendrant une pudeur qui ne lui est pas coutumière, le pousse à laisser sa plume pour apprécier en silence « ce tableau qui entrait profondément dans (son) cœur. »

Selon les tempéraments, les époques, les régions, les personnalités des artistes-voyageurs, les sentiments que suscite l'Italie varient : amour, haine, angoisse, sérénité, jugement, contemplation, beauté et laideur se juxtaposent ou se mêlent sans jamais ternir une image dont les écrits et les tableaux sont la visualisation appliquée.

Si le XVIIIe siècle a été la grande époque du voyage en Europe, l'Italie en demeurait le passage essentiel. C'est que suivant les lois de l'attraction naturelle, les gens du Nord ont toujours nourri une ardente soif de soleil.

Le 10 mars 1861, avec l'assentiment du nouveau parlement, Victor-Emmanuel prend le titre de roi d'Italie. En 1866, Venise est réunie au royaume et quatre ans plus tard, Rome en devient la capitale incontestée. Après des siècles d'indépendance ou d'assujettissement, les villes italiennes ont enfin signé un pacte fraternel. Grâce à Garibaldi et autres adeptes du Risorgimento, l'Italie, entité reconnue et adulte, prend alors son essor.

Si ce changement géopolitique n'est que le fait intellectuel d'hommes d'État insurgés et pénètre peu les couches populaires, il correspond, malgré tout, à un besoin secret de liberté et à un désir profond d'appartenance. L'ère industrielle, les progrès accomplis dans les communications et l'information ont transformé les mentalités. C'est dans ce contexte que la peinture italienne se métamorphose sous l'égide d'un groupe éphémère mais influent, celui des Macchiaioli. C'est en 1862 qu'un critique italien baptise ainsi quelques peintres du nom peu flatteur de Macchiaioli, qui signifie tachistes. Il ne fait que reprendre le nom que ce groupe d'artistes a pris pour emblème, celui de Macchia. Ces quelques peintres, « révolutionnaires » à leur manière, proches politiquement de Garibaldi, et de Cavour, sont partis en guerre contre le conformisme et l'académisme désuet qui règnent dans leur pays. Ils tentent de traduire par une opposition faite de masses sombres et claires, les mutations de l'identité italienne. S'intégrant dans le positivisme et la tradition expérimentale ils recherchent avant tout le mouvement, symbole de la marche en avant : fluidité des couleurs, contrastes marqués, thèmes sociaux et populaires, liberté de l'expression artistique. Leur lutte active au sein du Risorgimento, leurs prises de position avant-gardistes, se concrétisent par des toiles d'une originalité sans précédent en Europe. Les chefs de file, Telemaco Signorini, Silvestro Lega, Giovanni Fattori ou Giuseppe Abbati, refusent toute compromission. Groupés en Toscane ou à Rome, ils travaillent en accord, communiquent avec les peintres étrangers, voyagent beaucoup et notamment en France où ils se lient d'amitié avec Manet qu'ils admirent. Les Macchiaioli auront une influence importante quoique tardive sur la peinture italienne du XXe siècle, mais ne pourront résister à la vague impressionniste française. Leur mouvement, qui aura duré près de sept ans, marquera une date dans l'histoire de l'unité italienne, celle de la représentation picturale d'une révolution en marche.

Mais peut-on parler de l'unité italienne sans évoquer Giuseppe Verdi ? Certes, cet enfant de famille pauvre n'avait rien d'un voyageur. Lui dont les parents avaient rêvé de faire un prêtre – la consécration suprême pour eux – va devenir le grand compositeur de son siècle et bien malgré lui le porte-parole du Risorgimento.

Après des débuts difficiles, Verdi rencontre le succès avec la première représentation de *Nabucco* à la Scala en 1842. Le public en délire lui fait un triomphe et le fameux air des esclaves, chantant leur patrie perdue, enthousiasme les Milanais soumis à la domination autrichienne. Pour tous les Italiens, « Vo pensiero » va symboliser le rêve de libération.

Et partout où vont se donner les opéras de Verdi auront lieu des manifestations et des débordements patriotiques, à tel point d'ailleurs que la censure autrichienne en fera interdire certains passages. Jusqu'en 1851, la politique passionne plus Verdi que sa propre carrière. Il passera une dizaine d'années heureuses à la campagne où il écrira, entre autres, *Rigoletto, Le Trouvère* et *La Traviata,* avant de soutenir, à partir de 1859, l'action de Garibaldi et, en 1865, de faire partie du premier Parlement italien.

Voyager dans le regard des autres est un plaisir sans cesse renouvelé. Mais cela peut aussi contribuer à la découverte d'un pays comme l'Italie. Et le touriste d'aujourd'hui comme celui de demain, guidé par les pensées, les sentiments et les jugements d'illustres devanciers, ne se trouvera pas démuni devant les lieux célèbres ou chargés de mémoire.

Car les observations de tel écrivain, les émotions de tel peintre sont autant de jugements qui se rencontrent, qui diffèrent, qui s'opposent, mais aussi se complètent, formant ainsi une sorte de géographie esthétique.

Or le XIXe siècle me convient ; si le lien qui m'unit sentimentalement à tous ses voyageurs est aussi fort, c'est que ces touristes du siècle passé prenaient le temps de préparer leur périple. Celui aussi de vagabonder, de s'émerveiller, tout autant que de réfléchir. Ils prenaient le temps de prendre leur temps.

L'image qui apparaît dans le miroir ainsi tendu de ce *Voyage en Italie* s'avère au terme surprenante et révélatrice. Il n'est d'ailleurs pas impossible que ce soit à travers les écrits et les opinions des étrangers que les Italiens, comme les autres peuples d'ailleurs, aient trouvé une partie de la réponse au « connais-toi toi-même » de la sagesse antique.

Jean-Claude Simoën

DOMENICO BO
LLA DENTISTA
Al Porta
de Fabre
si
col

CAFFE
CAFFE DUOMO

DU VAL DAOSTE AU LAC DE GARDE

Isola Bella, la perle du lac Majeur, le lieu légendaire de la douceur et de la beauté, où tout notre être est raréfié ! À ce nom sublime, à la foule qui dans un même amour se presse pour débarquer sur cet étroit terrain divin, j'oublie toutes les imperfections ; on va toucher à la pure volupté. Je veux me donner le chagrin de la refuser. Le bateau s'éloigne et seul je demeure sur le pont. Les terrasses d'Isola Bella étagent leurs romanesques décors, leurs statues qui montent vers le ciel comme des cris de bonheur, leurs végétations empruntées au monde entier et neuves sur l'imagination comme des frôlements inconnus.

Mise en scène si fine, si pénétrante d'imprévu que les nerfs de qui la contemple en sont usés pour tout le jour. J'ai vu des yeux qu'elle remplissait de larmes. L'*Embarquement pour Cythère*, Disait Watteau, et sa mélancolie, son espoir dans la vie, sa sensualité excitée vers l'inconnu composaient un rêve analogue au *débarquement d'Isola Bella.*

D'autres jours, j'ai visité ce rêve, et je sais sur quelles réalités sont appuyées ses magies.

Vers 1628, Jules-César Borromée appliqua son âme à l'embellissement de ces rochers qu'habitait une pauvre population.

Il rêvait d'y former un lieu de toutes délices auquel il donnait le nom d'Isabella, sa femme. Sur l'emplacement d'une église qu'il démolit, il commença des jardins pour lesquels il demandait des plantes en Flandre, à Valence, à Alicante, à Rome. Son fils Vitaliani, très épris des doctrines de Platon, continua de construire ce séjour idéal. Cent cinquante personnes habitaient encore un coin de l'îlot qu'il expropria. Il recouvrit ces rochers de terre végétale apportée dans des barques du continent ; et, plaçant le palais en partie sur l'eau, il superposa douze étages de jardins dans cet étroit espace. Dès 1668, on jouait dans l'Isola Bella un intermède en musique, l'*Hypocondrie chassée de l'île par l'Allégresse.*

À la fin du dix-huitième siècle, la condition des familles qui jouissaient d'une seigneurie territoriale fut bien changée. Né en 1751, Gibert fut le dernier des Borromées qui posséda des droits féodaux. Dépouillée d'un seul trait de tous ses privilèges, cette maison resta du moins puissante par ses propriétés privées. En 1796, Gibert, suspect d'avoir voulu renverser le nouvel ordre politique, fut relégué à Nice. Il ne rentra à Milan que simple citoyen. Napoléon, en constituant le royaume d'Italie, le fit comte et lui accorda d'ériger les îles en majorat pour son aîné.

Depuis 1814, il n'y a plus de majorat. Les Borromées font de grands efforts pour maintenir la belle création de leurs ancêtres. Mais un jour, par le jeu inéluctable du Code civil qui morcelle toutes les fortunes, nous verrons l'Isola Bella aux mains d'un Américain ou bien encore, c'est plus probable, transformée en Palace-Hôtel.

Cueillons dans chaque saison le fruit qu'elle nous propose ; c'est la morale de ces îles fortunées, et puisqu'il en est temps encore, trouvons ici, réalisées par d'ingénieux et fastueux amateurs, les imaginations voluptueuses des plus grands poètes du monde. C'est ici les jardins d'Armide que peignit le Tasse et l'île d'Alcine décrite par l'Arioste.

Maurice BARRÈS

Gênes, dimanche 12 avril 1857. Petit déjeuner au café.
Chocolat. Promenade publique sur les remparts. Considère. Des soldats. Hommes peu plaisants à regarder. A la cathédrale. Marbre noir et blanc alterné. Les marches. Bel intérieur. La tour ; le palais ducal. Tout le monde est dehors. Grand nombre de femmes. Coiffures génoises. Simples et gracieuses. La recette évidente pour qu'une femme quelconque ait l'air jolie. Pris l'omnibus jusqu'au bout du port. Le phare (100 mètres de haut). Ai grimpé au sommet. Vue superbe. Promontoire. Tous les fortins et la ville à vos pieds. La hauteur et la distance de ces fortins, leurs positions isolées. La sauvagerie du terrain entre eux semble faire de Gênes la capitale et le camp fortifié de Satan : fortifié contre les archanges. Nuages se pressent contre les remparts. Suivi le côté est du port et entrepris le circuit de la troisième ligne de défense. Les remparts donnent sur la mer, les arches jetées au-dessus des ravins. Belles vues de la cité. Plus haut, encore plus haut. La prison des galériens. Ils peuvent contempler la mer en toute liberté derrière leurs barreaux. Ai continué en tournant en rond. Promenade publique. Suivi un chemin escarpé vers une petite église (belle vue sur la mer depuis le porche). De là, plus haut encore, et arrive aux remparts. Vue splendide sur une vallée profonde de l'autre côté, sur la ville et sur la mer. Ces vallées sont très habitées.

Herman MELVILLE

Pages 66-67

Samuel PROUT
Milan, le Dôme Saint Ambroise
Gouache sur papier
Arundel Castle, West Sussex

Ippolito CAFFI
Gênes, vers 1850
Huile
Gênes, Galleria d'Arte Moderna

À partir de Cogoletto, Gênes vient pour ainsi dire au-devant du voyageur. Pegli, avec ses trois magnifiques villas, n'est qu'une espèce de faubourg qui passe par Cestri di Ponente, et se prolonge jusqu'à Saint-Pierre-d'Arena, digne entrée de la ville qui s'est donnée à elle-même le surnom de la Superbe, et que depuis six ou sept lieues déjà on aperçoit à l'horizon, couchée au fond de son golfe avec la nonchalante majesté d'une reine. Un seul mot explique, au reste, ce luxe presque inexplicable de palais, que le voyageur trouve éparpillés sur sa route avec la même profusion que les bastides des environs de Marseille. Les lois somptuaires de la république, qui défendaient de donner des fêtes, de s'habiller de velours et de brocard, et de porter des diamants, ne s'étendaient point audelà des murailles de la capitale : c'était donc à la campagne que s'était réfugié le luxe de ces turbulents et orgueilleux républicains.

Alexandre DUMAS

GÊNES. – J'ai regardé durant un bon moment cette ville, ses maisons de campagne et ses jardins d'agrément et le large cercle de ses collines et de ses pentes habitées ; enfin je finis par me dire : je vois des *visages* de générations passées, – cette contrée est couverte par les images d'hommes intrépides et souverains. Ils ont *vécu* et ils ont voulu prolonger leur vie – c'est ce qu'ils me disent avec leurs maisons, construites et ornées pour des siècles, et non pour l'heure fugitive : ils aimèrent la vie, bien que souvent elle se fût montrée mauvaise à leur égard.

Friedrich NIETZSCHE

Camille COROT
Gênes, 1834
Huile sur toile
Chicago Art Institute

Je suis descendu à l'hôtel de la Croix de Malte, qui donne directement sur le port et je ne puis décrire le plaisir que j'ai à contempler les navires, à entendre les cris des marins, semblables à tous les autres marins du monde, et à respirer toutes les effluves du port. Je l'ai exploré de fond en comble hier, à pied et en bateau, flottant sur la Méditerranée pour la première fois depuis vingt et un ans avec une joie d'enfant libre. Les ports italiens sont bien plus pittoresques que les nôtres. On voit ici toutes sortes de vaisseaux... La cité est originale et quelques-uns des palais sont splendides. Je l'ai contournée à cheval ce matin, ce qui représente environ onze kilomètres, mais les murailles sont assez vastes pour contenir dix fois la superficie de la ville, car c'est une des cités les plus ramassées d'Europe. Elle s'accoude au fort, et au pied d'une montagne assez élevée qu'il a fallu inclure dans les murs pour la défendre correctement...

Fenimore COOPER

C'est un endroit dont on peut dire que « plus on le connaît, plus on l'aime ». Il semble qu'il y ait toujours quelque chose de nouveau à y découvrir. On y trouve les plus extraordinaires ruelles et chemins détournés où déambuler. Vous pouvez vous perdre (et quel bonheur c'est là quand on n'a rien à faire !) vingt fois par jour, si cela vous plait ; et reparaître en surmontant des difficultés des plus inattendues et surprenantes. Il y a profusion de contrastes des plus étranges : des choses qui sont pittoresques, laides, minables, magnifiques, enchanteresses, et repoussantes, s'offrent brusquement au regard à tout bout de champ.

Charles DICKENS

J.L. GENNARO
Le port de Gênes, 1878
Aquarelle
Collection particulière

Bordighera et San Remo sont les deux villes qui m'ont le plus frappée par le charme et l'attrait de leur physionomie. Également divisée en deux, la partie neuve sur la mer, la partie ancienne sur le versant de la montagne qui l'abrite, Bordighera avec sa végétation luxuriante, ses palmiers, ses dattiers et ses fleurs, semble être faite uniquement pour le plaisir des yeux et de l'esprit. Rien n'est joli comme de voir ses élégantes maisons, étagées dans la verdure et adossées contre la montagne qui se profile d'un côté, tandis que de l'autre, la Méditerranée, de ce bleu intense qui lui est particulier et fait ressortir la neige de son écume, vient mourir doucement à ses pieds. Nous avions déjà dépassé cette station, que j'admirais encore son aspect féerique ! Il me semblait qu'en ce décor merveilleux, la vie ne pouvait être faite que de fleurs et de tendresse et que le vent des tempêtes ne devait jamais y sévir.

I. GEOFFROY

Enfin, comme il ne nous restait plus qu'une heure un quart pour faire nos paquets et nous rendre au bateau, nous regagnâmes l'hôtel, nous réglâmes nos comptes, et nous montâmes dans une barque, partageant parfaitement l'avis de ce bon et spirituel président de Brosses, qui prétend que, parmi les plaisirs que Gênes peut procurer, les voyageurs oublient ordinairement de mentionner le plus grand, qui est celui d'en être dehors.

Alexandre DUMAS

Elihu VEDDER
Bordighera, 1872
Huile sur toile
Manchester, The Currier Gallery of Art

Carl NEUMANN
Bateaux de pêche à Gênes (détail)
Huile sur toile
Collection particulière

Il n'y a rien de plus beau en Italie, pour moi, que la route côtière entre Gênes et La Spezia. D'un côté, parfois loin en contrebas, parfois presque au même niveau que la route, et souvent bordée de rochers brisés aux formes multiples, il y a la mer libre azurée avec, çà et là, une felouque pittoresque qui passe dans un lent glissement ; de l'autre côté, il y a de hautes collines, des vallons parsemés de chaumières blanches, de taches foncées d'oliveraies, d'églises de campagne avec leurs légères tours à claire-voie, et de maisons de campagne badigeonnées de couleurs gaies. Sur chaque talus et chaque butte, en bordure du chemin, croissent des cactus et des aloès sauvages à profusion luxuriante ; et les jardins des clairs villages que l'on voit le long de la route, sont tout empourprés par des bouquets d'amaryllis, en été, et embaumés par les oranges et les citrons dorés, en automne et en hiver.

Charles DICKENS

L'Italie pour moi n'est pas un pays, c'est un mirage ! Ce n'est pas de l'air qu'on y respire, c'est de l'âme ! une âme de feu, de langueur, d'enthousiasme, d'antiquité, de jeunesse, de mélancolie et d'héroïsme à la fois ! On s'y fait dans la même minute poète, amant, citoyen, contemplateur, cénobite. Les sensations n'y parlent pas en vous, elles y chantent ; elles y parcourent en une heure la gamme entière de toute une vie ! Il n'y a pas de prose dans cet air, tout y est musique, mélodie, extase ou poème.

Alphonse de LAMARTINE

Richard Parkes BONINGTON
Boccadasse avec le mont Fasce au loin, 1826
Huile sur carton
Cambridge, Fitzwilliam Museum

Ensuite, quand nous arrivâmes à La Spezia, nous découvrîmes que la Magra, rivière sur la grand-route allant à Pise et qui n'avait pas de pont, était trop haute pour que l'on pût la traverser par le bac en toute sécurité, et nous fûmes contraints d'attendre jusqu'au lendemain après-midi, où, dans une certaine mesure, elle avait baissé. La Spezia, cependant, est un bon endroit où attendre : en raison de sa très belle baie, en premier lieu ; deuxièmement, pour son auberge fantasmagorique ; et troisièmement, à cause de la coiffure des femmes qui portent, de travers sur le côté de la tête et fixé à la chevelure, un petit chapeau de poupée en paille, qui est certainement la plus curieuse et la plus coquine des coiffures jamais inventées.

Charles DICKENS

Dans toute cette étendue de pays, la chaîne des Apennins borde la côte, et c'est contre les flancs escarpés de ces monts qu'on a pratiqué une route qui est appelée *la Corniche*, parce qu'en effet elle n'est le plus souvent qu'une étroite chaussée taillée dans le roc, ou construite en terrasse au-dessus d'escarpements abrupts dont la base va se perdre sous les flots. De cette route on domine constamment la mer.

Rodolphe TÖPFFER

Henry Roderick NEWMAN
Golfe de la Spezia, vers 1884
Huile sur toile
Boston, Museum of Fine Arts

Nous continuons de descendre le val d'Aoste, qui devient de plus en plus pittoresque. Les peintres y trouveraient à chaque pas des sites admirables, et partout des rochers, des eaux, des ruines et des études de détails ; mais les peintres n'y vont guère, tout au plus quelques faiseurs de vues. Les peintres sont un peu comme les touristes, et les touristes un peu comme les moutons, qui se suivent tous les uns les autres.

Rodolphe TÖPFFER

William TURNER
Le château d'Aoste, vers 1804
Aquarelle
Londres, Tate Gallery

Il était dix heures du soir quand nous arrivâmes à Domo d'Ossola, au pied du col du Simplon. Mais comme la lune brillait avec éclat, et qu'il n'y avait pas un nuage dans le ciel étoilé, ce n'était pas le moment d'aller se coucher, ni d'aller nulle part si ce n'est de l'avant. Aussi, nous nous procurâmes une petite voiture, après quelque délai, et nous commençâmes la montée.
C'était tard dans le mois de novembre ; et comme il y avait une couche de neige de quatre ou cinq pieds d'épaisseur sur le chemin battu du sommet (ailleurs l'amoncellement de neige fraîche était déjà profond), l'air était d'un froid pénétrant. Mais la sérénité de la nuit et la magnificence de la route, avec ses ombres impénétrables et ses ténèbres profondes, avec ses coudes brusques qui débouchaient dans la clarté de la lune, et le grondement incessant des chutes d'eau rendaient ce trajet de plus en plus sublime à chaque pas.

Charles DICKENS

Nous approchions de Domo d'Ossola, où nous ne tardâmes pas à entrer sous une pluie battante, qui, pour les raisons que nous avons dites tout à l'heure, ne prenait personne au dépourvu. La place de Domo d'Ossola, taillée en trapèze, est assez pittoresque, avec ses arcades aux piliers trapus, ses balcons projetés en saillie, ses toits débordant, ses galeries à colonnes et ses pavillons surmontés de girouettes.

Théophile GAUTIER

Samuel PROUT
Domodossola, Piémont
Dessin rehaussé de gouache
Londres, Victoria and Albert Museum

Mais les dames de Turin étaient très belles, et j'estimai que je pouvais m'accorder *une* intrigue en Italie en vue d'augmenter ma connaissance du monde et de me donner le mépris des femmes éhontées. Je me transformai donc en galant ; mais j'étais un galant trop modeste pour réussir auprès de dames qui raillaient les détours de la délicatesse et tenaient pour un paysan ou un imbécile quiconque ne se dirigeait pas tout droit sur l'occasion. En outre, j'avais un cœur. Je fus saisi par la passion, je ne pouvais le dissimuler ; et cela n'était pas conciliable avec la bienséance qu'il fallait manifester en public. Bref, je n'eus aucun succès auprès des dames du Piémont. Un officier français, mon instructeur en galanterie, mortifié de me trouver *si jeune*, me consola en me procurant des filles consentantes.

James BOSWELL

Mon arrivée à Turin fut mon seul moment d'intoxication en Italie. C'est une cité de palais. Après m'être changé, luxe bienvenu après un tel parcours, je suis sorti et ai traversé plusieurs rues propres et spacieuses jusqu'à une promenade hors de la ville depuis laquelle je pouvais voir les Alpes que nous avions traversées et qui se dressaient comme autant de piliers de marbre dans le ciel crépusculaire. Le Pô, rapide et large, sinuait à l'extrémité de la promenade, à travers des vignes et des prairies.

William HARLETT père

Jacob ALT
Vue de Turin
Huile sur toile
Museum der Stadt Wien

Le 25 j'arrivai à Turin d'assez bonne heure. Cette ville dont je vous parlerai d'autant moins que je m'y arrêtai peu, me parut d'une belle construction. Les églises y sont superbes, les rues belles, presque toutes alignées, et les maisons bâties au même niveau. Le feu roi était fou des embellissements de sa ville. On assure que celui-ci n'en est pas moins jaloux. Le palais du roi est assez vaste et commode mais de peu d'apparence. Le jardin resserré par les fortifications de la ville est extrêmement borné, mais il est si agréablement dessiné qu'on ne s'aperçoit pas de son peu d'étendue : c'est l'ouvrage du célèbre Le Nôtre. Le palais du prince de Piémont situé sur la même place que celui du monarque est un morceau d'architecture de la plus excellente beauté.

Marquis de SADE

Enrico REYCEND
Turin le long du Pô, vers 1882
Aquarelle
Turin, Museo Civico

Je ne me figurais pas une ville aussi belle que Turin, rien n'y manque ; l'œil n'est jamais blessé, toujours étonné et flatté. Prends les plus beaux édifices de Paris, de Lyon, de Bordeaux ; orne-les d'architecture italienne, place-les à la suite les uns des autres, formes-en des rues bordées de portiques et alignées au cordeau, tu auras une petite idée de Turin.

Alphonse de LAMARTINE

On dirait, par endroits, qu'une haleine s'élève de la plaine humide, et qu'elle a une respiration. Bien qu'elle prenne tout l'espace, elle est sans grandeur. Ni un désert de sables, ni une mer verte d'herbes : entre des bouquets d'arbres, la Lombardie est une suite interminable de vergers. [...]
On s'engraisse bientôt de ce pays, où l'on ne pense qu'à la richesse de la terre. Il faut que la céréale, en épis d'or, rende au soleil la lumière qu'elle lui a prise. Soudain, le rideau des arbres s'écarte. Une allée de hauts peupliers court le long d'une rivière : les bourgeons voluptueux tremblent sur les fins rameaux. Une vaste prairie se déroule à fleur d'eau.

André SUARÈS

Carlo BOSSOLI
Turin, procession du Corpus Domini dans la Via Dora Grossa
Tempera sur papier marouflé
Turin, Museo Civico

Eugenio GIGNOUS
Paysage de la plaine lombarde
Huile sur toile
Verbania, Museo del Paesaggio

Deux milles avant d'arriver à Pavie, on aperçoit une quantité de tours fort minces et en briques, qui s'élèvent au-dessus des maisons. Chaque grand seigneur de la cour d'un roi lombard ou d'un Visconti avait une tour de sûreté pour se réfugier, si quelque courtisan rival venait pour l'assassiner.

STENDHAL

En Toscane, tout le peuple est persuadé que l'étranger est une proie que la providence lui envoie tous les ans comme les cailles et les mauviettes. On ne peut faire un pas dans la rue sans un cortège d'officieux et de mendiants. De gros hommes robustes vous disent qu'ils n'ont pas mangé depuis trois jours, pendant qu'un autre vous propose de vous mener chez une dame du monde, *una signora titolata*, et qu'un troisième s'offre à vous servir de guide pour aller à la cathédrale. Il vous prend des envies de rosser ce monde de coups de bâton, mais ils en seraient enchantés, parce qu'après la bastonnade, ils attraperaient quelque sou.

Prosper MÉRIMÉE

William Clarkson STANFIELD
Pavie
Aquarelle
Collection particulière

Milan est la ville d'Europe qui a les rues les plus commodes et les plus belles cours dans l'intérieur des maisons. Ces cours carrées sont, comme chez les Grecs anciens, environnées d'un portique, formé par des colonnes de granit fort belles. Il y a peut-être à Milan vingt mille colonnes de granit ; on les tire de Baveno, sur le lac Majeur. Elles arrivent ici par le fameux canal qui joint l'Adda au Tessin. Léonard de Vinci travailla à ce canal en 1496 ; nous n'étions encore que des barbares, comme tout le Nord.

STENDHAL

À Milan, autour de Milan, de Bergame à Modène, de Monza jusqu'à Vérone, ces vaillants maîtres Hugues, Jean, Bonin, Mathieu, Jacques, ont amassé les chefs-d'œuvre comme le tombeau de Bérard de Maggi, à Brescia, comme les tombeaux des Scaliger à Vérone. Il convenait que leurs oeuvres fussent présentes à Saint-Marc, dans cette église milanaise entre toutes, que pavaient jadis, avant les Papes ineptes et les néfastes archevêques du XVIe siècle, les pierres tumulaires des Milanais les plus fameux.

Pierre GAUTHIER

Bisi LUIGI
Milan, place et église Saint-Marc
Huile sur toile
Milan, Museo Milano

J'aime la façon dont ils disent « non » en remuant le doigt d'avant en arrière une ou deux fois, et ils ont des centaines de gesticulations qui rend la parole inutile et qui expriment bien mieux ce qu'ils ont à dire que tous les mots du monde. C'est merveilleux d'observer *la main* d'un Italien quand il vous indique qu'il faut tourner au coin de la rue.

Samuel BUTLER

Là, presque aux confins de la ville, une place misérable où débouchent des voies sordides, entre des rues populacières et une caserne, près d'un sale marché, s'élève une des plus riches églises de cette cité d'églises.
Le nom de Saint-Eustorge (315-331), évêque de Milan, ramène au IVe siècle. Mais l'église est bien postérieure à ce temps-là. Comment supposer qu'un édifice ait subsisté, depuis ces âges, dans une ville que le chroniqueur nous décrit ainsi : « Sachez que la cité de Milan, à cause de maintes destructions, n'avait point de maisons maçonnées, en son enceinte, mais était surtout composée de pieux et de palissades en bois. Si bien que si le feu prenait à une maison, toute la ville était incendiée. » Et de fait, entre 1071 et 1106, en trente-cinq années, les historiens ne rapportent pas moins de quatre incendies.

Pierre GAUTHIER

Luigi BARTEZZATTI
Milan, place Sant'Eustorgio
Aquarelle
Milan, Museo Milano

Quel que soit l'angle sous lequel on regarde la cathédrale, elle est noble et belle. Où que l'on se trouve à Milan ou à une distance de 7 milles elle est visible ; et quand elle est visible rien d'autre ne peut entièrement retenir l'attention. Laissez un seul instant votre regard se libérer de votre volonté et il se tournera immanquable-ment pour la chercher. C'est la première chose que vous espérez quand vous vous levez le matin et la dernière sur laquelle votre regard se pose longuement le soir. C'est certainement la création la plus magnifique qu'ait pu concevoir un esprit humain.

Mark TWAIN

L'épreuve du Dôme est la première du voyage en Italie. Il resplendit au milieu de l'enfer, une montagne de marbre blanc. Il est énorme et mièvre. On l'appelle dôme, et il n'est fait que d'aiguilles. Église immense, il semble n'être qu'une châsse ou un reliquaire. Il fait penser à l'orfèvre, et non à l'architecte. Prodige de richesse et de faux goût, c'est la vierge du Nord costumée en épousée de Naples : la masse de marbre est taillée en statues, évidée en fenêtres, en rinceaux, en dentelles à jour. Le travail est innombrable et médiocre. On fait pitié aux esprits fins, si on vante le Dôme ; et faute de le vanter, on fait rire les autres. Le fin du fin est tout de même qu'on l'admire, sous prétexte que les artistes font semblant de ne l'admirer pas.

André SUARÈS

Luigi BARTEZZATTI
Intérieur de l'église Sant'Alessandro
Aquarelle
Milan, Museo Milano

Carlo CANNELLA
La Corsia dei Servi
Aquarelle
Milan, Museo Milano

ANTONIO BISSI
CAFFE DEL COMMERCIO

On a voulu me faire admirer bien des choses à Milan ; mais mon parti est pris, je verrai toujours *absolument seul* les monuments célèbres. Il faut réserver pour le goût endormi des voyageurs allemands ces bavardages de *cicerone* de toutes les classes. Rien ne révolte davantage les personnes susceptibles d'aimer les arts un jour ; cela rend injuste pour tout ce qui n'est pas parfait. Ici, le plus honnête homme du monde vantera, par *honneur national*, un palais ridicule et qui n'a de bon que sa masse.

STENDHAL

La *piazza del Duomo*, assez irrégulière dans sa forme, est bordée de maisons dont il est d'usage de dire du mal ; pas de guide du voyageur qui ne demande qu'elles soient rasées pour en faire une grande place symétrique dans le goût Rivoli. Nous ne sommes pas de cet avis. Ces maisons, avec leurs piliers massifs, leurs bannes couleur de safran faisant face à des bâtisses sans ordre et d'inégales hauteurs, forment un très bon repoussoir pour la cathédrale. Les édifices perdent souvent plus qu'ils ne gagnent à être désobstrués. On a pu s'en convaincre par plusieurs monuments gothiques auxquels les échoppes et les masures qui s'y étaient agglutinées ne nuisaient pas comme on avait pu le croire ; ce n'est pas, d'ailleurs, le cas du Dôme, qui est parfaitement isolé : mais nous pensons que rien n'est plus favorable à un palais, à une église et à tout édifice régulier, que d'être entouré de constructions incohérentes qui en font ressortir la noble ordonnance.

Théophile GAUTIER

Maria GUERRILOT
Milan, la place du Dôme à midi
Aquarelle
Milan, Museo Milano

Mais l'intérieur du Dôme de Milan fait une impression tout autre. Il y règne un mystère imposant, une solennelle obscurité. Six rangées de colonnes de marbre, énormes et légères parce que la hauteur en est aussi prodigieuse que la grosseur, divisent le temple en cinq nefs. Les lignes pures de ces sveltes colosses ne sont interrompues que par des tribunes où sont placées des figures de saints qui semblent surveiller de là-haut les fidèles.
La voûte, qui est peinte, représente des nervures croisées, des trèfles, des entrelacs, dont la peinture a imité les pleins et les vides à faire illusion. Le pavement est en marbre de rapport, d'après les dessins de Pellegrino.

Charles BLANC

L'effet intérieur n'est pas moins grandiose que celui de dehors. Les cinq nefs figurées sur la façade par cinq portes d'inégale hauteur sont d'une élévation majestueuse. Le jour, tombant de haut, meurt avant que d'arriver sur les dalles, et laisse dans l'ombre toute la partie basse de l'édifice, le pied des piliers, les confessionnaux, les chapelles latérales, où brillent et paillettent les ornements d'orfèvrerie et les reliefs de marbre des monuments. C'est à l'extrémité de la nef, entre les deux piliers gigantesques qui supportent la coupole et que ceignent deux chaires circulaires en bronze doré, que s'ouvre la baie garnie d'une balustrade d'où le regard plonge dans la chapelle cryptique de Saint-Charles-Borromée.

Charles ASSELINEAU

David ROBERTS
Intérieur du Dôme de Milan
Aquarelle
Rochdale, Rochdale Art Gallery

Giovanni PESSINA
L'intérieur du Dôme de Milan, 1862
Huile
ATM

GALLERIA VITTORIO EMANUELE – MILANO

Une autre curiosité de Milan, dans un genre tout différent, c'est la galerie Victor-Emmanuel, qui fait communiquer la place du Dôme avec le théâtre de la Scala, et dont la première pierre a été posée en 1865.

Il n'existe rien d'analogue dans aucune capitale de l'Europe. Qu'on se figure un passage vitré, une véritable rue couverte, avec une coupole médiane de cinquante mètres de haut et deux entrées monumentales à chaque bout. Sa longueur totale est de 200 mètres, sa hauteur minimum de 32.

Ce magnifique promenoir est coupé en croix, comme notre passage des Panoramas à Paris, par les galeries latérales qui aboutissent aux rues adjacentes. A l'octogone du centre sont les statues des Italiens les plus illustres, Raphaël, Dante, Savonarole, Arnauld de Brescia, Machiavel et Cavour, le grand patriote. Quand, le soir, les innombrables becs de gaz de la galerie, allumés instantanément dans la coupole par une petite locomotive circulaire, projettent leurs magiques étincellements sur la gigantesque verrerie des magasins et des cafés, et sur le pavé en mosaïques, on dirait d'un bazar d'Orient, d'une vision des *Mille et une Nuits*. C'est là et sur le cours Victor-Emmanuel, qui va jusqu'à la Porte de Venise, que se rassemblent les Milanais après le travail de la journée ; c'est la qu'ils viennent flâner et s'amuser, avec ce mélange de gravité du Nord et de pétulance méridionale qui est surtout sensible chez ces *donne* corpulentes et aux regards noyés, dont la mantille retombe nonchalamment par devant sous la main qui tient l'éventail. C'est là enfin qu'on discute et qu'on politique à perte de vue, parmi la foule des vendeurs de journaux, qui parcourent les groupes animés en criant à tue-tête : *Nazione ! Perseveranza ! Fanfulla ! cinque centesimi !*

Jules GOURDAULT

Anonyme
Milan, la galerie Victor Emmanuel
Chromolithographie
Fototeca Storica Nazionale

Je sors de la Scala. Ma foi, mon admiration ne tombe point. J'appelle la Scala le premier théâtre du monde, parce que c'est celui qui fait avoir le plus de plaisir par la musique. Il n'y a pas une lampe dans la salle ; elle n'est éclairée que par la lumière réfléchie par les décorations. Impossible même d'imaginer rien de plus grand, de plus magnifique, de plus imposant, de plus neuf que tout ce qui est architecture. Il y a eu ce soir onze changements de décorations. Me voilà condamné à un dégoût éternel pour nos théâtres : c'est le véritable inconvénient d'un voyage en Italie.

STENDHAL

Lorsque nous fûmes pour la première fois à l'Opéra de Milan (*la Scala*), notre curiosité était puissamment excitée. Le premier coup d'archet fut magnifique, mais on n'entendit que celui-là, à cause du bruit des portes de loges, des talons de bottes au parterre, et surtout du déchaînement des langues, tout le monde causant sans s'occuper du théâtre. Les chanteurs, la bouche béante, le cou enflé, le visage tout rouge de leurs efforts, ne pouvaient se faire entendre, et les cordes de cent violons vibraient en silence. La chose étant sans remède, il fallut bien en prendre notre parti, et, oubliant le théâtre, nous nous occupâmes des spectateurs. Les loges étaient comme autant de petits salons élégamment meublés et éclairés de bougies, où l'on recevait les visites, où l'on riait, jouait et prenait des rafraîchissements.

Louis SIMOND

Angelo INGANNI
Milan, façade du théâtre de la Scala
Huile
Milan, Museo Teatrale alla Scala

20 novembre 1816. – Une femme apporte 500 000 francs de dot à son mari, ce qui fait ici au moins comme 800 000 à Paris. Il lui fait une pension de 2 000 francs pour sa toilette. Le mari règle les comptes du majordome ou du cuisinier ; la femme ne se mêle absolument que de l'administration de sa pension de 167 francs par mois. Elle a voiture, loge au spectacle, des diamants, dix domestiques, et souvent pas 5 francs dans sa poche. Les femmes les plus riches achètent six robes de petites étoffes anglaises, à 20 francs pièce, au commencement de l'été ; elles changent de robe comme nous de cravate. Au commencement de l'hiver, une femme fait quatre ou cinq robes de 30 francs. Les robes de soie de son trousseau, qui datent de l'époque de son mariage, sont précieusement conservées pendant huit ou dix ans ; elles servent les jours de première représentation à la Scala et pour les *feste di ballo.*

STENDHAL

Francesco GONIN
Milan, la sortie du théâtre
Huile
Milan, Museo Teatrale alla Scala

Milan est une ville ronde et sans rivière, jetée au milieu d'une plaine parfaitement unie, et que coupent cent ruisseaux d'eau vive. [...]
C'est en écoutant une de ces conversations que j'ai entendu accuser la route du Simplon, faite par quel *maladett Bonapart*, d'être la cause des froids précoces que l'on éprouve en Lombardie *depuis la Révolution*. Comme rien n'égale ici l'ignorance des femmes nobles, elles se figurent que la chaîne des Alpes, qu'on voit parfaitement du *Corso*, forme comme un mur qui garantit des vents du nord, et que Bonaparte, cette bête noire de leurs confesseurs, a fait une brèche à ce mur pour sa route du Simplon.

STENDHAL

Angelo INGANNI
Milan, bateau dans la via Vittoria sous la neige
Huile sur toile
Milan, Museo Milano

Milan peut paraître plus intéressante au visiteur émancipé, mais est-elle plus pittoresque ? Car après tout, c'est bien ce qui attire le plus les touristes... L'idéal latin requiert de l'espace, de l'ordre et un sens noble de la composition... Mais il existe un autre pittoresque italien, plus typique, gai, tout de lumières, de couleurs, et ceci est Milan. La cité abonde en effets colorés, en juxtapositions suggestives de siècles et de styles différents qui sont autant de contrastes accidentels et de surprises qui restent en mémoire bien après que les souvenirs des sites traditionnels se sont estompés. Quand on quitte les larges artères modernes, qui ont le mérite d'avoir été conçues par Eugène de Beauharnais plutôt que par le roi Humbert, on pénètre immédiatement dans des rues étroites flanquées des fenêtres grillagées d'un palais du XVIIe siècle ou de l'abside délicate d'une église du XVe siècle. Les formes sont partout purement italiennes, avec fort peu de ces détails gothiques qui caractérisent les villes d'Italie centrale.

Édith WHARTON

J'ai revu la jolie façade de la *Madone de San Celso*, par l'architecte Alessi. Le portique, qui respire je ne sais quoi de la simplicité antique unie à la mélancolie du moyen âge, est de Bramante, l'oncle de Raphaël. Ce qui me plaît le plus à Milan, ce sont les cours dans l'intérieur des bâtiments. J'y trouve une foule de colonnes, et, pour moi, les colonnes sont en architecture ce que le chant est à la musique.

STENDHAL

Luigi BARTEZZATTI
L'église Santa Maria près de San Celso (détail)
Huile
Milan, Museo Milano

Qui décidera quel est le plus beau des quatre ? Qui dira pour lequel la nature créatrice s'est mise le plus en frais de magie ? Est-ce pour la majestueuse cavité au sein de laquelle repose le groupe des îles Borromées ? Est-ce plutôt pour l'étang rêveur qu'enserrent les cimes métamorphiques du Generoso et du Salvatore, ou pour le sévère bassin qui embrasse entre ses cornes inférieures le riant jardin de la Brianza, ou bien encore pour la vasque orageuse qui s'étend au sud de l'Agro Trentino ?

Jules GOURDAULT

Les épithètes en *issimo*, telles que *veneratissimo*, *illustrissimo*, etc., sont dues par tout livre imprimé en Italie, d'abord aux magistrats, petits ou grands, gouvernant le pays où le livre s'imprime, ensuite à tous les souverains faisant actuellement le bonheur de quelque partie de l'Europe, ou qui, depuis moins de cent ans, sont allés au ciel recevoir la récompense de leurs vertus. (Voir l'*Histoire de Milan*, par Pietro Verri.) L'absence de ces *issimo*-là passe encore, dans beaucoup de sociétés, pour une hostilité déplacée et de mauvais goût.

STENDHAL

Emilio LONGONI
Lac d'Orta, île de San Giulio, 1894-1895
Huile
Barlassina, Cassa rurale e artig.

Edward John POYNTER
Lac d'Orta, île Sans Giulio
Aquarelle
New Haven, Yale Center of British Art, Paul Mellon Fund

On voit affluer d'en haut des milliers de filets qui sautent et se croisent ; des cascades mignonnes éparpillent sur l'herbe leur pluie de perles, et des ruisseaux de diamants, recueillant toutes ces eaux fuyardes, courent les dégorger dans le lac. Çà et là, sur toutes ces fraîcheurs et tous ces petits bruits, des chênes étalent le lustre de leur verdure nouvelle et montent d'étage en étage, tant qu'enfin la hauteur disparaît sous leurs files, et qu'au sommet le ciel est barré par la colonnade indéterminée d'une forêt. Au-dessous, le lac étend son azur uniforme dans une bordure de grève blanche.

Hippolyte TAINE

Guido BOGGIANI
Le lac Majeur del Mottarone (détail)
Huile sur toile
Verbania, Museo del Paesaggio

Je pénétrai sous une haute futaie de lauriers. C'était, en plein jour, l'ombre la plus saisissante et qui augmentait encore la noblesse de ces branches sacrées. Noirs rameaux et feuilles lisses ! A mon pas, une vingtaine de colombes se levèrent de terre, mais d'un vol si lourd qu'on eût pu les prendre dans la main. J'en fus beaucoup touché, parce qu'elles me parurent demi-ivres des parfums accumulés sur des terrasses si étroites par tant d'arbres de tous les climats. Cette atmosphère unique dans l'univers semblait les étouffer. Nul aujourd'hui ne se promène sans malaise parmi tant d'essences accumulées par la violence d'un art pompeux. C'est le royaume de la fièvre ; c'est une beauté irrespirable.

Maurice BARRÈS

Les paysannes, pieds et jambes nus, sont si constamment occupées à laver du linge dans les lavoirs publics et dans chaque ruisseau ou fossé, qu'on ne peut s'empêcher de se demander, au milieu de tant de saleté, qui le porte quand il est propre. La coutume est de placer le linge mouillé, objet de l'opération, sur une pierre lisse, et de taper dessus avec un battoir de bois plat. Et elles font cela avec autant dc furic que si elles se vengeaient sur le vêtement en général, en raison de son association avec la Chute de l'Homme.

Charles DICKENS

LUTTROTH
Isola Bella sur le lac Majeur, 1884
Huile sur toile
Hambourg, Kunsthalle

Amaldo FERRAGUTI
Lavandières à Pallanza, vers 1892
Huile sur toile
Verbania, Museo del Paesaggio

Au soleil levant, on prend une barque et on traverse le lac dans la vapeur transparente de l'aube. Il est large comme un bras de mer, et ses petits flots d'un bleu plombé luisent faiblement. Le brouillard vague enveloppe le ciel et l'eau de sa grisaille. Par degrés il s'amincit, s'envole, et dans ses mailles plus rares on sent filtrer la belle lumière et la bonne chaleur. On chemine ainsi pendant deux heures dans la suavité monotone et molle de l'air demi-clair, agité par la brise comme par les petits coups d'un éventail de plumes ; puis l'ouverture se fait, et l'on n'aperçoit plus autour de soi qu'azur et lumière… autour de soi l'eau semblable à une grande étoffe de velours plissé, au-dessus de soi le ciel uni comme une conque de saphir ardent.

Hippolyte TAINE

Les petites îles Borromées ressemblent à une création de l'Arioste. Elles ont la même grâce que les inventions de l'*Orlando furioso*, avec quelque chose de plus sauvage. Il y a en outre des pêcheurs, un village et une église, dans la plus grande de ces îles, qui ne semblent faites que pour la fantaisie des poètes. Le doux parfum de la langue milanaise commence là avec le myrte, l'olivier et le citronnier. L'enchanteresse des climats du Midi habite en cet endroit, sur son seuil. Au fond du château déshabité des Borromées, sont enfouis des tableaux, des statues dormantes dans les salles souterraines, au bruit des flots dormants. Dans ces îles lilliputiennes, la nature s'est jouée d'elle-même ; assise au pied des Alpes, elle sourit comme une puissante Armide sur ces fantasques rivages.

Edgar QUINET

Gabriel LORY fils
Vue du lac Majeur et des îles Borromées
Gravure à l'aquatinte
Genève, galerie Grand-Rue

Le jardin de l'Isola Bella offre les deux plus grands lauriers (sauce... et non rose) qui soient peut-être au monde. Ils dépassent en hauteur les arbres des Tuileries. Ils furent trouvés là, leurs racines serpentant dans les rochers, lorsqu'on construisit les jardins d'Armide, ou de Circé, qui font de l'île un paradis terrestre et non métaphorique. Bonaparte, au début de ses campagnes en Italie, grava sur le plus grand de ces lauriers le mot BATTAGLIA. On montra longtemps l'écorce aux visiteurs comme une curiosité. Le général autrichien d'Aspre, se trouvant là en 1835, tira son sabre et hacha le mot. Mais, chose étrange, la nature protégea la gloire, et les blessures du sabre d'un vaincu se trouvant plus tard cicatrisées, le mot *Bataille* ressort aujourd'hui, grandi avec le temps...
... La petite *île des Pêcheurs* n'a pas un demi-mille de circuit, et elle réunit pourtant vingt-six familles formant une population indigène de plus de trois cents habitants ! Montesquieu a raison en constatant la propagation des ichtyophages. L'*Isola Bella*, qui a trois milles de tour, contient trois maîtres et douze valets.

J. LECOMTE

Mise en scène si fine, si pénétrante d'imprévu que les nerfs de qui la contemple en sont usés pour tout le jour. J'ai vu des yeux qu'elle remplissait de larmes. L'*Embarquement pour Cythère*, disait Watteau, et sa mélancolie, son espoir dans la vie, sa sensualité excitée vers l'inconnu composaient un rêve analogue au *débarquement d'Isola Bella.*

Maurice BARRÈS

Gabriel LORY
Vue de l'Isola Bella sur le lac Majeur
Gravure à l'aquatinte
Genève, galerie Grand-Rue

Rousseau avait songé à placer au lac Majeur, aux îles Borromées, les scènes de sa *Nouvelle Héloïse*. Il se ravisa, préféra le lac de Genève. Comme disent les manuels classiques, il ne comprenait point que le bréviaire des grands cœurs de la Révolution fût trempé dans ces eaux parfumées, mais plutôt dans le torrent glacé du Rhône.

Maurice BARRÈS

Lorsque l'imagination met à la place de ces îles, aujourd'hui si belles, si fertiles, si théâtrales, des roches nues et désertes, elle a peine à concevoir comment un simple particulier, par ses seules ressources, a pu opérer une si étonnante métamorphose : elle s'étonne même qu'une semblable idée ait pu germer dans la tête d'un homme. Cette création, car c'en est une, comme l'a fort bien dit M. de Saussure, cette création, disons-nous, eût-elle été l'œuvre d'un gouvernement, qui a sous la main tant de bras et tant de moyens pour produire, serait déjà digne d'admiration. Que dire donc du Comte Vitalien Borromée, qui imposa à une nature âpre et stérile une seconde nature artificielle et féconde ?

SAINT-ANGE de VIRGILE

James Baker PYNE
Le lac Majeur, Isola Bella, 1857
Huile sur toile
Collection particulière

J'avoue qu'à côté de la jouissance d'œuvres d'art de première importance, rien ne m'a procuré autant de joie et de souvenirs heureux que mes naïfs entretiens avec des nuages, des arbres, des enfants et des animaux. Dois-je dire qu'en ces moments de folie, j'ai parfois eu conscience de comprendre plus de choses au cours de ces délicieux voyages que la grande majorité de ces gens qui se précipitent en Italie munis du *Baedeker* et de leur billet circulaire.

Hermann HESSE

Pour ces honorables Allemands, l'Italie doit toujours avoir représenté une sorte de voyage princier, avec arcs de triomphe, fleurs et feux d'artifice. Mais en un certain sens, ils n'ont pas tort. Ils descendent ici, las de l'hiver, du chauffage et de l'obscurité, et y trouvent à peine arrivés tout l'ensoleillement et le confort désirables. Ils n'en demandent pas plus.

Rainer-Maria RILKE

Charles ROWBOTTOM
Laveno, au bord du lac Majeur (détail)
Aquarelle
Londres, Burlington Paintings

Côme est la plus petite mais la plus ancienne capitale de la Lombardie. Elle est en demi-cercle au bout du lac et repose au pied d'une hauteur escarpée couronnée des ruines du château médiéval de Baradello. Les faubourgs romantiques de San Agostino et de Borgo Vico s'étendent à droite et à gauche le long du lac. Toutes sortes de collines entourent le site comme si elles avaient été jetées là par une éruption volcanique. Le torrent Cosia trébuche du haut de la montagne pour finir dans une petite plaine plantée de saules, qui sépare la ville des montagnes de S. Fermo et de Lampino...
Les rues de la ville sont sombres, étroites et sales. Les églises y sont nombreuses, vieilles et mal entretenues. Il y a quelques palais affreux et des édifices dilapidés, mais la cathédrale est remarquable. Construite à la fin du XIVe siècle dans le marbre des carrières avoisinantes, elle se dresse harmonieusement en vue du lac, entourée d'une petite place à arcades abritant de jolies petites boutiques... Partout l'élégance du gothique est gâtée par d'autres styles plus grossiers, et des bas-reliefs de monstres défigurent la façade.

Lady MORGAN

La ville de Côme nous enchante par sa situation, par son caractère nouveau pour nous, et par les édifices curieux qui s'y voient ; mais le pays et le lac ne répondent pas tout à fait à notre attente : c'est presque trop joli, trop mignon, trop arrangé. Nulle part des rocs ou des forêts, mais un amphithéâtre de monts assez uniformes.

Rodolphe TÖPFFER

Jean-Baptiste COROT
La ville et le lac de Côme, 1834
Huile sur toile
Londres, The Lefevre Gallery

On a beau s'être promis qu'on ne verra plus d'œuvres d'art ; il y en a partout en Italie, et cette petite ville a une cathédrale si belle !
On n'a pas trouvé un plus heureux mélange de l'italien et du gothique, une plus belle simplicité relevée çà et là de fantaisie et d'agrément. La façade est le pignon ordinaire, composé de deux maisons emboîtées, l'une supérieure, l'autre inférieure, nettement marquées par quatre cordons perpendiculaires de statues. On reconnaît le type et l'ossature de l'architecture nationale, telle que Pise, Sienne, Vérone l'ont inventée en refaisant les basiliques. Elle est chrétienne, mais elle est gaie.

Hippolyte TAINE

Carlo BRIESCHI
Le lac de Côme
Aquarelle
Collection particulière

CADENABBIA
SEPT. 1902

Je ferme les yeux, dans un léger vertige. Je revois le chemin de Porlezza au lac de Côme, comme un sentier tracé, pour des fées encore enfants, dans une forêt puérile. Ici, plus d'horreur sacrée sous l'ombre des chênes, au fond des antres humides où la mousse n'a jamais séché. Puis, les feuilles s'écartent, et le lac paraît si bleu, si câlin, caressant comme l'œil d'un chat. Et toutes ces colombes, les maisons blanches. Les jardins et les terrasses s'étagent sur les hauteurs comme une gamme. La vigne et les pâles oliviers portent l'accord en sourdine, jusqu'à la forêt verte et les masses noires des noyers sur les cimes.

André SUARÈS

Walter CRANE
Cadenabbia, sur le lac de Côme, 1902
Aquarelle gouachée
Collection particulière

Le lac de Côme m'a plu. Je me suis arrêté à Bellagio. J'ai retrouvé, dans une assez jolie villa des bords du lac, madame Pasta, que je n'avais pas vue depuis qu'elle faisait les beaux jours de l'Opéra italien. Elle a augmenté régulièrement en largeur. Elle cultive ses choux, et dit qu'elle est aussi heureuse que lorsqu'on lui jetait des couronnes et des sonnets. Nous avons parlé musique, théâtre, et elle m'a dit, ce qui m'a frappé comme une idée juste, que, depuis Rossini, on n'avait pas fait un opéra qui eût de l'unité et dont tous les morceaux tinssent ensemble. Tout ce que font Verdi et consorts ressemble à un habit d'arlequin.

Prosper MÉRIMÉE

Je me rappelle que, promenant en Italie M. Taine, je l'embarquais un matin sur le vapeur qui de Côme fait le tour du lac. Sitôt à bord, il développait ses nombreux livres, sa carte, ses papiers, et terminait... sa description de Venise. C'est vers le soir seulement qu'il commençait l'étude des dossiers que l'archiviste de Côme lui avait obligeamment préparés et remis sur le port. Enfin, au soleil tombant, et comme le bateau rentrait dans Côme, M. Taine quittait la cabine, montait sur le pont et, se promenant de long en large, tête baissée, composait la première phrase de son chapitre : « Toute la journée, sans fatigue, sans pensée, j'ai nagé dans une coupe de lumière... »

Maurice BARRÈS

Josef REBELL
Isola Comacina, lac de Côme
Aquarelle
Vienne, Albertina

À Bellagio sur le lac, et à Serbelloni sur Bellagio, on est à la fourche des eaux. La vue de Serbelloni ne laisse rien échapper : elle offre tout le pays sur un plateau de vermeil. Bellagio, c'est Belle aise. Vers le Ponant, la Tremezzina se dessine, le jardin dans le parc des voluptés lombardes : une colonnade de marbre sur une main de terre se profile dans l'eau. La villa Carlotta, la villa Poldi, les noms de Milan chers à Stendhal : mais les Milanais n'y sont plus, il me semble. Même un village s'appelle Dongo, comme Fabrice.

André SUARÈS

J'allai la même nuit coucher à Bellaggio, au bord du lac, en face de la célèbre villa Sommariva, qui contient encore les fameux bas-reliefs de Thorwaldsen, représentant le *Triomphe d'Alexandre*. Sommariva en mourant légua les meubles et objets d'art aux uns, l'immeuble aux autres. Les bas-reliefs, incrustés en frise au haut d'une galerie, faisaient-ils partie de ceci ou de cela ? la question fit naître un procès. Ce procès a été jugé en faveur des héritiers de l'immeuble. Je me promis d'aller les revoir, bien que j'eusse les yeux tout remplis encore des parthénopées.

Jules LECOMTE

Josef REBELL
La villa Carlotta sur le lac de Côme
Aquarelle
Vienne, Albertina

C'est la journée des odeurs. Je suis environné de parfums. L'air sent comme un fruit mûr. La terre a son odeur forte de matrice, de chair chaude et de sueur.
Les fleurs se cherchent de tous leurs yeux. Les fleurs dans la lumière sont des rétines colorées, qui ne vivent que de voir et d'être vues.
Là-haut, Serbelloni, la villa dans les arbres, est le sommet végétal de Bellagio, coiffé de lumière. Elle porte le ciel comme un pétase bleu. Serbelloni, Bellagio, noms légers, pleins d'ailes et de mirages, ils ont presque du bellâtre, tant ils tournent autour de la voyelle et de la belle. Tout est calme, parfum, faste et volupté.

André SUARÈS

Nous avons traversé une chaîne de collines sauvages et pittoresques, escarpées, boisées, en forme de cônes, avec çà et là des rochers en surplomb, et des habitations et des châteaux en ruine perchés tout en haut près des nuages errants. Nous avons déjeuné à Côme, une vieille ville curieuse, au bord du lac, puis nous avons pris le petit vapeur et nous avons passé un après-midi agréable en faisant une excursion à Bellagio.

Mark TWAIN

Josef REBELL
La villa Serbelloni sur le lac de Côme
Aquarelle
Vienne, Albertina

Si facile, indulgent de climat, rejetant toujours le voyageur dans ces barques où l'on s'étend, où l'on rêve, le pays de Côme convient à tous ceux qui entendent bien ne pas résister à leur passion. Cet air léger, élégant jusqu'à la fadeur, ne fut depuis des siècles qu'une gracieuse haleine de jeunesse et de plaisir. Parfois, dans ces belles journées si lentes, si paresseuses, si bleues, on voudrait que le lac se soulevât un peu ; jamais je ne le vis plus bruyant que le froissement de la soie contre une femme.

André SUARÈS

Frederick Lee BRIDELL
Varenna au bord du lac de Côme
Gouache
Southampton Art Gallery

Qu'allez-vous chercher à Rome ? me dit-il hier soir au Café de l'Académie. La *beauté sublime* ? – Eh bien ! notre lac de Côme est dans la nature ce que les ruines du Colisée sont en architecture, et le Saint Jérôme du Corrège parmi les tableaux.

STENDHAL

Les plus grands créateurs depuis des siècles sont venus emprunter de la vie à cette atmosphère de paradis. Mais ceux qui n'ont pas la force du génie ne peuvent ici que jouir et paresser. La discipline des mœurs, la méthode dans le travail intellectuel, l'enrégimentement des volontés, autant de nécessités modernes qui seraient, dans les jardins de Côme et de Varèse, de monstrueux nonsens. À mesure que j'y réfléchis, je m'en convaincs davantage : c'est ici le pays désigné pour les dilettantes un peu faibles.

Maurice BARRÈS

William Clarkson STANFIELD
Le lac de Côme en 1825
Aquarelle
Londres, Tate Gallery

À cette époque de l'année, les vallons et les plaines étaient couverts au loin par les plantations de maïs, plante qui en ce pays s'élève à huit ou dix pieds de hauteur et dont les tiges sont tellement touffues que les surprises en devenaient faciles. D'ailleurs les plaines et les coteaux sont couverts d'ormes de vingt ou trente pieds de haut et chargés de vignes, qui passent d'un arbre à l'autre, ce qui donne à la campagne l'aspect d'une forêt continue ; souvent, en été, le regard ne peut guère pénétrer à plus de cent pas de la grande route.

STENDHAL

L'homme de bonne humeur en Italie trouve tout le monde en train de badiner. On me pria d'envoyer tout de suite ma *roba* au bureau. *Roba* est un des trois ou quatre mots avec lesquels on peut faire le tour de l'Italie. Dans le cas présent il voulait dire *bagages* ; mais on s'en sert pour tout exprimer. Si votre malle est roba, le linge qu'elle renferme est aussi roba, et l'habit que vous portez ne l'est pas moins. Une maison délabrée s'appelle une mauvaise roba ; un chemin escarpé, au dire de votre guide, est roba de montagne, un poisson roba de mer, l'Italie roba de l'Europe.

Paul de MUSSET

William Clarkson STANFIELD
Lac d'Iseo
Aquarelle
Londres, Galerie George

Goethe, dans ses impressions de voyage, parle des habitants de Torbole comme des lazzaroni du lac de Garde. Rien n'est changé dans les allures des habitants ; dans les misérables maisons dont Gœthe dit qu'elles ne renferment que la misère et que par conséquent elles n'ont ni volets, ni portes, ni verrous, grouille toujours la même population en haillons qui attriste le touriste. Chose curieuse à observer, l'homme ne conserve son énergie et ne semble prospérer que dans les contrées où il lui faut lutter contre la nature rebelle pour lui arracher le pain de chaque jour et le patrimoine de ses enfants. Dans les contrées bénies, au contraire, où la nature prodigue ses bienfaits, le paysan se laisse aller à la paresse et à la misère ; ici, la végétation est si belle, que les habitants, peu intelligents d'ailleurs, ne prennent pas la peine de la seconder. Le raisin mûrit quand même, les figues poussent toujours ; avec un petit champ de maïs pour la polenta, c'est tout ce qu'il faut à ces gens ; ils vivent au jour le jour, sans se soucier de l'avenir, et transmettent à leurs enfants la misère qu'ils ont héritée de leurs pères. Pour le reste, ils s'en rapportent au bon Dieu et à ses saints.

Albert WOLFF

Berta TARNICZY
Lac de Garde, ruelle à Malcesine
Aquarelle
Vienne, Österreichische Galerie

Toute la nature conspire pour la séduction du regard, depuis le ciel bleu jusqu'aux eaux limpides du lac, ce sont cent tableaux délicieux se confondant en un seul. Les gens du pays, heureux de voir le touriste se réjouir de ce délicieux panorama, lui servent volontiers de guide désintéressé dans ces jardins enchanteurs, lui cueillant une branche de citronnier avec son fruit ou bien une grappe de raisin, mais partout les fleurs les plus belles, pour lui offrir un souvenir de pays.

Albert WOLFF

Vers le nord, du côté de Riva, le lac se resserre et se perd au milieu de hautes montagnes, dont les sommets restent couverts de neige toute l'année ; tandis que, vis-à-vis la jolie petite ville de Salo, il forme une nappe d'eau admirable, de trois lieues de large au moins, et le voyageur peut embrasser d'un coup d'œil une étendue de plus de dix lieues, de Desenzano au midi, où passe la route de Brescia à Vérone.

STENDHAL

Robert RUSS
Château Arco
Huile sur toile
Österreichische Galerie

Thomas ENDER
Vue sur le lac de Garde, 1840
Huile
Vienne, Österreichische Galerie

LE TYROL ET LA VÉNÉTIE

Il y a cent ans, les gondoliers chantaient les vers du Tasse et de l'Arioste, parce qu'il y a cent ans ils conduisaient des amoureux dans leurs gondoles. Un noble ou patricien avait droit de haute justice dans l'étendue de son palais, mais la gondole était un asile sacré. « Il est inouï qu'un gondolier de madame se soit laissé gagner par monsieur ; il serait noyé le lendemain par ses camarades. » C'était le voyage à Cythère de Watteau ; la volupté, née de la blanche écume de la mer, était indolemment bercée par la mer dans une gondole toute de velours, de soie et d'or. Aujourd'hui, on retrouve les mêmes gondoles sveltes, élancées, courant sur l'eau comme les requins, mais on ne sait plus le chemin de l'île amoureuse.

Il y a cent ans, le carnaval durait six mois. Pendant six mois, doges, archevêques, seigneurs, prêtres, ambassadeurs ne pouvaient sortir de la ville sans avoir un masque à la main ou sur le nez ; les bacchanales païennes envahissaient les palais, les églises et les couvents ; tout le monde se donnait un peu au diable, ne fût-ce que pour avoir la joie ineffable de revenir à Dieu. Aujourd'hui, on ne se donne ni à Dieu ni au diable ; il y a encore des masques, il n'y a plus de carnaval. Alors la passion faisait les courtisanes ; aujourd'hui, c'est l'argent. Il y avait des théâtres où se révélait le génie vénitien par l'esprit et par la musique ; il n'y a plus de génie national depuis que l'Autriche y a fait retentir sa musique, et que son esprit y court les rues.

Il y a cent ans, la place Saint-Marc était « pavée de courtisanes », comme l'enfer est pavé de bonnes intentions : aujourd'hui, on n'y voit plus courir que des colombes. On rencontre des colombes à Venise comme on rencontre des chiens à Paris. On sait qu'aux anciens temps, le jour des Rameaux, il était d'usage de lâcher, « d'au-dessus du portail de Saint-Marc, une multitude de pigeons avec un petit rouleau de papier à la patte, ce qui les forçait à tomber après quelques instants de lutte ». Le peuple se ruait dessus et leur tordait le cou pour souper. C'était la poule au pot de Henri IV. Il arriva que chaque année trois ou quatre pigeons échappèrent à cette Saint-Barthélémy et se réfugièrent sur les Plombs du palais ducal, comme pour se consoler dans l'espoir avec les prisonniers. Ils se multiplièrent à l'infini. Le Conseil des Dix, attendri, rendit un décret portant qu'ils seraient nourris aux frais de la république. Aujourd'hui, il n'y a plus de prisonniers sous les Plombs, et les pigeons apprivoisés se promènent nonchalamment en manchettes sur la place Saint-Marc, comme des bourgeois endimanchés.

Il y a cent ans, c'était encore l'art et le luxe qui gouvernaient à Venise. On se ruinait royalement pour dorer les lambris, les plafonds et les cadres de son palais. Vous ne devineriez pas ce que devenaient les bâtardes ou les orphelines abandonnées par leur famille à la sollicitude de la république. On avait bâti pour elles des hospices où elles n'avaient d'autres devoirs à remplir qu'à chanter la gloire de Dieu et la gloire de Venise. Aussi c'était dans ces hospices comme un perpétuel concert d'anges. Les séraphins du paradis de saint Pierre, les péris du paradis de Mahomet ne vous ont jamais, dans vos rêves, donné l'idée de cette radieuse musique. Elles étaient toutes belles, parce que le génie des arts couronnait leur front et rayonnait dans leurs yeux. Elles étaient vêtues de blanc, et portaient dans les cheveux un bouquet de grenades. Elles jouaient du violon, de la flûte, de l'orgue, du hautbois, du violoncelle.

Arsène HOUSSAYE

La ville aussi est bâtie d'une manière fabuleuse, et l'on est singulièrement ému à la première vue de ces vieilles maisons lombardes, avec leurs fresques éteintes, leurs images de saints mutilées, leurs petites tours, leurs guérites, leurs petites fenêtres grillées, et ces frontons avancés, disposés en estrade, soutenus par des piliers grisonnants et affaiblis par l'âge, lesquels auraient eux-mêmes besoin d'appui. Un tel aspect serait trop douloureux, si la nature ne couvrait d'une vie nouvelle ces pierres mortes, si des vignes gracieuses ne serraient de leurs bras tendres et caressants ces piliers chancelants, comme la jeunesse soutient la vieillesse.

Henri HEINE

Un jeune homme, que j'interrogeai sur les curiosités de la ville, me montra une maison, qu'on appelle la *maison du diable*, et que le malin esprit, ailleurs si prompt à détruire, aurait bâtie en une nuit, de pierres diligemment apportées. Mais le bon garçon ne remarquait pas ce qui était proprement digne de remarque, c'est que cette maison était la seule de Trente qui fût de bon goût ; construite sans doute dans le vieux temps par un bon maître italien.

John Wolfgang von GOETHE

Pages 150-151

Charles Hodge MACKIE
Un soir à Venise vers 1910
Aquarelle
Collection particulière

William CALLOW
Trente, Procession religieuse près de la fontaine de Neptune, place du Dôme, 1847
Crayon et aquarelle
Collection particulière

Les Tyroliens sont beaux, enjoués, et d'esprit borné au-delà de toute idée. C'est une race d'hommes saine, *peut-être parce qu'ils sont trop sots pour pouvoir être malades*. Je les appellerais volontiers aussi une noble race, parce qu'ils se montrent fort délicats dans le choix de leur nourriture, et fort propres dans leurs habitudes. Il n'y a que le sentiment de la dignité personnelle qui leur manque absolument. Le Tyrolien a une sorte de servilisme riant et humoristique qui porte presque une teinte d'ironie, et qui est pourtant réel et très sérieux.
Les femmes tyroliennes *te* saluent d'une façon si amicalement avenante, les hommes *te* serrent si robustement la main, et gesticulent avec une cordialité si pittoresque, que tu pourrais croire qu'ils te traitent comme un proche parent, ou tout au moins comme leur égal ; mais, loin de là, ils n'oublient jamais qu'ils ne sont que de petites gens, et que tu es un monsieur comme il faut, qui voit certainement sans déplaisir que les petites gens se mettent un instant sans timidité sur le même pied que lui.

Théophile GAUTIER

Grandes montagnes, formant un cercle, puis mamelons boisés avec château et *speculae* qui s'avancent comme pour voir de plus près la belle ville. Au fond de ce cirque, elle brille et de ses deux coupoles byzantines et de son serpent de l'Adige qui l'enserre à gauche, avant de descendre au midi. Près de Trente, les Romains avaient élevé un temple *fatis et fatibus*, mais les destins et les destinées ont été pour les Barbares...

Jules MICHELET

Émilie MEIDIZ-PELIKAN
L'église d'Isonzo
Aquarelle
Vienne, Dorotheum

Thomas ENDER
Vue du sud Tyrol
Aquarelle
Vienne, Österreichische National Bibliothek

Ces villages enfouis dans les massifs de mûriers, d'amandiers et de figuiers, ces verts coteaux couverts de vignes au milieu desquels scintille au soleil le toit vert des églises ; tout en haut les cimes des rochers, et, dominant le tout, les Alpes pâles, aux veines bleues, que nous apercevons encore quand depuis longtemps nous avons perdu Botzen de vue ; tout cela est d'un aspect si séduisant que l'on croit vraiment voyager dans un immense jardin au pied de la montagne.

Albert WOLFF

Je marchai donc toute cette matinée sur la route de Trente, en remontant le cours de la Brenta. Cette gorge est semée de hameaux assis sur l'une et l'autre rive du torrent, et de maisonnettes éparses sur le flanc des montagnes. Toute la partie inférieure du vallon est soigneusement cultivée. Plus haut s'étendent d'immenses pâturages dont la nature prend soin elle-même. Puis une rampe de rochers arides s'élève jusqu'aux nuages, et la neige s'étale au faîte comme un manteau.

George SAND

Gustav Adolf THAMM
Tyrol italien
Aquarelle
Vienne, Dorotheum

Dans le Tyrol méridional le temps s'éclaircit, le soleil d'Italie commença à faire sentir son approche, les montagnes devinrent plus chaudes et plus brillantes de ton ; je vis déjà des vignes qui s'enlaçaient aux arbres, et je pus aussi regarder plus souvent à la portière. Mais quand ma tête est hors de voiture, mon cœur la suit, et, avec le cœur, tout son amour, ses mélancoliques élans et sa folie. Il m'est souvent arrivé que mon pauvre cœur se soit laissé déchirer par les épines, en s'approchant des buissons de roses, le long du chemin, et les roses du Tyrol ne sont pas laides.

Henri HEINE

Route sinueuse qui tourne chacun des promontoires que jette en avant la chaîne des montagnes de droite, en alternant avec ceux de l'autre chaîne qui court parallèlement. Il semble qu'elles s'amusent à se renvoyer le voyageur de l'une à l'autre. [...]
La végétation devient plus septentrionale ; la route court sous des saules, qui semblent pleurer avec nous la fin de la belle Italie. A chaque instant apparaissent, en face les uns des autres, des châteaux perchés sur des rocs de la manière la plus hardie. Ce sont les sentinelles de la grand'route des Barbares, ce sont les vieux témoins de la haine et de la défiance qu'ont et que toujours auront le Nord et le Midi.

Jules MICHELET

Thomas ENDER
Paysage à Merano
Aquarelle
Vienne, Österreichische National Bibliothek

Le Tyrol est fort beau ; mais les plus beaux paysages sont impuissants à nous charmer, quand le temps et l'âme sont maussades. La mauvaise humeur de celle-ci est toujours une suite de l'autre ; et comme il pleuvait dehors, il faisait aussi mauvais temps dans mon cœur. Seulement, je hasardais de temps à autre ma tête hors de la portière, et je contemplais les monts gigantesques qui me regardaient sérieusement, et, avec leurs têtes monstrueuses et leurs longues barbes de nuées, s'inclinaient pour me souhaiter bon voyage. J'apercevais çà et là quelque petite montagne peinte en bleu par le lointain, qui semblait se hausser sur la pointe des pieds, et regarder avec curiosité par-dessus les épaules des autres montagnes, sans doute pour me voir.

Henri HEINE

Sur une pyramide de granit, le château du Tyrol s'élève, et son enceinte ne forme, pour ainsi dire, qu'un seul mur avec le rocher. D'ici on ne voit pas les constructions modernes que peu à peu on a ajoutées au vieux castel qui s'offre à nos regards dans sa pittoresque beauté. C'est le moyen âge qui semble surgir de terre. On se croit en proie à une hallucination ; il vous semble que la porte de ce manoir va s'ouvrir pour livrer passage aux hommes bardés de fer, qui vont assister à un tournoi dans la capitale du comté de Méran : aussi la désillusion est cruelle quand on ne voit sortir du château que des touristes portant une ombrelle et des voiles verts et non la lance, et des ladies, qui trottent mélancoliquement sur les petits chevaux du pays.

Albert WOLFF

Emilie MEIDIZ-PELIKAN
Vue de Merano
Aquarelle
Vienne, Österreichische National Bibliothek

Robert RUSS
Ermitage S. Romedio dans le Val di Non
Huile
Vienne, Österreichische Galerie

Si habitués que nous soyons déjà à voir en ce pays des lacs dans la plaine aussi bien que dans la montagne, tous nous charment, car ils ne se ressemblent point. Celui-ci, vu de la hauteur où nous planons, avec la montagne qui se baigne dans ses eaux, et le pittoresque village qui s'y reflète avec ses toits accidentés et son clocher italien, est le plus joli décor de féerie que l'on puisse imaginer.

Albert WOLFF

Des torrents coulent à nos pieds, des canaux passent sur nos têtes, conduits par des canaux de bois. Nature bizarre, pleine de caprice et de vertige. À chaque instant, le blé, la vigne, le maïs quittent la vallée et montent à des hauteurs effroyables, puis descendent, puis remontent. Tantôt les ormes, les charmes accusent la nature du Nord, tantôt les pins d'Italie, tantôt les sapins de la Suisse. Il y a ici, dit Lewald, tous les végétaux qui peuvent croître de l'Espagne jusqu'au Spitzberg. Le souffle puissant de l'Italie court les sommets du Tyrol, pénètre ses rudes vallées, porte le sirocco jusqu'à Innsbrück. D'autre part, on croirait volontiers que ces rochers rouges, ces montagnes de porphyre ont conservé quelque chose de la chaleur des volcans. Les Dolomites hérissent une grande partie de la contrée...

Jules MICHELET

Julius KRUCHEN
Tyrol italien, Monte Christollo
Aquarelle
Vienne, Dorotheum

Passer de Venise à Trieste, c'est passer du rêve à la vie.
On n'imaginerait pas de contraste plus complet que celui de cette tranquillité, de ce silence, de cette paresse superbe entre des palais inhabités, avec l'activité, le tumulte, le bruit de ce port de commerce encombré de navires et dont les quais résonnent incessamment sous le poids roulant des chars à bœufs et des brouettes de fer.

Charles ASSELINEAU

Au milieu des éléments étrangers, variés et très influents, trois grands éléments nationaux dominent : l'Italien, l'Autrichien et le Slave. L'Italien se considère à Trieste comme en Italie et se base sur une raison de langue, de race, de souvenir et de voisinage. L'Autrichien commande avec douceur, règne avec mansuétude et bonté, et il a la raison évidente de la possession. Les Slaves, eux, ont la raison du nombre et ils enserrent de tous côtés la population. En attendant, chacun des trois tire dans son sens, et on arrive à une négation : c'est la politique statique.

Charles YRIARTE

Attilio PUSTERLA
En voiture
Huile sur toile
Milan, Galleria Silberlagh

Karl GSUR
Trieste, la place Dante, 1903
Aquarelle
Vienne, Österreichische Galerie

Trieste, ville neuve, port et ville de commerce, fait naturellement songer au Havre. C'est un Havre étincelant de la lumière de l'Orient et gai comme un carnaval, où la laideur du négoce disparaît sous l'amusante variété des costumes et sous l'animation d'une vie joyeuse.
Ici encore, nous retrouvons les fleuristes ; moins pimpantes qu'à Venise, mais intéressantes pourtant dans leur toilette villageoise. Ces paysannes illyriennes sont uniformément vêtues d'une jupe bleue et d'une camisole de même couleur, sur laquelle tranche un tablier blanc ou rouge. La partie la plus singulière de leur costume est la coiffure composée d'un voile de linge blanc qui encadre le visage, couvre entièrement le cou, les épaules et la poitrine, et forme sur le sommet de la tête un large nœud plat dont les pans retombent en arrière et pendent jusqu'aux reins comme le voile des religieuses Augustines.

Charles ASSELINEAU

L.F. CASSAS
Ville et port de Trieste
Aquarelle
Londres, Victoria and Albert Museum

Toute la côte de l'Istrie est vénitienne par tradition et par origine, toute la campagne est slave. Ce dernier élément représente plus des deux tiers de la population totale. L'élément allemand consiste surtout en fonctionnaires et en soldats représentant le pouvoir central, venus de l'intérieur de l'Autriche et se considérant bien souvent comme exilés dans ce pays perdu que quelques-uns comparent à regret avec les riantes vallées de la Styrie et les belles provinces de l'Autriche.

Charles YRIARTE

Ludwig RUBELLI VON STURMFEST
Coucher de soleil dans la région de Trieste, 1898
Aquarelle
Vienne, Dorotheum

Ferrare ! Dans tes rues larges et où aujourd'hui l'herbe pousse, dans tes rues dont la pompeuse symétrie n'était point faite pour la solitude, il semble qu'une malédiction pèse sur les demeures de tes anciens souverains et sur cette antique lignée d'Este qui pendant bien des âges a fait valoir sa force dans tes murs, et s'est montrée tour à tour protectrice ou tyrannique, – selon que les y poussait l'humeur changeante de leur pouvoir mesquin, – à l'égard de ceux qui portaient les lauriers que le front de Dante avait seul portés jusqu'alors !

Lord BYRON

La maison de l'Arioste, la prison du Tasse, une rare vieille cathédrale gothique, et encore beaucoup d'églises naturellement sont les choses à voir à Ferrare. Mais les longues rues silencieuses, les palais qui s'effritent sous le lierre, avec leurs escaliers envahis par les ronces, c'est ce qu'il y a de plus beau à voir. L'aspect de cette morose ville, une demi-heure avant le lever du soleil, un beau matin quand je l'ai quittée, était aussi pittoresque qu'irréel et spectral. Cela ne faisait rien que les habitants ne fussent pas hors des demeures : leur présencc cût bien peu marqué dans ce désert endroit. Il valait mieux qu'il offrît un tableau sans aucune figure.

Charles DICKENS

Samuel PROUT
Ferrare
Aquarelle
Collection particulière

James Duffield HARDING
Jour de marché à Vicenza
Aquarelle
Collection particulière

Il y a également à Vérone un arc de triomphe de l'empereur Gallien, dont l'architecture et les inscriptions sont presque aussi parfaites que si on l'avait érigé hier, et un pont très singulier à trois arches irrégulières. Je crois qu'il a été construit par la famille Scaligieri, qui furent autrefois princes de Vérone.

Anna Brownall JAMESON

Il ne manque à cette arène que l'enceinte extérieure dont cinq ou six arcades restées intactes rendent la restauration du reste extrêmement facile : quelques semaines de réparation permettraient d'y recommencer les jeux sanglants du cirque. Tout en montant et en descendant les gradins, aussi purs d'arêtes que s'ils avaient été taillés d'hier, nous nous disions : quelle admirable place de taureaux on ferait ici, et comme Montès, Chielanero, Cucharès donneraient de belles estocades aux taureaux de Gaviria et de Veraguas sur cette arène qui a bu le sang des lions et des gladiateurs ! On reconnaît les loges des belluaires et des animaux féroces, les entrées et les sorties des acteurs, les vomitoires du peuple ; la sentine absorbante pour l'écoulement des eaux après les naumachies se distingue parfaitement ; il ne manque que le public, couché dans la poussière de Josaphat. Comme si on avait voulu donner une échelle de la médiocrité moderne comparée à la grandeur antique, on a bâti un théâtre en planches dans l'intérieur de l'arène, dont il couvre à peine quelques gradins ; vingt-deux mille personnes pouvaient s'asseoir à l'aise dans l'amphithéâtre romain.

Théophile GAUTIER

Miles Birket FOSTER
Vérone, les arènes
Aquarelle
Newcastle upon Tyne, Tyne and Wear Museums

GIOVANNI DAL BROL
GIACOMO FURIA
VERONA.

Avec leurs noms de chiens, ces Scaliger ont régné par la vertu de la rage. Ils sont trois dans cet enclos, à cheval, planant sur un entassement de chapelles, de clochetons, de dais, de statues. Là-haut perchés, foulant leurs propres catafalques, ils dominent, posés sur les frontons, comme des rapaces lâchés par la nuit des âges. Sous l'hermine de la neige, ces épouvantails sont les ombres méchantes de la souveraineté. Et la méchanceté va jusqu'au ridicule.
Il a fallu les hisser au-dessus des pinacles, pour qu'ils soient supérieurs au vulgaire.

André SUARÈS

L'arcade qui sert de communication entre la Piazza dei Signori et la Piazza delle Erbe, s'appelle *Volto barbaro*, non pas, comme on le dit, depuis l'assassinat de Can Grande, mais depuis le meurtre de Mastino 1er, qui date du 1er siècle.

Charles BLANC

Je ne vis pas la tombe de Juliette. Mais la ville me fit l'effet d'être Juliette elle-même, vivante dans son tombeau. Entre leurs monuments ambitieux dans un si petit espace, une tombe sans inscription, rien que l'échelle et l'aigle du vicariat impérial. C'est la tombe de l'assassiné, assassiné en plein jour par son frère qui est là à côté, à cheval, par-dessus la tête des vierges et des saints.

Jules MICHELET

James HOLLAND
Vérone, piazza dei Signori
Aquarelle
Surrey, Royal Holloway and Bedford New College

Richard Parkes BONINGTON
Corso Sant'Anastasia, Vérone
Aquarelle
Yale Center for British Art

Il y a à Vérone une rue de la Scala, une place de la Scala, et une église qui s'appelle *Santa-Maria della Scala*. Enfin les monuments funèbres des Scaliger sont un des restes les plus imposants et les plus curieux du moyen âge et laissent bien loin derrière eux le fabuleux tombeau de Juliette.
L'art gothique n'a rien de plus riche et de plus hardi que trois de ces mausolées. Le plus simple est consacré à Can Grande, l'hôte de Dante, les deux autres à deux princes de sa race : ceux-ci, plus somptueux, plus magnifiques, d'un plus beau travail, attestent que l'art a marché avec le XIVe siècle. Tous trois représentent un personnage couché sur un tombeau. Ce tombeau est formé d'un tabernacle entouré de colonnes, de statues, de pinacles, et au sommet s'élève la statue équestre du glorieux défunt, double image du repos et de l'action, de l'action indomptable qui semble s'élever au-dessus de la mort et la dominer par une apothéose chevaleresque et guerrière.

Jean-Jacques AMPÈRE

J'avais quelque peu craint d'aller à Vérone, de peur d'y être tant soit peu dégoûté de Roméo et Juliette. Mais je ne fus pas plus tôt arrivé sur la vieille place du marché que mon appréhension se dissipa. C'est un endroit si bizarre, pittoresque, au charme vieillot fait d'une variété si extraordinaire et riche de bâtiments fantastiques, que l'on ne saurait trouver mieux au cœur de cette cité pourtant si romantique : c'est la scène même pour une histoire des plus belles et des plus romantiques.

Charles DICKENS

Richard Parkes BONINGTON
Vérone, le tombeau de Castelbario, 1827
Aquarelle
Nottingham City Museum

Samuel PROUT
Vérone, tombeau des Scaglieri
Aquarelle
Bumley Burough Council

Nous avons revu, de jour, la Piazza delle Erbe, ancien forum de la république, et ses divers monuments : la *Maison des Marchands*, dont le balcon porta une statue de la Vierge par Campagna, la *Grande Tour* qui est presque deux fois plus haute que la colonne Vendôme à Paris ; elle fut commencée, au XIIe siècle, par de simples particuliers de Vérone, les Lamberti. Puis quelques fresques sur les murailles extérieures des maisons de la place et des ruelles voisines. Une belle Vierge de Farinati, des Combats et des Triomphes, peints par des élèves de Mantegna, et quelques sujets de l'histoire d'Alexandre, exécutés par Paul Véronèse, dans sa jeunesse.
Ensuite la *Colonne* que les Vénitiens élevèrent sur la place au XVIe siècle, en signe de domination. Elle était surmontée de l'inévitable lion de Saint-Marc, qui n'y est plus. On raconte qu'aux termes d'un arrêt du grand Conseil, il suffisait aux débiteurs d'avoir touché cette colonne pour être à l'abri des poursuites de leurs créanciers. Il faut croire qu'il y avait un grand esprit de charité dans ce conseil, ou qu'il s'y trouvait beaucoup de cadets de famille.

Charles BLANC

Cet effet est surtout sensible à la place du marché, encombré de pastèques, de citrons, de cédrats et de tomates. Les maisons, coloriées de fresques par Paolo Albasini, avec leur mirador saillant, leurs ornements sculptés, leurs piliers robustes, ont la physionomie la plus romantique ; des colonnes à chapiteau compliqué achèvent de faire de cette place un merveilleux motif pour les aquarellistes et les décorateurs. C'est l'endroit le plus animé de la ville.

Théophile GAUTIER

Angelo DALL'OCA BIANCA
Vérone, piazza delle Erbe
Aquarelle
Gênes, Galleria d'Arte Moderna

Angelo DALL'OCA BIANCA
Vérone, piazza delle Erbe, 1902
Aquarelle
Vérone, Museo di Castelvecchio

La ville, que l'on a posée sur l'eau, est encore l'ancienne Venise ; elle n'a pas rajeuni, au contraire, elle a vieilli. Ici, pas une rue avec ses rangées de façades modernes qui jurent et sont de mauvais goût. Quand on a manqué de place, on a construit des étages ; il n'empêche qu'à l'exception du ghetto, on en a rarement manqué, et aujourd'hui moins que jamais. L'activité contemporaine est donc obligée de se déplacer au milieu de rues et de maisons, de places, d'églises, de marchés et de canaux plusieurs fois séculaires ; il est visible que l'ancien pénètre dans le quotidien moderne et lui garantit la pâle et délicate lueur de la tradition et des vieux souvenirs. Des hôtels, des bureaux et des centres d'affaires, neufs et modernes, se sont même installés dans des palais des quinzième et seizième siècles. Ici, on n'est pas partisan de démolir et de reconstruire ; au contraire, on respecte inconsciemment l'ancien, dont on ressent la supériorité.

Hermann HESSE

Quel aspect étrange, mystérieux, fantastique est celui de cette cité se balançant sur l'Adriatique comme une flotte à l'ancre. Quel charme irrésistible ne trouve-t-on pas à cette ville, patrie du masque et du domino, où l'intrigue semble un besoin, et la galanterie un devoir. Quels souvenirs artistiques flottent dans l'air de ce pays, berceau de ces peintres, amants de la lumière et de la couleur. Sous ce soleil généreux exultant de vie, ce peuple déchu revêt encore un air de noblesse et de grandeur.

I. GEOFFROY

Richard WILSON, attribué à Anconetta
Près de Venise
Huile sur toile
Collection particulière

Nous avons vu le Campanile, la maison de Byron et celle de Balbi, le géographe, et les palais de tous les anciens ducs et doges de Venise, et nous avons vu leurs descendants efféminés promener leur noblesse en élégants costumes français sur la place Saint-Marc, manger des glaces et boire de mauvais vins, au lieu de porter de fières cottes de mailles et de détruire flottes et armées comme le faisaient leurs glorieux ancêtres au temps de la grandeur de Venise. Nous n'avons vu ni spadassins au stylet empoisonné, ni masques, ni carnaval déchaîné ; mais nous avons vu l'orgueil de Venise, les farouches chevaux de bronze qui figurent dans mille légendes. Venise peut les chérir, car ils sont les seuls chevaux qu'elle ait jamais eus. On dit que des centaines de gens dans cette ville étrange n'ont, jamais vu un vrai cheval de leur vie. C est certainement vrai.

Mark TWAIN

J'étais planté comme un point d'admiration devant la basilique de Saint-Marc, cette merveille grecque, romaine et gothique, ce songe des *Mille et une Nuits*, ce poème plein de vie et de couleur qui *chante plutôt la gloire de l'art que la gloire de Dieu*. Dieu, dans sa simplicité de bon père de famille, n'aime pas toutes ces éblouissantes richesses. La basilique Saint-Marc est une mosquée autant qu'une église. Jamais on n'a confondu si harmonieusement les styles divers du génie architectural, la suprême élégance des Grecs et le luxe éclatant des Byzantins.

Arsène HOUSSAYE

Richard Parkes BONINGTON
Venise, Piazza San Marco
Aquarelle
University of Cambridge, Fitzwilliam Museum

W. Bell SCOTT
Venise, les chevaux de Saint-Marc
Aquarelle rehaussée de gouache
Londres, Victoria and Albert Museum

Quelle ville pour les marins ! Tout flotte, et rien ne roule. Un silence divin. L'odeur de la marine, partout. Même ignoble, aux carrefours de l'ordure croupie, des choux pourris, des épluchures et de la vase, l'odeur salée se retrouve encore ; et toujours montent la douceur sucrée du filin, et l'arôme guerrier du goudron, cet Othello des parfums. C'est un bonheur d'aller grand'erre sur les eaux dociles : le charme de Venise contente tout caprice. Et moins l'on sait où l'on est, moins l'on sait où l'on va, plus l'issue a de grâce, le plaisir s'y parant de la surprise. Il n'est canal qui ne mène à la lumière.

André SUARÈS

À Venise, tous les poètes savent bien qu'il n'y a pas de maisons, mais des palais. Il n'y a pas d'atmosphère, puisqu'un voile rose est posé sur Venise, comme une écharpe autour d'une danseuse. Il y a un rose Venise, comme il y a un vert Véronèse. Venise a chaviré sous le poids des imbéciles. Les littérateurs l'ont peinte et les peintres l'ont décrite. Il y eut peut-être jadis une ville qui s'appelait Venise, une ville avec des maisons réelles et diverses, maisons borgnes qui guettent, maisons honorables et plates, maisons riches où l'or, derrière les façades, circule comme le sang sous la peau. Mais Venise n'est plus qu une carte postale en couleurs. Quant aux hommes et quant aux femmes, ils ont été noyés dans la lagune. Il ne reste plus que des gondoliers, des grandes dames et quelques lévriers.

Octave MIRBEAU

Franz Richard UNTERBERGER
Venise, Santa Maria della Salute
Huile sur toile
Collection particulière

Souvent des nuages violets, tels que ceux qui flottent sur les toiles de Tintoret, s'amassent sur la ville ; leurs lignes droites sont comme tracées à l'équerre. La lumière se concentre alors dans une étroite bande à l'horizon. C'est avec une netteté incroyable que les objets se détachent sur cette zone ; mâts, cordages, vergues, avirons, tout est gravé au burin dans un ciel de cuivre. Du fond des vagues bronzées sortent le palais des doges, le campanile de Saint-Marc avec son ange d'or, puis, dans les îles, les dômes de Saint-George, du Redemptor et des Citelle. La ville tout entière surgit de cette mer empourprée, comme la création de l'un de ses peintres. Au milieu de cet éclat, on éprouve une impression de détresse qui ne se retrouve qu'à Rome ; mais cette impression est beaucoup plus extraordinaire à Venise, car là il n'y a point encore de ruines. Les palais, quoi qu'on en dise, sont entiers. À cette magnificence seigneuriale qui faisait, dans Venise, une fête éternelle, le temps n'a rien ôté encore. C'est au milieu de cette fête que la ville a été frappée ; elle est morte debout.

Edgar QUINET

Sa beauté est surtout dans la courbe extérieure, de la Piazzetta au jardin public, et dans le serpent intérieur que décrit le Grand Canal, entre Santa Maria della Salute et le Rialto.
Au milieu de tout cela, un salon de marbre, sans voitures, sans autre bruit que la voix humaine, je parle de la place Saint-Marc. Le Grand Canal est la plus belle rue de l'Europe.

Jules MICHELET

William TURNER
Venise, la Dogana et San Giorgio Maggiore
Huile sur toile
Londres, Tate Gallery

Nous traversâmes de nouveau la lagune dans les clartés du couchant : c'était un silence doré qui nous laissait entendre le clapotis lointain du sillage des autres gondoles, une clarté vermeille si parfaite que son scintillement rose sur les marbres semblait aussi lumineux et pur que l'éclat vivant du sang sur le front d'un enfant endormi. Aucune Venise n'est comparable à la Venise de cette heure magique. Pour ce bref délai, sa gloire ancienne revient. Le ciel se voûte au-dessus d'elle comme un grand baldaquin impérial semé des mystères de sa lumière. Elle a tout l'aspect d'une splendeur sans tache. Aucune autre cité ne capture la pourpre évanescente du jour dans un effet si magnifique.

Henry JAMES

Les autres ruines (à Rome, etc.) sont au milieu de terrains incultes qui s'harmonisent avec elles. Mais ici, la mer est la même, la nature est toujours vivante, l'homme seul est mort... Venise, à quatre heures du matin, était merveilleusement belle. Le couchant, c'est-à-dire la coupole de Santa Maria della Salute, était éclairée lorsque le devant était encore dans l'ombre. Venise semble sortir immédiatement de la mer, cela est littéralement vrai. Les monuments plongent dans la mer ; point de rivage, point de terre qui porte les palais, les églises ; les degrés de marbre se continuent sous les eaux.

Jules MICHELET

William CALLOW
Venise, Santa Maria della Salute et le Grand Canal
Huile sur toile
Collection particulière

Toutes avaient des fanaux et beaucoup brûlaient des feux de Bengale rouges ou bleus, qui coloraient d'une teinte féerique les palais du grand canal. Le passage du Rialto est surtout très amusant. Il faut passer en masse. Personne ne veut reculer ni céder ; il en résulte que, pendant une heure un quart, tout l'espace entre le palais Loredan et le Rialto est un pont immobile. Dès qu'il y a une fente large comme la main entre deux poupes, une proue s'y met comme un coin. À chaque instant, on entend craquer les bordages et, de temps en temps, les rames cassent. Le curieux, c'est que, parmi toute cette presse, qui, en France, occasionnerait une bataille générale, il n'y a pas une injure échangée, pas même un mot de mauvaise humeur. Ce peuple est pétri de lait et de maïs.

Prosper MÉRIMÉE

Rien n'est doux à l'esprit paresseux comme un voyage sans but dans ce dédale qui s'appelle Venise. Le fil d'Ariane, c'est le gondolier. On se laisse bercer indolemment, en proie aux rêveries les plus étranges. On dirait qu'on voyage outre tombe, dans un pays habité par les âmes.

Arsène HOUSSAYE

Rubens SANTORO
Venise, le Grand Canal
Huile sur toile
Collection particulière

Egisto LANCEROTO
Régates à Venise
Huile sur toile
Gênes, Galleria d'Arte Moderna

Il sonnait onze heures du soir au campanile de Saint-Marc, lorsque j'abordai à Venise. Il me sembla entrer dans le pays des rêves. La lune, En ce moment, sortait des nuages, sous l'incantation des esprits embaumés de l'Adriatique. Des gondoles, couvertes de voiles noirs, glissaient à côté de moi. Des deux côtés du grand canal, les ombres des palais s'abaissaient et se confondaient, au milieu des flots, dans une architecture fantastique, qui se forme là, chaque soir, pour les songes de la nuit. [...] Venise est asiatique et arabe; elle est aussi byzantine, gothique, lombarde; mais c'est le caractère oriental qui domine, et celui sans lequel elle reste incompréhensible. Ses vaisseaux ont rapporté chez elle les styles et les formes de tous les climats : la coupole de Byzance, le minaret du Bosphore, l'ogive de Mahomet, la citerne du désert. Rien ne lui ressemble sur le continent ; née de l'écume de la mer, elle est fantasque comme les flots.

Edgar QUINET

Venise pouvait espérer la gloire triste d'être une ville morte. L'Europe en a fait une ville nuptiale, où la bourgeoisie se conjugue.
Les écrivains qui puisent dans le passé la plus ferme tradition classique et les écrivains qui y cherchent la plus élégante pourriture et la plus noble lassitude se sont, coude à coude, penchés sur la lagune. Les dramaturges aussi. Un dernier acte, s'il est véritablement d'amour et de douleur, n'a pas d'autre décor que Venise.

Octave MIRBEAU

Rubens SANTORO
Scène de canal à Venise
Huile sur toile
Collection particulière

James HOLLAND
Venise, intérieur de SS Giovanni e Paolo
Huile sur toile
Londres, Victoria and Albert Museum

La gondole vénitienne a autant de liberté et de grâce dans son mouvement glissant qu'un serpent. Elle mesure vingt à trente pieds de long, et elle est étroite et profonde comme un canoë ; sa proue et sa poupe aiguës sortent de l'eau comme les cornes d'un croissant, avec une légère différence dans la rigueur de la courbe.

Mark TWAIN

Ma Venise d'adoption, celle où j'ai vécu, et que je retrouve dans mes souvenirs, ce n'est ni la Venise triomphante, ni la Venise glorifiée ; non pas même la Venise folle et étourdissante qu'a traversée M. de Brosses. C'est la Venise misérable et lamentable de Carlo Gozzi.
Oui, c'est bien lui : – ce pauvre homme ennuyé de tout, fatigué de tout, traînant avec dégoût une existence vouée aux mécomptes (*contra-tempi*), plein d'indignation et d'ardeur sous son apparence résignée, et n'arrivant, pour toute prouesse patriotique, qu'à une émeute d'un jour contre les francomanes et l'abbé Ghiari, disparaissant enfin dans une tourmente, sans que l'on sache comment, ni à quel jour, ni en quelle année : c'est bien là, c'est bien lui le dernier Vénitien.

Charles ASSELINEAU

Rubens SANTORO
Venise, rio San Trovaso
Huile sur bois
Collection particulière

Je n'ai rien trouvé qui méritât les éloges des voyageurs enthousiastes. Les palais sont sales, mal bâtis, mal tenus, les canaux sont bien étroits, les gondoles peu commodes, la Fenice est au-dessous du théâtre de Bordeaux, et les musées n'ont rien qui se puisse comparer à ce qu'on voit de la peinture vénitienne à Paris ou à Madrid. Mais il y a dans cette ville, un je ne sais quoi, comme le *gara bato* de Madrid, qui vous prend malgré vous. L'air de bonne humeur de tout le monde suffirait seul, pour faire prendre Venise en gré. Je n'ai jamais vu tant de jolies femmes à la fois, surtout parmi le peuple. Il est vrai que pour les apprécier convenablement il faudrait commencer par les tremper dans une forte lessive.

Prosper MÉRIMÉE

Quelle drôle de ville que cette Reine de l'Adriatique ! Ruelles étroites, grands palais de marbre obscurs, noircis et rongés par l'humidité de plusieurs siècles et tous partiellement inondés ; pas la moindre terre sèche à l'horizon, et pas de trottoirs au sens où nous l'entendons ; pour aller à l'église, au théâtre ou au restaurant il faut appeler une gondole. Ce doit être un paradis pour les infirmes car ici, vraiment, personne n'a besoin de ses jambes.

Mark TWAIN

Mosé di Giosué BIANCHI
Venise, la traversée de la lagune
Huile sur toile
Collection particulière

Charles Herbert MOORE
Porche vénitien, 1877
Aquarelle
Harvard University Art Museum

C'est l'admirable succession des heures qui crée le monde et ne lui permet jamais d'être semblable à lui-même. Le plus humble touriste sait que le lever du soleil est un spectacle. Il contemple à l'horizon la bordure verdâtre de l'aube encore cadavérique, puis cette orbite sanglante et basse, puis le tremblement du jour naissant. Il ne sait pas que chaque minute est aussi riche et variable. Mais Claude Monet est maître de la lumière insaisissable. Ainsi Hokousaï disait, presque centenaire : « C'est bien ennuyeux de mourir, parce que je commençais enfin à comprendre la forme. »

Octave MIRBEAU

Comme vers midi il n'y avait pas de brume et que la lumière du soleil était d'une extrême pureté, je suis monté dans le clocher de San Giorgio Maggiore pour voir la lagune.
Au loin, les bancs de vase étaient aujourd'hui d'un brun rouge profond ; à l'ouest, l'eau bleu acier, légèrement teintée de rouge ; en direction de Fusina, le Canal avait des reflets mats et nacrés. Ce merveilleux plan d'eau permet d'étudier les colorations les plus fabuleuses et les plus riches, la décomposition et l'échange des couleurs qui s'irisent, comme dans une soufflerie de verre. J'ai cru, un instant, que l'idée, l'art singulier de la verrerie vénitienne, provenaient partiellement de la lagune (comme la peinture), qu'elle les avaient influencés. C'était une erreur, mais on peut, après tout, y voir un excellent exemple de transfiguration du naturel en beau culturel, et se réjouir de ce que les Vénitiens, si faiblement doués pour la sculpture et le dessin, se soient emparés de cet art élégant et que, ce faisant, ils se soient rarement mépris sur le matériau ou ne l'aient que rarement violé.

Hermann HESSE

Richard Parkes BONINGTON
Sur l'Adriatique, la lagune près de Venise
Huile sur carton
Paris, musée du Louvre

FLORENCE ET LA TOSCANE

Il est impossible de vivre à Florence sans s'y préoccuper de l'histoire de l'art ; car on peut en suivre là les moindres phases comme au cœur de l'Italie. C'est dans ce grand atelier que la tradition de l'antiquité s'est rencontrée avec l'idéalisme chrétien, et que leur mélange a produit ces formes sévères qui restèrent toujours inconnues à l'école de Venise. Même au milieu du moyen âge, on y garda la tradition des arts païens. Dante y conversa avec Virgile. Les sculpteurs de Pise donnèrent aux cénobites du Nouveau Testament quelque chose de la beauté des dieux antiques ; les peintres abreuvèrent de nectar olympien les lèvres des archanges.

Comme l'Église romaine avait absorbé dans ses rites les souvenirs du paganisme, de même l'art florentin, qui fut aussi une sorte d'église, conserva quelques-uns des linéaments de l'art antique. De là naquit un genre de beauté qui, sans ressembler à aucune époque, avait pourtant des rapports avec toutes.

Il semble que l'histoire de Florence soit comme la cité emblématique de Dante, et que l'on y monte de cercles en cercles, avec chaque siècle, jusqu'à la suprême beauté. Peu à peu une Grèce ressuscitée, sous les traits d'un ange mystique, s'y est assise dans le ciel de l'art. Une Italie nouvelle, plus belle que l'Italie ancienne, est sortie du tombeau de l'Étrurie. Ce fut une Madeleine pénitente qui gardait encore, à travers les pleurs, et malgré les macérations de l'Évangile, les traits et la beauté de la Madeleine pécheresse.

Quelque trace du génie étrusque s'est perpétuée là, à travers tous les changements des temps, des langues et des institutions. Dès le quatorzième siècle, quand Rome chrétienne était seulement la ville du dogme, Florence était déjà la ville de l'art. C'est chez elle ou près d'elle que le développement épique de la tradition s'est accompli dans la poésie par Dante, dans l'architecture par Giotto et Brunelleschi, dans la statuaire par l'école de Pise, dans la peinture par Orcagna et Michel-Ange.

Il faut remarquer que Rome, qui a donné son nom à la plus grande école, n'a produit elle-même ni poète, ni sculpteur, ni peintre. Elle n'a eu longtemps qu'un art, à savoir, le culte et le rite catholique. Ses papes lui tinrent lieu de poètes, de statuaires et d'architectes. Lorsque le travail et la constitution de l'Église furent achevés, alors seulement les arts séculiers se montrèrent de toutes parts dans Rome, pour recevoir, par Michel-Ange et par Raphaël, le droit de bourgeoisie dans la cité du dogme.

On répète souvent de nos jours que les époques les plus religieuses sont aussi les plus favorables à l'art : cette idée est démentie par tout ce que j'ai vu en Italie, et surtout à Florence. Tant que la foi fut profonde, les peintres, aveuglément soumis à la tradition de l'Église, laissèrent leurs œuvres dans une sorte de divine enfance. Assurément le génie religieux ne manque pas aux mosaïques byzantines ni aux peintures sur bois des vieilles écoles. Que manque-t-il donc à ces ouvrages ? l'art ; il ne s'émancipa qu'aux dépens de la foi.

Les grands maîtres des écoles de Venise, de Florence, de Parme, de Mantoue, furent contemporains de la réforme et de la confession d'Augsbourg. Chacun d'eux soumit la tradition religieuse à l'autorité de l'imagination, comme Luther la soumit à l'autorité de la raison. À quelle distance Michel-Ange, Léonard de Vinci, Corrège, ne sont-ils pas de la croyance et de l'orthodoxie de leurs pères ! Ils changent à leur gré les types et les expressions consacrées ; ils abolissent à leur manière l'ancien rite.

Ni Raphaël, ni Titien, n'approchent de leurs pinceaux avec le tremblement de cœur et la dévotion de Fra Angelico ou de Masaccio.

Edgard QUINET

ROSARIO

La cité montre un air grave et docte et doucement mélancolique qui la rendrait inoubliable parmi cent autres, même si elle n'érigeait pas ses deux tours de briques (assez extraordinaires, il faut l'avouer) qui s'inclinent de guingois et semblent se saluer avec raideur, ce qui donne une terminaison extravagante à la perspective de certaines petites rues.

Charles DICKENS

Bologne, où j'allai ensuite, est une ville vraiment belle. Les pluies, qui y sont fréquentes, comme dans toute cette partie de l'Italie, n'empêchent pas qu'on ne puisse parcourir toute la ville sans être mouillée, parce que dans toutes les rues il y a des galeries latérales comme au Palais-Royal, qui, outre la commodité, forment une perspective extrêmement agréable.

Paul-Louis COURIER

Pages 202-203

Thomas COLE
Vue de Florence de San Miniato
Huile sur toile
The Cleveland Museum of Art

Giuseppe RICCI
A la gare
Huile sur toile
Pau, musée des Beaux-Arts

Richard Parkes BONINGTON
Bologne, 1826
Aquarelle
Londres, Wallace Collection

Cette campagne semble faite pour plaire à un homme du Nord, à des yeux qui, rassasiés de formes trop nettes et lassés par une lumière trop vive, se reposent volontiers sur les horizons vaporeux, indéfinis, remplis d'air humide. Il a plu ; les grandes nuées charbonneuses dorment dans le ciel et, à l'horizon, traînent jusqu'à terre. Parfois un dos blanc de nuage fait luire son satin au milieu du brouillard pâle ; un soleil invisible chauffe les bancs de vapeurs, et çà et là des rayons tamisés percent, comme une aigrette de diamants, la gaze grisâtre et moite. Vers l'Est s'étend une plaine infinie, toute plate. Ses myriades d'arbres forment dans le lointain, au bord du ciel, une prodigieuse toile d'araignée aux fils brouillés, ténus, innombrables.

Hippolyte TAINE

En deux heures, nous ne croisons qu'un pauvre âne qui traîne deux paysans épuisés de fièvre. Un oiseau de mer, qui plane sur ces marais, en fait la seule animation. Et tout à l'heure, à la Pineta, je chercherai vainement les vipères que par les jours d'orage le voyageur entend siffler sous sa voiture. Voici qu'enfin accourt le vent salé de la mer. Lentement, sur l'horizon, les pins en ombrelles apparaissent.

Maurice BARRÈS

On arrive à Ravenne en longeant une forêt de pins qui a sept lieues de long, et qui me semblait un immense bois funèbre servant d'avenue au sépulcre commun de ces deux grandes puissances.

Jean-Jacques AMPÈRE

Edward LEAR
Ravenne, 1882
Huile sur bois
Londres, Fine Art Photographic Library

La cathédrale est un superbe édifice datant du XIe siècle dont la façade est recouverte de sculptures abondantes et raffinées. Le portail est surmonté de bas-reliefs de Giovanni et Niccolo Pisano, et l'intérieur recèle également des trésors : des œuvres de Ghirlandajo, de Civitelli et de Jean de Bologne.

George TICKNOR

Palais de briques et petites colonnes de marbre en portiques ou en galeries élevés sur les façades, Lucques est faite de ce brun rouge compact et de ces blanches claires-voies. Leurs plus sombres palais me touchent, et je m'amuse de leurs églises. À Lucques, la brique est architecturale, et le marbre est sans style. Les façades en pur Carrare sont des pièces montées ; les façades de brique ont de quoi durer au contraire. [...]
À Lucques et dans toute la Toscane, la façade des églises est une sorte de meuble et de reliquaire, la porte d'une châsse, où le marbre est traité à la manière du bois ou d'une orfèvrerie. Est-ce Pise qui enseigne Lucques ? ou Lucques qui enseigne Pise ? On en discute, et peu importe.

André SUARÈS

Henri Roderick NEWMAN
Lucques, façade du Dôme
Aquarelle
Sheffield, Ruskin Gallery

John Singer SARGENT
Les carrières de marbre à Carrare
Aquarelle
Boston, Museum of Fine Arts

Il me semble que Pise était autrefois un faubourg de Livourne ; faubourg élégant, oisif et artiste, qui se lassa des bruits du chantier et du môle, de tout le prosaïque fracas de l'industrie et de l'agiotage, et se réfugia dans la solitude, en emportant son dôme, son campanile, son baptistère, son cimetière sacré. Pise est comme une ville dégoûtée du monde, et qui s'est retirée à la campagne.

Joseph MÉRY

Il y a deux Pises : l'une où l'on s'est ennuyé et où l'on a vivoté provincialement depuis la décadence ; c'est toute la ville, moins un coin écarté ; l'autre est ce coin, sépulcre de marbre, où le Dôme, le Baptistère, la Tour penchée, le Campo-Santo, reposent silencieusement comme de belles créatures mortes. La véritable Pise est là, et dans ces reliques d'une vie éteinte on aperçoit un monde.
Une renaissance avant la renaissance, une seconde pousse presque antique de la civilisation antique, un précoce et complet sentiment de la beauté saine et heureuse, une primevère après une neige de six siècles, voilà les idées et les paroles qui se pressent dans l'esprit.

Hippolyte TAINE

Jacob Philipp HACKERT
Vue de Pise
Huile sur toile
Cologne, Wallraf Richartz Museum

Sous le soleil d'août à midi, ou sous la pluie d'automne, les quais immenses de Pise invitent à la songerie. La pluie est chez elle sur l'Arno, sur le limon jaune un limon gris ; le fleuve roule une dense amertume : il a du fiel ; peut-être, il se souvient, désespoir des eaux qui s'écoulent ; il tend un miroir huileux aux arcades des ponts et aux façades bilieuses de la rive.

André SUARÈS

Cette douce Pise n'a que peu de choses à montrer, mais exquises. Elle les présente avec une complaisance charmante, sur sa petite prairie où les pieds poudreux des voyageurs n'empêchent point que fleurisse un magique trèfle à quatre feuilles (le Dôme, le Baptistère, le Campanile et le Campo Santo) divinement doré, ce matin, par les premiers soleils de l'année. Ce ne sont point les gens vulgaires qui nuisent aux chefs-d'œuvre. Ils passent comme des troupeaux innocents.

Maurice BARRÈS

David ROBERTS
Pise, Santa Maria della Spina, 1855-1856
Huile sur toile
Collection particulière

À Pise nous avons grimpé tout en haut de la plus bizarre construction connue au monde, la Tour penchée. Comme on le sait, elle a environ 180 pieds de haut ; et je vous ferai remarquer que 180 pieds de haut correspondent à peu près à la hauteur de quatre immeubles de trois étages empilés les uns sur les autres et que c'est une taille très considérable pour les aspirations d'une tour d'épaisseur uniforme, même quand elle se tient bien droite ; et pourtant celle-ci s'écarte de plus de treize pieds de la perpendiculaire. Elle a sept cents ans, mais ni l'histoire ni la tradition ne disent si elle a été construite ainsi exprès ou si l'un de ses côtés s'est affaissé. On ne l'a jamais vue droite.

Mark TWAIN

Le lendemain matin, je partis voir la Tour, plein de confiance. J'aurais dû me méfier ; mais, je ne sais pourquoi, je m'étais attendu à la voir projeter son ombre allongée sur une voie publique où, toute la journée, allaient et venaient des gens. Ce fut pour moi une surprise de la trouver dans un lieu retiré et solennel, séparé des quartiers fréquentés, et tapissé d'un gazon vert bien uni. Mais l'ensemble d'édifices groupés sur ce tapis verdoyant et autour, comprenant la Tour, le Baptistère, la cathédrale et l'église du Campo Santo, est peut-être le plus remarquable et le plus beau qui soit au monde ; et le fait d'être groupes là, ensemble, loin des activités et des détails de la vie courante de la cité, leur donne un caractère singulièrement vénérable et impressionnant.

Charles DICKENS

Anonyme
La tour de Pise
Aquatinte gouachée
Genève, Galerie Grand-Rue

T.G.M. Van HETTINGA TROMP
Le Dôme de Pise, 1913
Aquarelle
Otterlo, Rijksmuseum Kröller Müller

Comme toutes les villes de cette ancienne Étrurie dont Rome naissante détruisit la civilisation vraiment libérale pour l'époque, Volterra est placée au point le plus élevé d'une haute colline, à peu près comme Langres.

STENDHAL

Pas une pierre n'a dû bouger depuis quatre siècles. On se croirait au lendemain du siège de 1472 où Laurent de Médicis prit la ville. Dans ces mêmes rues, entre ces mêmes murs, sur ces mêmes dalles le sang a coulé dans ces jours funestes d'un flot si férocement répandu qu'à cette époque de massacres quotidiens, cependant, le sac de Volterra fit horreur. Quand le Magnifique fut à son lit de mort, dans cette douce villa Careggi située aux portes de Florence et dont les fenêtres donnent sur un jardin planté de cèdres toujours verts, de rosiers toujours fleuris, de lauriers roses et blancs, d'œillets rouges et safranés, le chrétien épouvanté reparut chez le fondateur de l'Académie platonicienne. Cet homme, supérieur et complexe, volontaire et ondoyant, qui avait associé aux suprêmes délicatesses de l'esprit les pires cruautés de son époque, trembla devant son passé. Si les confesseurs ne l'avaient absous que par flatterie ? Et il fit venir, affamé d'une bénédiction dont il fût sûr, le dominicain au profil de bouc, le pire adversaire de sa famille, l'implacable apôtre de Saint-Marc, le rude Jérôme Savonarole. La prise de Volterra fut un des trois crimes que le moine refusa de pardonner au mourant, et ce dernier dut revoir, dans son imagination surexcitée par l'agonie, ces murs, ces places, ces palais, tels que mes yeux de promeneur paisible les contemplent aujourd'hui. Quel cadre pour une obsession de remords pareille à celles que décrivit Dante !

Paul BOURGET

Camille COROT
Volterra, vue prise en regardant le municipe, 1834
Huile sur toile
Paris, musée du Louvre

M'y voilà enfin ! toute ma froideur s'est évanouie. Je suis accablé, persécuté par ce que j'ai vu ; j'ai vu, je crois, ce que personne n'a vu, ce qu'aucun voyageur n'a peint : les sots ! les âmes glacées ! les barbares ! Quand ils viennent ici, n'ont-ils pas traversé *la Toscane, jardin anglais au milieu duquel il y a un temple, c'est-à-dire Florence ?* n'ont-ils pas passé en caravane, avec les aigles et les sangliers, les solitudes de cette seconde Italie appelée l'État romain ? Pourquoi ces créatures voyagent-elles ?

François-René de CHATEAUBRIAND

Ah, la voir là, devant nous, dans une vallée illuminée par le soleil, animée par l'Arno qui serpente, et enserrée par des collines arrondies ; avec ses dômes, ses tours et ses palais, se dressant sur la riche campagne en une masse étincelante, et brillant au soleil comme de l'or ! Les rues de la belle Florence sont magnifiquement sévères et sombres, et les ensembles compacts de vieux édifices solides font de telles masses d'ombre, sur la terre ferme comme sur le fleuve, qu'il y a toujours, à nos pieds, une cité autre et différente, aux formes et fantaisies superbes. Dans chaque rue, de vieux palais extraordinaires, construits pour la défense, avec de petites fenêtres méfiantes et des murs d'une grande épaisseur bâtis avec d'énormes masses de pierre brute, font grise mine, en leur état revêche de jadis. Au milieu de la cité – sur la Piazza du Grand Duc, ornée de belles statues et de la fontaine de Neptune – s'élève le Palazzo Vecchio, avec ses immenses créneaux en surplomb, et la grande tour qui veille sur toute la ville.

Charles DICKENS

Gaspare GABRIELI
Florence, vue du Nord-Est
Huile
Chatsworth, Bakewell

Florence, *22 janvier 1817.* – Avant-hier, en descendant l'Apennin pour arriver à Florence, mon cœur battait avec force. Quel enfantillage ! Enfin, à un détour de la route, mon œil a plongé dans la plaine, et j'ai aperçu de loin, comme une masse sombre, *Santa Maria del Fiore* et sa fameuse coupole, chef-d'œuvre de Brunelleschi. « C'est là qu'ont vécu le Dante, Michel-Ange, Léonard de Vinci ! me disais-je ; voilà cette noble ville, la reine du Moyen Âge ! C'est dans ces murs que la civilisation a recommencé ; là, Laurent de Médicis a si bien fait le rôle de roi, et tenu une cour où, pour la première fois depuis Auguste, ne primait pas le mérite militaire. » Enfin, les souvenirs se pressaient dans mon cœur, je me sentais hors d'état de raisonner, et me livrais à ma folie comme auprès d'une femme qu'on aime. En approchant de la porte *San Gallo* et de son mauvais arc de triomphe, j'aurais volontiers embrassé le premier habitant de Florence que j'ai rencontré.
Au risque de perdre tous ces petits effets qu'on a autour de soi en voyageant, j'ai déserté la voiture aussitôt après la cérémonie du passeport. J'ai si souvent regardé des vues de Florence, que je la connaissais d'avance ; j'ai pu y marcher sans guide. J'ai tourné à gauche, j'ai passé devant un libraire qui m'a vendu deux descriptions de la ville *(guide).*

STENDHAL

Édouard MENTA
Deux femmes admirant la ville de Florence
Huile sur toile
Collection particulière

A.E. KIRCHNER
Vue de Florence
Aquarelle
Hambourg, Hamburger Kunsthalle

Soleil magnifique. Aujourd'hui, l'air est d'une transparence tellement remarquable que toutes les couleurs redoublent d'éclat et que le lointain revêt une splendide clarté. Haies de lauriers, larges, épaisses, hautes, sombres. Pardessus le [Palazzo] Pitti, merveilleux coup d'œil sur Florence et sur les montagnes au loin, dont les plus hauts sommets sont encore couverts de neige. Grands et vieux cyprès, beaux pins. Le nouveau feuillage des marronniers, d'un brillant vert jaune clair. Sur les pelouses, des orchidées, anémones et fleurs inconnues. Le jeu des ombres des nuages est, à cause du vent fort, des plus délicieux. La pointe des cyprès penche : on dirait des flammes noires et vacillantes.

Hermann HESSE

À ses pieds, les cyprès élevaient leurs quenouilles noires et les oliviers moutonnaient sur les pentes. Au creux de la vallée, Florence étendait ses dômes, ses tours et la multitude de ses toits rouges, à travers laquelle l'Arno laissait deviner à peine sa ligne ondoyante. Au-delà, bleuissaient les collines.

Anatole FRANCE

Camille COROT
Florence, vue prise des jardins Boboli
Huile sur toile
Paris, musée du Louvre

Florence, pavée de grands blocs de pierre blanche de forme irrégulière, est d'une rare propreté ; on respire dans ses rues je ne sais quel parfum singulier. Si l'on excepte quelques bourgs hollandais, Florence est peut-être la ville la plus propre de l'univers, et certainement l'une des plus élégantes. Son architecture gréco-gothique a toute la propreté et tout le fini d'une belle miniature. Heureusement pour la beauté matérielle de Florence, ses habitants perdirent, avec la liberté, l'énergie qu'il faut pour élever de grands édifices. Ainsi l'œil n'est point choqué ici par ces indignes façades à la Piermarini, et rien ne trouble la belle harmonie de ces rues, où respire le beau idéal du Moyen Age. En vingt endroits de Florence, par exemple en descendant du pont della Trinità et passant devant le palais Strozzi, le voyageur peut se croire en l'an 1500.
Mais, malgré la rare beauté de tant de rues pleines de grandiose et de mélancolie, rien ne peut être comparé au *Palazzo Vecchio.* Cette forteresse, bâtie en 1298 par les dons volontaires des négociants, élève fièrement ses créneaux de brique et ses murs d'une hauteur immense, non pas dans quelque coin solitaire, mais au milieu de la plus belle place de Florence.

STENDHAL

Henri Roderick NEWMAN
Florence, le Dôme vu du jardin Mozzi
Aquarelle gouachée
Henry E. Huntington Library and Art Gallery

Tel qu'il est tout inachevé que l'ont laissé les vicissitudes qui s'attachent aux monuments comme aux hommes, le Dôme, tout incrusté de marbre blanc et noir, avec ses fenêtres ornées de colonnes en spirales, de pyramides et de statuettes, ses portes surmontées de sculptures de Jean de Pise ou de mosaïques de Guirlandajo, n'en est pas moins un chef-d'œuvre, qu'à la prière de son premier architecte les tremblements de terre et la foudre ont respecté. Son premier aspect est magnifique, imposant, splendide, et rien n'est beau comme de faire, au clair de la lune, le tour du colosse accroupi au milieu de sa vaste place comme un lion gigantesque.

Alexandre DUMAS

C'est vraiment une chose assez amusante que de voir cette espèce d'artistes qui viennent en Italie pour étudier la philosophie de leur art, surtout parmi les architectes. Un album de quelques pouces dans la main orné d'un porte crayon en argent, ils parcourent les monuments avec une gravité toute héroïque, l'âme remplie des souvenirs ou de l'antiquité ou du moyen âge ; descendre jusqu'au matériel du dessin pour reproduire ces témoins de tant de faits historiques ! serait profaner chaque pierre, altérer l'empreinte de chaque pas du poète ou du guerrier qui retentissent encore sous les voûtes de ces restes de ces temps passés. Ils se contentent de regarder.

Eugène VIOLLET-LE-DUC

Thomas Hartley CROMEK
Terrasse dominant Florence depuis la via Servi
Aquarelle
Collection particulière

Rien de plus gai que l'heure du déjeuner dans les cafés de Florence. Les marchandes de fleurs, chargées de leurs corbeilles, vous présentent leurs bouquets et passent à la table voisine sans attendre que vous portiez la main droite à votre poche ; et puis elles disparaissent quand leur rondes est achevée, semant ainsi partout des créances qui finissent toujours par êtres payées.
Les fleuristes ne demandent point d'argent ; celui qui voudrait mettre à épreuve leur générosité, se ferait régaler de bouquets jusqu'à sa mort, et le sourire de la marchande serait aussi amical le dernier jour que le premier. Lorsque enfin vous voulez acquitter votre dette, vous donnez plus que les fleurs ne valaient ; mais la délicatesse du procédé est d'un prix inestimable. La fleuriste vous a épargné la forme grossière du commerce, et, comme si on lui offrait ce qu'on ne lui doit point, elle accepte votre gratification sans la regarder, en ajoutant une belle révérence au sourire de tous les jours.

Paul de MUSSET

J'ai sillonné encore une fois les rues de Florence. Le marché, par exemple, bloque des rues étroites avec ses étals de fruits. Les vendeurs vantent très haut leurs pêches, leurs citrons verts, leurs figues, leur raisin délicieux, champignons, grenades, radis et leurs laitues... Les gens ici aiment les aliments pas tout à fait mûrs. Ce marché est le coin le plus bruyant et le plus mouvementé d'une ville bruyante et mouvementée, et c'est pourquoi j'aime toujours y passer.

Nathaniel HAWTHORNE

William CALLOW
Le marché nouveau à Florence, 1877
Aquarelle
The Provost and fellows of Eton College

Giuseppe MORICI
Marché à Florence
Huile sur toile
Florence, Galleria d'Arte Moderna

On ne compte pas six jolies femmes dans toute la noblesse de la ville. Le reste est épouvantable, et ce qui est pis, exigeant et à prétention. Le *sigisbéatisme*, plus en usage dans cette ville que partout ailleurs, laisse peu d'accès à un étranger qui voudrait faire sa cour à s'attacher à quelqu'une de ces femmes. Tous les ménages sont arrangés. Le mari ne peut décemment aller avec sa femme. Il faut que cette femme prenne ce qu'on appelle un chevalier servant qui ne la quitte pas d'un pas et qui, soumis à ses moindres caprices, soit toujours prêt à y satisfaire. Ce n'est pas tout. S'il en était quitte pour cela, il serait, selon moi, fort heureux, mais sa bourse s'en ressent. L'usage est de payer la *Signora* au service de laquelle on a l'honneur d'être attaché. C'est unes des prérogatives les plus honorables de la charge de chevalier servant. Il est vrai que ça n'est pas ruineux. Quelques sequins par mois en font l'affaire, et ces femmes sont si mal entretenues de leur mari et si folles de l'argent qu'on les satisfait avec peu. On peut parier à coup sûr de vaincre avec une vingtaine de sequins la beauté la plus rebelle de Florence.

Marquis de SADE

Odoardo BORRANI
Touriste au Bargello
Huile sur toile
Archivio dei Macohiaioli

Giuseppe ABBATI
L'Orazione
Huile
Florence, Galleria d'Arte Moderna

Il faut que je vous décrive la fête de la Saint-Jean, qui est précédée d'une course de chars dont les origines remontent peut-être au temps des Étrusques. Cela se passe sur le parvis de Sainte-Marie-Nouvelle. Il y a des obélisques à chaque extrémité de la place, reliés par des cordes soutenues au centre par six épieux portés par des hommes costumés à l'ancienne. Des échafaudages en demi-cercle sont érigés tout autour de la places. Ils sont rudimentairement décorés de peintures, d'urnes et de statues, mais l'ensemble est très décoratif. La loge royale est très belle. Les chevaux et les fantassins sont placés sous les échafaudages. La foule se presse partout, aux balcons et même sur les toits.

Lady MORGAN

Henry R. NEWMAN
Florence, Santa Maria Novella
Aquarelle
The Harvard University Art Museum

Florence est l'Eldorado de la liberté individuelle. Dans tous les pays du monde, même dans la république des États-Unis, même dans la république helvétique, même dans la république de Saint-Marin, les horloges sont soumises à une espèce de tyrannie qui les force de battre à peu près en même temps. À Florence, il n'en est pas ainsi ; elles sonnent la même heure pendant vingt minutes. Un étranger s'en plaignit à un Florentin : Eh ! lui répondit l'impassible Toscan, que diable avez-vous besoin de savoir l'heure qu'il est ?

Alexandre DUMAS

J'ai à peine eu l'occasion de me défaire de mon domino ni de retirer mon masque cette semaine... Je n'ai rien fait d'autre que de m'en défaire pour dormir et de les porter dès le lever. La fin du carnaval est déchaînée, c'est une bacchanale. Ce sont des parties matinales dans les boutiques et les cafés, et les bals et l'opéra le soir... Il ne reste que trois jours, mais les deux derniers auront des bals le matin au joli palais des Strozzi, qui n'est pas terminé. Il y aura une masquarade mardi après le dîner. La différence avec les carnavals anglais est le degré de déférence que l'on témoigne ici aux travestis. On n'en profite pas ici pour vous décocher des remarques péjoratives ou insultantes, et on n'est pas grossier avec les femmes de bon ton... La liberté du carnaval m'a permis de faire la connaissance de quelques personnes, et si je ne les ai pas trouvées particulièrement raffinées ou cultivées, elles sont cependant polies et bien disposées à l'égard des Anglais. Leur petite fierté locale, à l'encontre de la vanité excessive des Français, me les rend sympathiques.

Horace WALPOLE

Telemaco SIGNORINI
La place Santa Croce pendant le carnaval, 1846
Huile sur toile
Florence, Galleria d'Arte Moderna

Dans un premier voyage à Florence, j'avais déploré, comme tout le monde, que la mémoire de Dante fût absente de Santa-Croce, ce panthéon du génie et du malheur : Dante manquait à la compagnie de Machiavel et de Galilée. Quand j'entrai à Santa-Croce, en 1834, ce fut pour moi comme une fortune et une heureuse rencontre de voyage de me trouver en face d'un mausolée élevé au poète dont je cherchais partout les vestiges.

Jean-Jacques AMPÈRE

Le Westminster de la Toscane, où se trouve ce tombeau d'une étrange originalité : un hibou sur une tige de rosier dorée. Là, le Giotto a peint une fresque, une fresque sortant de sa manière, et au-delà de son talent de tous les jours. Dans cette fresque représentant la « Mort de saint François » : le Saint étendu mort, la tête auréolée, son autre moi, son moi immortel et radieux, est emporté au ciel par quatre anges, pendant que les moines chantant l'Office des morts, se pressent autour du cadavre, en des attitudes étonnées, et que dans l'entrebâillement des yeux du Saint, on aperçoit un regard de survie, dans sa bouche un pâle sourire, un rictus de ravissement, et dans ce corps quitté par la vie, – l'envolée encore apparente d'une âme.

Jules et Edmond de GONCOURT

Giuseppe ABBATI
Le cloître de Santa Croce à Florence
Aquarelle
Milan, collection particulière

Borrani

L'été, Florence est triste et à peu près solitaire : de huit heures du matin à quatre heures du soir, le vingtième de sa population à peine circule sous un soleil de plomb, dans ses rues aux portes et aux fenêtres fermées ; on dirait une ville morte, et visitée par des curieux seulement, comme Herculanum et Pompeïa.

Alexandre DUMAS

L'air est détestable dans cette capitale vers la fin d'octobre, tout novembre et une partie de décembre. On assure qu'il est même mortel. Ce qu'il y a de sûr c'est que les morts subites occasionnées par des coups d'apoplexie y sont extrêmement communes en cette saison. J'ai ouï même assurer que si l'on laissait dans cette saison un morceau de pain s'imprégner à l'air de la nuit des vapeurs mortelles des brouillards de l'Apennin et que l'on le fît manger à un chien, l'animal en crèverait subitement. C'est une expérience que je n'ai pas faite mais à laquelle je ne serais pas éloigné d'ajouter foi par tout ce que j'ai entendu dire à ce sujet ; quoique je n'y fusse pas dans cette mauvaise saison, il y eut cependant cinq morts subites en deux mois et demi. Je crois en général l'air de Florence malsain dans tous les temps, et une ville traversée par une rivière presque toujours à sec pendant l'été et située dans un bassin presque entouré de montagnes comme l'est Florence, ne peut jamais être bien saine à habiter.

Marquis de SADE

Odoardo BORRANI
Porte ancienne, les Ognissanti
Huile sur toile
Archivio dei Macchiaioli

Giuseppe ABBATI
Ruelle au soleil
Huile sur toile
Collection particulière

Florence est comme une ville qui aurait survécu à elles-même. Elles se distingue par les vestiges d'une grandeur rudes et anciennes ; elle est telle qu'elle était il y a trois cents ans. Depuis, son histoire semble avoir été en suspens. Quand on pénètre dans la cité, on y est enclos comme dans unes ville assiégée. Si on s'engage dans les petites rues inférieures, on a l'impression que la pestes y veille encore. Même les promenades hors de la ville sont pour la plupart situées entre de hauts murs de pierre qui n'ont pas le charme des haies.

William HAZLITT père

Au-delà des murs, toute la douce vallée de l'Arno, le couvent de Fiesole, la Tour de Galilée, la maison de Boccace, les vieilles demeures et maisons de campagne, d'innombrables sites intéressants, tout rayonnants dans un paysage d'une incomparable beauté baigné de la plus chaude lumières : tout cela se déploies devant nous. Quand nous rentrons, comme les rues nous paraissent à nouveau solennelles et majestueuses, après tant de luminosité, avec leurs grands palais sombres et tristes.

Charles DICKENS

Odoardo BORRANI
Il Mugnone
Aquarelle
Rome, Galleria d'Arte moderna

J'ai remarqué de fort beaux yeux chez les femmes de la campagne ; mais il n'y a rien dans ces figures de la douce volupté ni de l'air *susceptible de passion* des femmes de la Lombardie. Ce que vous ne trouverez jamais en Toscane, c'est l'air *exaltable*, mais en revanche, de l'esprit, de la fierté, de la raison, quelque chose de finement provocant. Rien n'est joli comme le regard de ces belles paysannes, si bien coiffées avec leur plume noire, jouant sur leur petit chapeau d'homme. Mais ces yeux si vifs et si perçants ont l'air plus disposés à vous juger qu'à vous aimer. J'y vois toujours l'idée du *raisonnable*, et jamais la possibilité de faire des folies par amour. Ces beaux yeux brillent du feu de la saillie bien plus que de celui des passions.

STENDHAL

Silvestro LEGA
La treille, 1868
Huile
Milan, Pinacoteca di Brera

Cependant l'arrivée à Vallombreuse frappe et surtout étonne fortement. Si près de Florence, on trouve avec surprise un bois de sapins, et comme un site de la Norvège ou de la Suisse. En mettant le pied sur le plateau où s'élève le monastère, je me crus transporté sous une autre latitude ; le vent même avait changé ; une brise froide soufflait à travers les troncs des sapins ; sous leur feuillage noirâtre une eau sombre murmurait.

Jean-Jacques AMPÈRE

Thomas CROMEK
Couvent de la Certosa, 1837
Aquarelle
Manchester, the Whitworth Gallery

Sienne est si pittoresque, sa couleur est si belle, sa grande promenade avec ses remparts élevés par Cosme de Médicis est entourée de si beaux horizons de montagnes bleues et rosées par le coucher du soleil.

Eugène VIOLLET-LE-DUC

Sienne est une belle ville ancienne, qui fait davantage penser à un abri pour les morts qu'à une résidence pour les vivants. Comme pour tant de villes italiennes, on pourrait y graver : « Elle fut ». La splendeur de ses édifices contraste avec la misère de sa population. Il y a peu de raisons de remplir les rues serrées les unes auprès des autres quand il y a si peu de gens pour y passer. Ils n'ont plus besoin maintenant de se réfugier dans l'enceinte de la cité pour échapper à l'ennemi.

William HAZLITT père

Susan Isabel DACRE
Les murs de Sienne
Aquarelle
Manchester, City Art Gallery

Aujourd'hui comme il y a cinq cents ans, Sienne tout entière nous répète les mots admirables qui restent inscrits sur l'une de ses portes : *Cor magis tibi Sena pandit,* « plus encore que ses portes, Sienne t'ouvre son cœur ». Aucune ville au monde n'est plus accueillante, plus souriante, plus riche à la fois de vie et de beauté. Tandis que les autres vieilles cités italiennes sont décidément mortes, comme Pise ou Pérouse, comme le navrant San Gimignano, ou bien sont devenues des capitales modernes, comme Milan et Rome, Sienne a fidèlement gardé le caractère qui, au moyen âge déjà, faisait d'elle une sorte de prodige, un être à part entre les nations. Processions dans la cathédrale et à travers les rues, réunions du soir dans la petite chapelle de Sainte-Catherine, courses et cavalcades sur la Piazza del Campo, personne n'a été admis à jouir de ces fêtes sans emporter à jamais, en soi, quelque chose du « cœur » que l'antique Sienne a daigné lui ouvrir.

Téodor de WYCEWA

Aucun lieu de ce genre n'est plus frappant que le Campo de Sienne : sa forme est presque ovale ; d'un côté, de grands palais en dessinent le contour. Le sol incliné descend par une pente douce jusqu'au pied de l'ancien palais de ville ; du sommet de ce palais, une tour isolée s'élance hardiment dans les airs. Sur le terrain elliptique et incliné se font chaque année des courses de chevaux tellement périlleuses que des matelas sont disposés pour recevoir dans leur chute les chevaux et les cavaliers. Des fêtes analogues avaient déjà lieu au temps de Dante.

Jean-Jacques AMPÈRE

Franz THIELE
Le Palio à Sienne, 1894
Crayon et gouache
Collection particulière

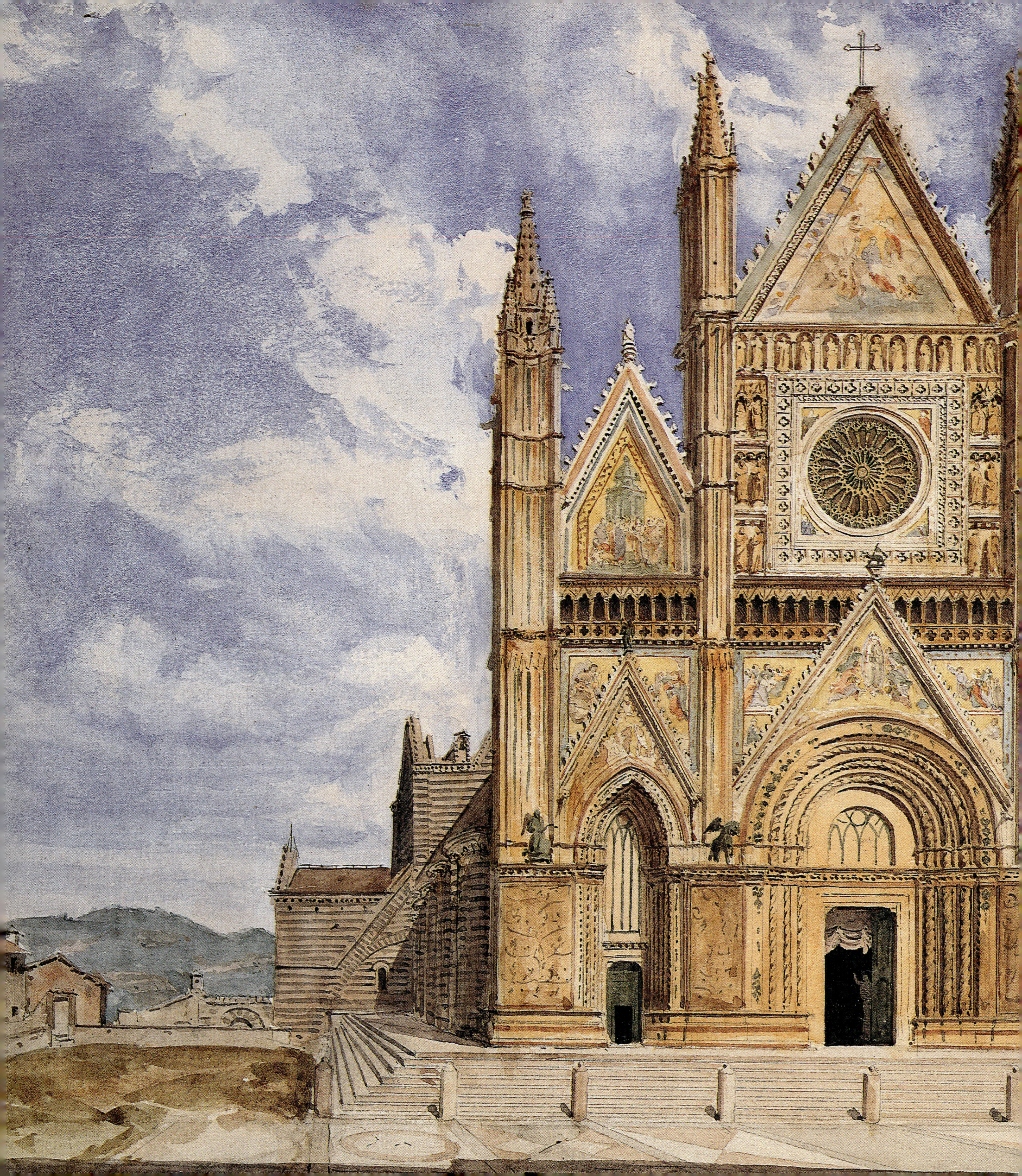

Sa cathédrale, l'une des plus remarquables constructions gothiques d'Italie, est ornée d'une façade enrichie de sculptures et de mosaïques de toute beauté. Un puits profond avec deux escaliers en spirale creusés dans le roc, plusieurs palais renfermant des peintures de grande valeur, en constituent les curiosités.

I. GEOFFROY

La sève de l'art a failli tarir. Ou plutôt elle s'est condensée tout entière dans le Dôme. La ville n'a pour raison d'être que ce blason sacré, que cette espèce de page de missel dressée en pierre, car à quoi comparer, sinon à une gigantesque miniature, – osons associer deux mots aussi disparates, – cette façade de marbre, coloriée de mosaïques, enrichie de colonnes à torsades dorées, rehaussée de bas-reliefs où la ferveur du moyen âge se mélange au puissant animalisme de la Renaissance ?

Paul BOURGET

Albrecht ROSENGARTEN
Orvieto, le Dôme
Aquarelle
Hambourg, Hamburger Kunsthalle

Cette petite ville où j'entre précédé d'une longue émotion, est un homme et n'est plus une ville : Assise n'est pas Assise : elle est François. Que de fois j'ai rêvé d'Assise avant de la connaître ? Que de rêves j'y retrouve, chaque fois que je m'y vois ? Du plus loin, sur la route, on cherche le mont sacré de l'Ombrie, le Subasio, la masse babylonienne du cloître et de la sainte église en éperon sur la pente de l'ouest, et sur le versant désert de l'orient, le creux où se cache l'ermitage des Carceri. Et dans la lumière du matin primevère, Assise éclot, blanche et lilas, anémone d'argent.

André SUARÈS

S. Maria degli Angeli se trouve plus loin, près d'Assise la pieuse. La vue de cet édifice vaut de s'y arrêter. L'église et le couvent forment un ensemble imposant, élégant et tout à fait remarquable. Vignole en fut l'architecte. Nous étions accompagnés par un frère lai, jeune homme robuste et souriant qui semblait fait davantage pour la charrue que le cloître. Il tira un rideau d'un air mystérieux pour nous montrer une Annonciation, dont il déclara qu'elle avait été peinte sur le vif. « Quoi, l'ange aussi ? » « Oui, oui, et la ressemblance est excellente ! » Il nous mena ensuite à la cellule et au jardin de saint François, un petit enclos triste entre l'église et le monastère, où tout était disposé de manière théâtrale. Il désigna du doigt un rosier, celui où, d'après lui, le saint se roulait pour faire pénitence, et dont il ressortait couvert d'écorchures.

Lady MORGAN

Karl BLECHEN
Vue d'Assise, vers 1830
Huile sur toile
Munich, Neue Pinakothek

Comme toutes les cités étrusques, Pérouse couronne le sommet d'un rocher inaccessible. Le panorama est un enchantement dont le lac Trasimène est probablement le joyau. C'est une expérience unique que l'ascension de cette route escarpée : la calèche était tirée par des bœufs qui avançaient lentement jusqu'à une plate-forme où on leur ajouta des chevaux et des mules. La montée vers Pérouse est raide et périlleuse mais la peur que l'on ressent est distraite par le paysage au pied de la montagne. Les clochers et les dômes des églises et des monastères surgissent partout de jardins, d'oliveraies et de vignes luxuriants. Comme le dit le proverbe toscan : « Là où sont les moines, la terre est riche. » En effet, chaque fois que l'on demande : « À qui appartiennent ces vignes ? Ces olives ? », on vous répond : « Aux moines de S. Giuliano ! À l'église S. Pietro ! », etc.

Lady MORGAN

John Warwick SMITH
Paysage près de Pérouse
Aquarelle
Londres, Courtauld Institute

Solidement fortifiée par la nature et par l'art, sur une éminence altière se dressant à pic dans la plaine où les montagnes violettes se fondent dans le ciel à l'horizon, Pérouse, en son jour de marché, est radieuse de brillantes couleurs. Elles mettent admirablement en valeur ses édifices gothiques, sombres mais riches. Le pavement de sa place du marché est couvert de produits de la campagne. Tout le long de la côte raide qui monte à partir de l'agglomération, en bas de l'hôtel de ville, il y a une bruyante foire aux veaux, agneaux, cochons, chevaux, mules et bœufs. Des volailles, des oies et des dindons battent des ailes avec entrain au milieu même des sabots de ces bestiaux, et acheteurs, vendeurs et badauds, partout attroupés, bloquent le passage lorsque, descendant cette rue, nous arrivons sur eux en poussant de grands cris.

Charles DICKENS

Par la pluie, en automne, ou l'été, au tard d'une journée brûlante, quand sévit la canicule, qu'ils appellent le sollion, j'aime Pérouse, dans ses remparts haut perchés au-dessus des vallées ombriennes. Pérouse est une religieuse qui cache des meurtres sous son manteau ; ou une reine d'aventure qui, dix fois tour à tour, se fait nonne et assassine, toujours dans la violence, toujours dans le remords. À Pérouse, le rouge a des ombres noires, et la noirceur des reflets rouges. Le couchant inonde de sang les pierres sombres. Et la pluie fait suer noirceur aux murs sanglants. C'est une ville âpre et dure, cruelle et acharnée.

André SUARÈS

Albrecht ROSENGARTEN
Pérouse, palazzo della Signora
Aquarelle
Hambourg, Hamburger Kunsthalle

Au-dessus de Terni, à l'entrée d'une gorge sauvage, espèce de Via Mala, par ou la Nera se fraye un chemin vers le Tibre, se trouve, sur une colline pittoresque, la petite ville de Narni. Non loin de là, un superbe reste de pont romain.

Jules GOURDAULT

Le *voiturin*, qui permettait de s'arrêter, de regarder, d'admirer paisiblement tous les sites à travers lesquels – quand ce n'est pas par-dessous lesquels – la rugissante locomotive vous emporte maintenant comme un simple colis, et vous lance à travers l'espace avec la furie d'un bolide ! Le *voiturin*, qui vous faisait passer, peu à peu, graduellement, discrètement, d'un aspect à un autre, au lieu de cet obus à rails qui vous prend endormis sous le ciel de Paris et vous jette, au réveil, sous celui de l'Orient, sans transition, ni d'esprit ni de température, brutalement, comme une marchandise, à l'anglaise ! Beaucoup, vite et à fond de cale : comme du poisson qu'on expédie par le *rapide* pour qu'il arrive encore frais !

Charles GOUNOD

Camille COROT
Le pont d'Auguste sur la Nera, 1826
Huile sur papier
Paris, musée du Louvre

Notre-Dame-de-Lorette est célèbre par le nombre des pèlerins qui s'y rendaient de tous les points du monde chrétien. L'église de cette petite ville est fort belle, et égale en magnificence les plus somptueuses de Rome, après la basilique de Saint-Pierre.

Alphonse DUPRÉ

Loretto, la plus sainte et la plus démunie des villes, consiste presque entièrement en de petites boutiques et d'énormes édifices religieux. On ne trouve dans le commerce que des « bricoles » religieuses, des rosaires en tous genres, depuis le bois ou le verre jusqu'à l'ambre et autres matériaux précieux ; des crucifix en étain, en cuivre ou en or ; des reliquaires et des reliques fleuries, des plumes, des yeux et des nez pour ex-votos. En un mot, ce qui peut satisfaire les cieux, rassasier la dévotion des pèlerins ou la curiosité des voyageurs. Les bâtiments ecclésiastiques, l'église de la Sainte Demeure et ses annexes, logent l'évêque, les prélats, les prêtres, les moines, les pénitents et le gouverneur. Tout est vaste et beau, dans le style dorique et corinthien.
À peines étions-nous arrivés à l'auberge, tard dans la soirée, qu'on nous fit porter plusieurs boîtes de rosaires pour choisir. L'aubergiste tient boutique et arrondit ainsi ses revenus. Tous ces rosaires étaient assez jolis, mais je dis qu'étant une hérétique, ce ne serait pas convenable d'en acheter. « Cela ne fait rien, Madame, vous pourrez vous en parer ! » L'allusion était claire et j'en ai acheté un.

Lady MORGAN

Franz PITNER
Le sanctuaire de San Loreto, 1886
Crayon et aquarelle
Collection particulière

ROME ET SES ENVIRONS

Au moment de l'entrée dans Rome, montez en calèche, et, suivant que vous vous sentirez disposé à sentir le *beau inculte et terrible,* ou le beau joli et arrangé, faites-vous conduire au Colisée ou à Saint-Pierre. Vous n'y arriveriez jamais si vous partiez à pied, à cause des choses curieuses rencontrées sur la route. Vous n'avez besoin d'aucun itinéraire, d'aucun cicérone. En cinq ou six matinées, votre cocher vous fera faire les douze courses que je vais indiquer.

1° Le Colisée ou Saint-Pierre.

2° Les loges et les salles de Raphaël au Vatican.

3° Le Panthéon, et ensuite les onze colonnes, restes de la basilique d'Antonin le Pieux, desquelles Fontana fit, en 1695, l'hôtel de la Douane de terre. C'est là qu'on vous conduit en arrivant à Rome, si votre consul ne vous a pas envoyé une dispense à Florence. Là on s'ennuie et l'on prend de l'humeur pendant trois heures.

Une fois, j'ai déserté le *vetturino* en lui laissant mes clefs, et suis entré dans Rome comme un promeneur, par la porta Pia. Il faut suivre le chemin en dehors des murs, à gauche de la porte del Popolo, le long du Muro torto.

4° L'atelier de Canova, et les principales statues de ce grand homme dispersées dans les églises et dans les palais : *Hercule lançant Lycas à la mer*, dans le joli palais de M. le banquier Torlonia, duc de Bracciano, sur la place de Venise, au bout du Corso ; le tombeau de Ganganelli aux Saints-Apôtres ; les tombeaux du pape Rezzonico et des Stuarts à Saint-Pierre, la statue de Pie VI devant le maître-autel. Il faut s'accoutumer à ne regarder dans une église que ce qu'on y est venu chercher.

5° Le *Moïse* de Michel-Ange à San-Pietro in Vincoli ; le *Christ* de la Minerve ; la *Pièta* à Saint-Pierre, première chapelle à droite en entrant. Vous trouverez tout cela fort laid, et serez étonné de l'honorable mention que j'en fais ici.

6° La basilique de Saint-Paul à deux milles de Rome, du côté d'Ostie. Remarquez près de la porte de la ville, en sortant, la pyramide de Cestius. Ce Cestius fut un financier comme le président Hénaut. Il vivait sous Auguste.

7° Les ruines des Thermes de Caracalla, et, en revenant, l'église de la Navicella, San-Stefano Rotondo ; la colonne Trajane et les restes de la basilique découverte à ses pieds en 1811.

8° La Farnesina, près du Tibre, rive droite, côté étrusque. Là se trouvent les aventures de Psyché, peintes à fresque par Raphaël. Allez voir la galerie d'Annibal Carrache, au palais Farnèse et l'*Aurore* du Guide, au palais Rospigliosi, place de Monte-Cavallo.

Tout près de là, l'église de Sainte-Marie-des-Anges, par Michel-Ange : architecture sublime. La statue de Sainte-Thérèse à Santa Maria della Vittoria, et, en revenant la jolie petite église appelée le Noviciat des Jésuites.

9° La Villa Madama, à mi-coteau, sur le monte Mario. C'est une des plus jolies choses que Raphaël ait faites en architecture. Voyez, au retour, la villa di Papa Giulio, à une demie-lieue hors de Rome, près de la porte del Popolo. Allez voir à côté le paysage de l'Acqua Acetosa. Le roi de Bavière y a fait placer un banc.

10° Les galeries Borghèse, Doria, Sciarra, et la galerie pontificale, au troisième étage du Vatican.

11° Si vous vous sentez disposé à voir des statues, faites-vous conduire au Musée Pio Clementin (au Vatican) ou aux salles du Capitole. Les pauvres têtes qui ont le pouvoir ne font ouvrir ces musées qu'une fois la semaine, cependant, si le peuple de Rome peut payer les impôts et voir un écu, c'est parce qu'un étranger a pris la peine de le lui apporter. Il est impossible qu'une de ces choses-là ne vous plaise pas infiniment.

Allez revoir ce qui vous aura touché, cherchez les choses semblables. C'est la porte que la nature vous ouvre pour vous faire pénétrer dans le temple des beaux-arts. Voilà tout le secret du talent du cicerone.

STENDHAL

Les Romains n'ont pas grands frais d'imagination à faire pour donner des fêtes ; ils n'ont simplement qu'à illuminer les lignes architecturales et voilà le dôme de Saint-Pierre en feu, répandant au milieu de la nuit, qui prend une teinte violette, une éblouissante clarté que pas un souffle ne dérange. Tirent-ils un feu d'artifice, il éclaire les murs massifs et noirs du château Saint-Ange et se réfléchit dans les eaux du Tibre. Commencent-ils en février leurs fêtes les plus folles, un magnifique soleil se met de la partie et embellit tout. – C'est un pays incroyable.

Félix MENDELSSOHN

La première chose que je vis fut l'église de Saint-Pierre. Je trouvai la façade plus théâtrale qu'imposante. Elle ne me surprit pas autant que je l'aurais cru. On n'imagine pas cependant à quel point est vaste cet édifice et la beauté de ses proportions [est] cause qu'on n'est pas étonné de sa grandeur.

Marquis de SADE

Cela est divin. J'ai senti cela d'une façon ineffable. Toute cette Rome est un ensemble unique, comme La Mecque.

Ernest RENAN

Pages 264-265
Christopher Wilhelm ECKERSBERG
Vue de Rome prise à travers les arches du Colisée, 1815-1816
Huile sur toile
Copenhague, Statens Museum for Kunst

Antoine PONTHUS-CINIER
Vue de Rome au coucher du soleil
Huile sur toile
Collection particulière

Je suis très content de voir Rome tant qu'elle existe encore, car je doute fort qu'elle vaille la peine d'une visite dans quelques années. Les Romains sont pauvres et ignorants – la cité est à l'abandon et se détériore ; les villas ne sont pas entretenues et les palais sont si négligés que la moitié des peintures sont abîmées par l'humidité.... La vie sociale est étriquée et misérable, même dans la haute société. Il n'y a donc rien à faire le soir.

Horace WALPOLE

Sur ma foi, les instruments de la Passion font un pauvre effet sur le pont ! Les anges et les saints se trouvent si bien dans les églises ! pourquoi ne pas les y laisser ?

Gaspard VALETTE

C'est surtout à Rome que la supériorité du paganisme sur le christianisme frappe, quand on voit le rabougri, le béotien s'installer sur le beau.

Ernest RENAN

Ippolito CAFFI
Rome, pêcheurs sur le Tibre, le château Saint-Ange ; au fond, Saint-Pierre
Huile sur bois
Collection particulière

Saint-Pierre que je viens de voir, m'aura appris à ne pas trop dire de mal en détail des mauvaises qualités et du mauvais goût. Il y a un certain degré de puissance, d'ordonnance et d'abondance qui couvre tout et qui désarme ! Cela va ici à la sublimité. C'est comme pour le gouvernement papal de Rome même : tout ce mélange de faux et de pompe a fait par moments une sublime grandeur.

Charles Augustin SAINTE-BEUVE

La tranquillité de Rome et de l'Italie déconcerte nos cléricaux. Ils seraient charmés d'avoir un martyr de plus à mettre dans leurs litanies. Que cela dure encore quelque temps. *Non vixerit annos Petri.* J'espère qu'alors ce sera une affaire finie et qu'on inventera autre chose. Il serait monstrueux, en effet, qu'on fît encore un pape avec un collège composé comme il est en majorité d'Italiens, et d'Italiens en quelque sorte *fuorisciti*. Je ne pense pas quel la catholicité se soumette. Ou on fera une nouvelle application du suffrage universel, ou l'on mettra la clef sous la porte, et nous irons fouiller dans les archives du Vatican.

Prosper MÉRIMÉE

William Wood DEANE
Saint-Pierre, de la terrasse de la villa Pamphili
Aquarelle
Collection privée

Dès que le soleil tourne, paysage et couleurs, tout change : lorsque sonne l'*Ave Maria,* on se rend à l'église de la *Trinita de' Monti* où chantent les religieuses françaises, et c'est quelque chose de ravissant. Je deviens, Dieu me pardonne, tout à fait tolérant, et j'entends avec édification de mauvaise musique ; mais qu'y faire ? La composition est ridicule, le jeu des orgues plus ridicule encore, mais c'est le moment du crépuscule, cette toute petite église, bariolée de vives couleurs, se remplit, dès que ses portes s'ouvrent, d'une masse de fidèles agenouillés qu'éclairent les rayons du soleil couchant.

Félix MENDELSSOHN

Parmi ce qu'on peut appeler les menus spectacles, ou les attractions mineures, de Rome, il en est un qui m'amusa beaucoup. On l'y trouve en permanence, et il se joue sur le grand escalier qui mène de la Place d'Espagne à l'église de la Trinité-des-Monts. Pour être clair les marches de cet escalier sont le grand lieu de rassemblement des « modèles » pour les artistes, et ils attendent là qu'on les embauche. La première fois que je suis monté là, je n'ai pas compris pourquoi les visages me paraissaient familiers, pourquoi il mc scmblait qu'ils me hantaient depuis des années, dans toutes sortes de costumes ou d'activités, et comment il se faisait qu'ils surgissaient devant moi, à Rome, en plein jour, comme autant de cauchemars apprivoisés et domptés. Je découvris bientôt que nous avions fait leur connaissance, et la cultivions depuis des années, sur les murs de diverses expositions de peinture.

Charles DICKENS

Marius GRANET
Rome, la Trinité-des-Monts et la villa Médicis
Huile sur toile
Paris, musée du Louvre

Ce qui se passe dans toutes les églises est on ne peut plus curieux. Toujours ces mêmes psalmodies monotones, sans âme, somnolentes ; ce même édifice sombre, d'autant plus sombre que la rue, au-dehors, est lumineuse ; ces mêmes lampes brûlant faiblement ; ces gens, toujours les mêmes, agenouillés çà et là ; et, tourné vers vous, à un autel après l'autre, le même dos de prêtre, avec la même grande croix brodée dessus. Si différente de dimensions, de forme, de richesse, d'architecture que soit telle église par rapport à telle autre, c'est encore et toujours la même chose.

Charles DICKENS

Les dévotions populaires ici sont charmantes. Les Madones sont généralement d'un type très doux et très pur, quoique très mou. Une lumière devant. Il y en a partout, au café, dans les tripots. C'est l' idéal pénétrant partout. Il me fait peine de songer qu'il faudra un jour que cela disparaisse. Ces dévotions sont ridicules, mais du moment qu'elles sont pratiquées par le peuple et par les femmes, elles deviennent intéressantes.
Quand les trois cents églises de Rome carillonnent à la fois, il n'y a pas de philosophie qui tienne, c'est comme si trois cents nymphes agaçaient saint Antoine. Quand on a le sens religieux tant soit peu vif comme moi, cela électrise. Voilà pourquoi les fêtes sont ici le souverain plaisir et le peuple y tient par-dessus tout. J'aime mieux cela que d'être enfermé dans une manufacture, cela vaut mieux que notre pâle vie prosaïque.

Ernest RENAN

Camille COROT
Rome, le Monte Pincio et la Trinité-des-Monts
Huile sur toile
Chicago Art Institute

Pour ce qu'il me demande, de lui donner des renseignements sur l'état de l'art en Italie aujourd'hui, c'est à peu près comme s'il me demandait de lui donner l'état de santé d'un cadavre. L'art en Italie ! Il y fut !
Quelques malheureux peintres se traînent encore sur les restes de l'école de David, quelques *sculpteurs praticiens* font des statues médiocres et d'assez bonnes copies, à Rome on fait des camées, à Naples des petits napolitains en lave (tu en as un échantillon) et des éruptions du Vésuve, à Florence des fruits en marbre, à Livourne des cheminées et des tables, à Gênes d'excellentes pâtes et du filigrane, à Pise des lithographies du Campo Santo et de la Tour penchée. Voilà où en sont les arts.

Eugène VIOLLET-LE-DUC

Le directeur de l'Académie de France à Rome était alors monsieur Ingres. Mon père l'avait connu tout jeune. Dès notre arrivée, nous montâmes, comme c'était notre devoir, chez le directeur, pour lui être présentés, chacun par notre nom. Il ne m'eut pas plutôt aperçu qu'il s'écria :
– C'est vous qui êtes Gounod ! Dieu ! ressemblez-vous à votre père ! Et il me fit de mon père, de son talent de dessinateur, de sa nature, du charme de son esprit et de sa conversation, un éloge que j'étais fier d'entendre de la bouche d'un artiste de cette valeur, et qui était bien le plus doux accueil possible à mon arrivée.
Chacun de nous s'étant installé ensuite dans le logement qui lui était destiné – logement qui se composait d'une grande pièce unique qu'on appelait une loge et qui servait de cabinet de travail et de chambre à coucher.

Charles GOUNOD

Nicolas Antoine TAUNAY
Vue de la villa Médicis
Huile sur toile
Angers, musée des Beaux-Arts

GIOBERTI
AI
ROMANI!!
Pio IX

Après mon déjeuner je me mets au travail, je joue, je chante et je compose jusque vers midi. Alors j'ai une autre tâche à remplir, c'est de voir toute cette immense Rome et d'en jouir. Je n'en prends que très à mon aise, et je consacre chaque jour à visiter quelque chose de nouveau, un de ces monuments qui appartiennent à l'histoire du monde. Une fois par exemple je vais me promener sur les ruines de l'ancienne ville, une autre fois je vais à la galerie Borghèse, ou bien au Capitole, à Saint-Pierre ou au Vatican. De cette façon chaque tour devient pour moi une date mémorable, et comme je prends mon temps, toutes mes impressions en sont plus fortes et moins fugitives.

Félix MENDELSSOHN

La marchande de journaux fait son entrée en coup de vent. Elle offre indistinctement les trois journaux du soir qu'on lit à Rome, l'*Avanti* qui est rouge, la *Tribuna*, qui est rose, le *Giornale d'Italia*, qui est gris. Elle n'a aucune préférence pour l'un ou pour l'autre de ces papiers qu'elle vend, mais qu'elle ne lit pas.

Gaspard VALETTE

Martin Johnson HEADE
Marchands de journaux romains, 1848
Huile sur toile
Toledo Museum of Art

Léon COGNIET
L'artiste dans sa chambre
Huile sur toile
Cleveland Museum of Art

Le sourire de Rome, comme je l'ai appelé, dont l'insidieux message s'adresse aux vagabonds irresponsables enclins à prendre les choses comme elles viennent, apparaît avec le premier souffle du printemps, puis croît et grandit à mesure que la saison avance, jusqu'à tout envelopper de son multiple charme. Alors vous ne pouvez rien faire de mieux que d'aller souvent à la villa Borghèse vous asseoir dans l'herbe – sur une couverture épaisse – et en surveiller l'exquis développement.

Henry JAMES

Mais à toutes je préfère la villa Borghèse qui est ouverte en tout temps à tout le monde et pourtant n'est jamais encombrée par la foule ; car, quand le flot des voitures emplit les allées centrales, vous pouvez trouver cent places vides, cent recoins silencieux, ou tout au plus occupés par un groupe de jeunes propagandistes aux longues robes, chacun portant un livre sous le bras, semblables aux silhouettes d'un missel du moyen âge et qui composent un ensemble parfait avec les cyprès plus processionnels encore et avec les longs murs d'un or rouge surmonté d'outremer.

Henry JAMES

Thorald LAESSOE
Rome, la villa Borghèse
Huile sur toile
Collection particulière

Je n'ose encore te parler de Rome que je connais si peu, mais je suis malheureux de voir tant de choses et de ne savoir encore, là dedans, ce que je dois étudier et ce que je dois négliger. Les uns disent : étudiez l'antique, c'est la source de toute belle chose dans les arts. Les autres me répètent : n'oubliez pas la Renaissance, elle seule peut être pour vous d'une application journalière. Quelques-uns : voyez et observez continuellement le matériel de votre art. Les autres : appliquez-vous à la partie artistique de l'architecture, c'est ce qui manque à tant d'architectes. Avec tous ces bons avis dans chacun desquels il y a quelque chose de bon, je suis à me creuser la tête afin de savoir ce que je pourrai faire de plus utile à mon instruction pendant le temps que je passerai ici. C'est qu'il faut avoir vu Rome pour se faire une idée de l'immensité des études qu'on peut y faire.

Eugène VIOLLET-LE-DUC

Sur le versant nord du Monte Mario, à mi-côte de cette colline, la Villa Madame dresse les formes élégantes et souples de son palais et tend les lignes harmonieuses de ses terrasses. Le génie eurythmique de Raphaël sourit, épanoui et sûr, dans la calme simplicité de cette architecture, qui fut l'une de ses dernières créations.

Gaspard VALETTE

Franz Louis CATEL
Rome, villa Malta, vers 1840
Aquarelle sur crayon
Munich , Staatliche Graphische Sammlung

Je dois avouer qu'au milieu de mes études romaines, je m'abandonnais à des délassements sensuels. Je me mis en route un soir comme un lion arrogant, et j'avais un petit peintre français, un jeune académicien, toujours glorieux, toujours vigilant, toujours gai, pour me servir de chacal. Je me remémorais la conduite dissolue d'Horace et d'autres poètes érotiques romains, et je me disais que l'on pouvait bien s'accorder quelque indulgence dans une ville où se trouvent des prostituées patentées par le cardinal vicaire. C'est ainsi qu'un esprit déréglé assemble des idées éparses et en élabore un principe d'action. Je fus, cependant, obligé de m'arrêter en raison d'une désagréable circonstance avec laquelle doivent compter tous les libertins. Alors que nous marchions dans votre chambre, discutant du commerce des sexes, vous m'avez dit avec un sourire « Défiez-vous des Italiennes – pour plusieurs raisons. » Je découvris à Rome que votre avis était fort sensé...

James BOSWELL

La beauté, chez les Romaines, s'épanouit très promptement et à la fois. Ici, cette rose n'a point de bouton. Une Romaine, à quinze ans, est en pleine beauté ; et comme elle ne la cultive par aucun exercice, qu'elle l'accable de sommeil, qu'elle ne la soutient d'aucune contenance, l'embonpoint en surcharge sous peu tous les traits et en disproportionne toutes les formes : au reste, c'est à cette même mollesse qui flétrira en si peu de temps toutes les délicatesses de sa figure, qu'elle est redevable de ces belles épaules qu'elle étale avec tant d'orgueil et qu'elle prodigue au regard.

Charles DUPATY

Ditlev Conard BLUNCK
Artistes danois à l'auberge La Gensola à Rome, 1837
Huile sur toile
Copenhague, Thorvaldsens Museum

M·AGRIPPA·L·F·COS·T

Le plus beau modèle de style est sans contredit le Panthéon à Rome, édifice d'ailleurs unique. Commencé par Agrippa, qui voulait en faire la grande salle de ses thermes, peut-être achevé dans la suite par ce prince pour servir de temple, et augmenté d'un portique, il conserve, après toutes les restaurations et tous les pillages, l'essentiel de son extraordinaire effet, mais non sans avoir beaucoup perdu. Nous ne rappellerons ici que les détails qui peuvent donner une idée claire de l'effet primitif. Qu'on se représente d'abord la place, – aujourd'hui très en pente – beaucoup plus profonde et aplanie, car cinq degrés conduisaient autrefois au portique. L'œil aperçoit alors les vraies proportions du fronton, qui semble aujourd'hui un peu élevé et raide. Qu'on le garnisse avec un groupe ou au moins avec un grand relief, sculptures que jadis l'Athénien Diogène exécuta dans ce but. (Les puissantes colonnes de granit sont pour la plupart intactes, à cause de leur matière ; par malheur, à l'époque d'Auguste même, on n'osait guère travailler cette sorte de pierre ; on laissa, par respect pour la matière, les colonnes sans cannelures, tandis que les pilastres de marbre recevaient sept cannelures de chaque côté.) Ensuite, il faut se décider à restaurer par la pensée les chapiteaux généralement plus ou moins dépouillés de leur feuillage ; ils appartiennent à ce que l'art a créé de plus beau en ce genre. Le cadre de la porte, resté probablement le même qu'à l'origine, est, malgré une certaine richesse, simple dans ses lignes.

Jacob BURCKHARDT

A. L. DUGROS — G. VOLPATO
Vue du Panthéon
Gravure au trait aquarellée
Genève, galerie Grand-Rue

BENEDICTVS XIV
PON. MAX

Il fait nuit : voici que s'élève plus haut la voix des fontaines jaillissantes. Et mon âme, elle aussi, est une fontaine jaillissante.
Il fait nuit : voici que s'éveillent tous les chants des amoureux. Et mon âme, elle aussi, est un chant d'amoureux.

Friedrich NIETZSCHE

Outre ces travaux accomplis, l'administration française en avait projeté d'autres, parmi lesquels il suffira de citer la formation d'une place, ou plutôt d'une large avenue entre le fleuve et Saint-Pierre, l'agrandissement de la place du Panthéon, – projeté encore aujourd'hui, pour dégager l'édifice, qui ne pourra qu'y gagner, et pour y élever le monument de Victor-Emmanuel – et de l'étroit espace où étouffe, comme un géant dans une cellule, la pompeuse et théâtrale fontaine de Trévi.

Victor FOURNEL

Adelchi DEGROSSI
Rome, la fontaine de Trévi
Aquarelle
Collection particulière

Le matin, on déjeune au café Greco, c'est une longue pièce basse, enfumée, point du tout brillante ni coquette, mais commode ; il paraît qu'il en est ainsi partout en Italie. Celui-ci, qui est le meilleur de Rome, semblerait de troisième ordre à Paris. Il est vrai que presque tout y est bon et à bas prix ; le café, qui est excellent, coûte trois sous la tasse.

Hippolyte TAINE

Elle refusa de me laisser l'accompagner à sa voiture. Je la suivis toutefois pendant un court intervalle, et allai comme de coutume dîner à mon restaurant. Je me souviens que mon dîner me coûta dix francs – d'habitude il en coûtait cinq. Après quoi – comme de coutume – je me rendis au *Caffè Greco*, où je retrouvai mon archéologue allemand. Il discourut avec plus encore que sa sagacité et son éloquence ordinaires. Mais au bout d'une demi-heure, il frappa la table de son poing, et me demanda ce qui diable se passait ; il aurait parié que je n'avais pas entendu un mot de ce qu'il avait dit.

Henry JAMES

Se jeter en se levant dans l'étude courante et *passagiante* de quelque église, de quelque ruine, déjeuner sur une table boiteuse du Café Greco, dans l'ombre de son chez soi, fumer son cigare devant le cœur soufre d'un bouquet de roses blanches, se faire traîner en voiture à une villa, dans les environs de Rome, c'est là notre vie de tous les jours.

Edmond et Jules de GONCOURT

Ludwig PASSINI
Le café Greco à Rome, 1856
Huile
Hambourg, Kunsthalle

13
MASCALCIA
12

Il y a trois Romes, celle de l'antiquité, celle du moyen-âge, celle de la renaissance.
La première a usurpé toutes les ruines de l'Italie ancienne, comme toutes ses grandeurs ; elle a quelque chose de monstrueux dans ses débris, qui convient bien à l'empire que ses débris rappellent... Dans cette Babel écroulée, on ne peut reconnaître aucun plan ; ce qui n'arrive jamais avec le génie grec, lequel conserve sa noblesse et sa correction jusqu'aux derniers débris.

Edgar QUINET

Je me trouvais bientôt devant les ruines du théâtre de Marcellus, qui est d'autant plus pittoresque qu'il est attaché à des boutiques, des habitations et en bref à la vie moderne de Rome. La partie la plus intéressante est un édifice circulaire qui semble avoir été composé de colonnes ioniques surmontant une rangée de colonnes doriques, dont un grand nombre est en parfait état. Cependant, les arches qui les séparent sont murées et cette structure, autrefois magnifique, sert maintenant de logis à de pauvres gens qui y vivent dans la misère comme une nuée de mouches dans un fromage... Au cours des siècles qui ont suivi la chute de l'empire romain, les gens ont fait de leur mieux pour ruiner les ruines elles-mêmes, emportant des briques, retaillant le marbre pour leurs propres bâtiments, laissant à nu le remplissage grossier de briques et de mortier que les architectes antiques dissimulaient soigneusement. En conséquence, une ruine romaine n'est peut-être pas plus pittoresque qu'un vieux cellier de la Nouvelle Angleterre dont la cheminée est écroulée.

Nathaniel HAWTHORNE

L. COSTANTINI
Mascalcia aux colonnes près du forum de Nerva
Aquarelle
Collection particulière

L. COSTANTINI
Vignaroli al teatro di Marcello
Aquarelle
Collection particulière

Mais si, au cours de ce trajet en voiture, vous passez à côté d'obélisques ou de colonnes, de temples, théâtres, maisons, portiques ou forums antiques, il est curieux de voir comment chaque fragment, chaque fois que c'est possible, a été inséré dans quelque construction moderne, et employé pour un usage moderne (pour un mur, une demeure, un grenier à grains, une écurie), utilisation à laquelle il n'a jamais été destiné, et à laquelle, s'il y est associé, il ne peut être que bien mal adapté. C'est plus étrange encore de voir combien de vestiges de la mythologie antique, combien de fragments de légendes et de pratiques obsolètes, ont été ici incorporés au culte des autels chrétiens, et comment, d'innombrables manières, la fausse religion et la vraie ont fusionné dans un monstrueux amalgame.

Charles DICKENS

Ici, les monuments sont à leur place. Ce ne sont pas des monuments, ils sont vrais. À Paris, on entourerait d'une balustrade, on mettrait une sentinelle, on déposerait les cannes et parapluies. Thermes de Julien, par exemple. Ici on approche, on touche *ad libitum*. Il y a des charrettes contre le panthéon d'Agrippa. Les marchands de marrons et de... appuient leurs échoppes. Ici, il n'y a de consigne nulle part, ni de sentinelles, si ce n'est depuis les Français, et encore ils ne gênent pas. Les monuments anciens chez nous sont morts, des objets de musée. Ici, vivants, vrais.

Ernest RENAN

Henry Persons RIVIÈRE
Petit temple rond connu comme temple de Vesta, 1887
Aquarelle
Londres, Victoria and Albert Museum

Église de l'Ara Coeli. Marbres de Jupiter Capitolin, que les Romains avaient pris au temple de Jupiter Olympien. Colonnes saintes qui depuis 2 500 ans portez vers le ciel la pensée religieuse de l'humanité ! Voilà la religion, se faisant des détritus. Une colonne grecque sous le ciel de Rome, et dans un ensemble de goût moins délicat, puis tout cela mêlé dans un salmigondis de mauvais goût, pavé de morceaux de mosaïque, qui est l'église chrétienne. De mauvais goût, mais touchant, populaire. La Vie de sainte Élisabeth a succédé à Vénus. L'éternelle pensée religieuse de l'humanité se traduisait par des formes diverses. Mauvais goût tant qu'il vous plaira, j'aime ce mauvais goût, comme j'aime saint Augustin, le pathos mystique, le genre capucin.

Ernest RENAN

« Toute messe célébrée à cet autel libère une âme du Purgatoire. » Je n'ai jamais réussi à savoir le tarif pour une de ces messes, mais elles doivent être chères. Il y a aussi, dans Rome, plusieurs Croix dont le baisement accorde des indulgences pour des durées variables de Purgatoire. La croix qui est au centre du Colisée vaut cent jours ; et l'on voit des gens qui la baisent du matin au soir. C'est une chose curieuse que certaines de ces croix semblent avoir acquis unc popularité arbitraire ; entre autres, celle-là même. Dans une autre partie du Colisée il s'en trouve une sur une plaque de marbre portant cette inscription : « Qui baise cette croix aura droit à deux cent quarante jours d'indulgence. » Mais je n'ai pas vu une seule personne la baiser bien que, jour après jour, je sois resté assis dans cette arène et que j'aie vu des centaines de campagnards passer devant en allant baiser l'autre.

Charles DICKENS

Christopher Wilhelm ECKERSBERG
Rome, S. Maria in Aracoeli et son escalier de marbre, 1815-1816
Huile sur toile
Copenhague, Statens Museum for Kunst

Mon caractère est peu susceptible d'enthousiasme, et j'ai toujours dédaigné d'affecter celui que je n'éprouve point : mais à une distance de vingt-cinq ans, je ne puis ni oublier, ni exprimer les vives émotions qui agitèrent mon esprit à mon approche, et à ma première entrée dans *la cité éternelle*. Après une nuit d'insomnie, je sortis, et foulai d'un pied enorgueilli les ruines du Forum. Tous les endroits mémorables où Romulus *s'arrêta*, où Cicéron parla, où César tomba, étaient à la fois présents à mes yeux ; et je perdis ou jouis de plusieurs jours d'ivresse, avant d'être en état de passer à un examen froid et minutieux.

Edward GIBBON

Les colonnes fantomatiques du Forum ; les arcs de triomphe des anciens empereurs ; ces masses énormes de ruines qui furent jadis des palais ; les monticules herbeux qui indiquent où sont enterrés les temples détruits ; les pierres de la Via Sacra rendues lisses par les pas du temps de l'ancienne Rome ; même ces vestiges étaient obscurcis, dans leur sublime mélancolie, par le spectre noir de ses jours de fêtes sanglantes, dressé là, sinistre ; il hante ce décor de jadis, pillé par les papes spoliateurs et les princes belliqueux, mais non détruit, tordant comme des mains sauvages ses herbes, son chiendent et ses ronces, et se lamentant auprès de la nuit par toutes ses brèches et ses arches brisées – ombre de sa propre formidable réalité immuable !

Charles DICKENS

Massimiliano BERTOZZI
Vue du forum romain
Aquarelle
Collection particulière

Si Venise, avec son passé, m'a fait l'effet d'un tombeau, si ses palais modernes tombant en ruines et le souvenir continuel de son ancienne splendeur n'ont pas tardé à m'attrister, le passé de Rome m'a fait au contraire l'effet de l'histoire. Ses monuments élèvent l'âme, ils produisent une impression tout à la fois grave et sereine, et l'on constate avec bonheur que les hommes peuvent édifier quelque chose dont, après mille ans, l'aspect vous rafraîchit et vous réconforte encore. Lorsque je me suis ainsi gravé dans l'esprit une image de ce genre, et chaque jour j'en grave une nouvelle, il m'arrive le plus souvent de finir ma tâche en même temps que le soleil finit sa carrière.

Félix MENDELSSOHN

Je me suis souvent fait deux questions au milieu des ruines romaines : les maisons des particuliers étaient composées d'une multitude de portiques, de chambres voûtées, de chapelles, de salles, de galeries souterraines, de passages obscurs et secrets : à quoi pouvaient servir tant de logements pour un seul maître ? Les offices des esclaves, des hôtes, des clients, étaient presque toujours construites à part.

François René de CHATEAUBRIAND

Niels Anders BREDAL
Rome, le forum
Huile sur toile
Collection particulière

George Peter Alexander HEALY
L'arc de Titus, 1871
Au 1er plan, le peintre Frederick Church et Jervis McEntee
Huile sur toile
Newark Museum

Je vois ce théâtre où la nature humaine a été tout ce qu'elle pourra être, a fait tout ce qu'elle pourra faire, a déployé toutes les vertus, a étalé tous les vices, enfanté les héros les plus sublimes et les monstres les plus exécrables, s'est élevée jusqu'à Brutus, a descendu jusqu'à Néron, est remontée jusqu'à Marc-Aurèle. Cet air que je respire à présent, c'est cet air que Cicéron a frappé de tant de mots éloquents ; les Césars de tant de mots puissants et terribles ; les papes de tant de mots enchantés !

Charles DUPATY

Le sol en marbres superbes et précieux de la basilique de Julie, les dalles fendues, la plupart d'entre elles enlevées, les mauvaises herbes poussant à leur place ; des monticules de briques, des morceaux informes de granit et autres déchets antiques parmi lesquels des vieillards fouillent paresseusement pour y trouver des vestiges à vendre, car ceci est une occupation qui sied à l'indolence des Romains d'aujourd'hui. La profondeur de ces excavations est de cinq mètres environ endessous du niveau de la rue moderne qui traverse le Forum. Seule une surface très limitée est creusée, mais il ne fait aucun doute que le sous-sol recèle d'innombrables trésors historiques et artistiques. Et pourtant ces ruines n'évoquent pas pour moi le passé autant que les ruines gothiques, peut-être parce qu'elles relèvent d'un système social, d'une époque trop éloignés de nous, et que nous oublions ce qui s'est écoulé entre ces temps-là et les nôtres.

Nathaniel HAWTHORNE

Joseph Theodor HANSEN
Rome, le forum, 1889
Huile
Collection particulière

SENATVS
VESPASIANO·AVGVSTO

L'un des spectacles les plus frappants que j'aie vus aujourd'hui est le Forum romain, peuplé d'une foule en costumes de fête (c'est une fiesta, le jour d'un saint) ; les femmes, assises en groupes sous les colonnes écroulées, allaitaient ou amusaient leurs enfants. Les hommes jouaient à la mourre, ou à un jeu semblable aux palets. Sous le flanc ouest de la colline du Palatin, à l'emplacement du Circus Maximus, j'ai rencontré une femme montée sur un âne, vêtue d'un magnifique et singulier costume de fête ; un homme cheminait à son côté, conduisant sa monture, avec une sollicitude d'amoureux. Il était en veste, et je remarquai que son manteau était jeté sur le dos de l'âne pour tenir lieu de selle. Deux hommes les suivaient, avec de longues pèlerines tombant de leurs épaules et des guitares dont ils grattaient de temps à autre ; ils chantaient tout en marchant.

Anne JAMESON

Sur le sommet du Palatin comme au Forum, partout vous sentez la présence d'une divinité champêtre que n'effarouchent point les ombres errantes des Césars ; elle sourit à leur mélancolie, elle décore de pampres et de lierre leurs monuments décrépits, et ses regards rajeunissent ce vieux sol pétri de cendres où dorment trente siècles d'histoire...

Gaspard VALETTE

William PARROTT
Rome, le forum et le Capitole à gauche
Huile sur toile
Collection particulière

J.T. HANSEN

Non loin de là et près de la porte Salara, dans les jardins de la famille Mendosi, autrefois ceux de Lucullus, sont les débris du temple où se déposaient les vestales condamnées à être enterrées vives. Sous les voûtes que l'on voit encore sous cet édifice, je ne répéterai point ici la formule effrayante de cette cérémonie funèbre. Je dirai seulement qu'après avoir été portées couvertes sur un brancard et promenées par toute la ville, on les déposait dans ce temple où le Grand Prêtre, après quelques prières, les découvrait et les descendait par une échelle aux caveaux qui devaient [leur] servir de dernière demeure, que l'on comblait après avec le plus grand soin.

Marquis de SADE

Le vœu de virginité qu'elles avaient prononcé devait être scrupuleusement observé ; si l'une d'elles avait eu la faiblesse de l'enfreindre, elle était condamnée à être enterrée vive, et ce jour, comme dans les grandes calamités, la ville revêtait un deuil public, les magasins se fermaient, les réjouissances et les jeux étaient suspendus et le peuple, tremblant, s'apprêtait à supporter la colère des dieux. Après une cérémonie funèbre à laquelle assistaient les dignitaires de l'État et les hauts personnages de l'Empire, la malheureuse était descendue dans un étroit caveau où se trouvaient un lit, une lampe allumée, un pain, une cruche d'eau et de l'huile. La pierre était refermée et le sépulcre scellé pour toujours !

I. GEOFFROY

Joseph Theodor HANSEN
Rome, la maison des Vestales, 1906
Huile sur toile
Collection particulière

Le culte catholique, qui surgit partout sur les ruines du paganisme, en fait autant de monuments de la Providence. On dirait que l'archange du christianisme les frappe incessamment, et qu'il disperse de sa verge les dieux attardés dans cette Josaphat de briques et de marbre.

Edgar QUINET

Les Barbares n'en savaient pas assez et n'avaient pas assez de patience pour démolir des monuments romains ; mais, avec les ressources de la science moderne et la suite d'une administration régulière, on est venu à bout de presque tout ce que le temps avait épargné. Il y avait, par exemple, au commencement du XVIe siècle, quatre arcs de triomphe qui n'existent plus ; le dernier, celui de Marc-Aurèle, a été enlevé par le pape Alexandre VII. On lit encore dans le Corso, l'inconcevable inscription dans laquelle le pape se vante d'avoir débarrassé la promenade publique de ce monument, qui, vu sa date, devait être d'un beau style. En outre, on a eu la fureur d'orner de marbres antiques les églises, presque toutes d'un goût détestable, bâties à Rome depuis deux cents ans. Ces églises font peine à voir, car chaque chapelle, chaque autel, chaque balustrade rappelle un acte de vandalisme et de destruction. Ce qui a pu échapper achève maintenant de disparaître, transformé en coupes, serre-papiers et autres colifichets que tous les désœuvrés de l'Europe emportent au lieu des souvenirs et des études qui ne se vendent pas dans les magasins de curiosités de la place d'Espagne : heureux quand ils ne cassent pas le nez d'une statue ou la feuille d'un chapiteau pour voler bêtement un morceau de pierre ! C'est le pillage en petit après le brigandage en grand.

Jean-Jacques AMPÈRE

Edward LEAR
Rome, le temple de Vénus, 1840
Huile sur carton
Yale Center for British Art

D'autres rapporteront de Rome des tableaux, des marbres, des médailles, des productions d'histoire naturelle : moi, j'en rapporterai des sensations, des sentiments et des idées ; et surtout les idées, les sentiments et les sensations qui naissent au pied des colonnes antiques, sur le haut des arcs de triomphe, dans le fond des tombeaux en ruines, sur les bords mousseux des fontaines.

Charles DUPATY

Je regarde alors le Colisée du coin de l'œil. C'est bien près pour le laisser et lui tourner le dos, puis je verrai les bas-reliefs de l'arc de Constantin. Je vais au Colisée, je regarde pendant un autre quart d'heure la construction extérieure, mais le froid m'engage à entrer dans l'arène ; là, je suis éreinté ; je m'assieds, et après bien des efforts pour comprendre certains problèmes de construction, l'imagination l'emporte. Je vois le Colisée avec son immense mer de gradins couverts de la foule romaine ; ici les sénateurs ; je vois le voile pourpre étendu sur cette foule dont le murmure ressemble à celui de la mer éloignée ; puis ce murmure se change en cris de joie, en cris sauvages, et cette arène aujourd'hui calme, silencieuse, je la vois teinte de sang. Mais la grande croix rouge plantée au milieu me rappelle à la réalité ; je jette les yeux autour de moi, et au lieu de gradins encombrés de monde il n'y a que ruines informes, voûtes creusées, arbrisseaux verts, poussière et vétusté.

Eugène VIOLLET-LE-DUC

William PARROTT
L'arc de Constantin, 1848
Huile sur toile
Collection particulière

L'Italie finit par donner la nostalgie du gris. La pluie, en revenant, semble une patrie. Paris encore une fois...

Edmond et Jules de GONCOURT

On trouve ici un mélange de larmes et de sourires, de pierres et de fleurs, de cyprès en deuil et de ciel radieux qui nous donne le sentiment de ne regarder la mort que du bord heureux du tombeau. Le cimetière se dissimule dans un angle des murs de la cité et les plus anciennes tombes sont abritées par un rempart de briques dont les ouvertures révèlent la vaste étendue violette de la *campania*. La tombe de Shelley est là, ensevelie sous les roses, tombe parfaite pour un poète si parfaitement poète. Rien ne pourrait être plus impénétrablement tranquille que ce petit coin dans la courbe du mur protecteur où une poignée de cendres modernes est tendrement tenue dans la rude main du Passé. Le passé est lui-même représenté par la vénérable pyramide de Caius Cestius qui se dresse tout près, de part et d'autre de la muraille, coupant de sa solide masse le bleu solide du ciel, et jetant son ombre païenne sur l'herbe des tombes anglaises – celle de Keats entre autres – comme dans un geste de poétique justice. Merveilleuse confusion de la mort et sévère indication de notre impuissante promiscuité dans le creuset du temps ! Mais ce qu'il y a là de plus émouvant ce sont les pieuses et touchantes épitaphes anglaises parmi tous ces souvenirs romains – touchantes parce qu'elles expriment cette infortune au milieu de l'infortune : le deuil en terre étrangère.

Henry JAMES

Camille COROT
Rome vue des jardins Farnèse, 1826
Huile sur papier collé
Philips collection

Nous sommes barbares chez nous, mais ce n'est rien auprès de l'ignorance et du vandalisme italien ; sans goût, sans instruction, ils gâtent tout, aucun monument n'est exempt de la lourde main de l'artiste abâtardi qui depuis deux cents ans pèse sur l'Italie.

L'époque de la Renaissance est un brillant éclair bien court à Rome ; destruction avant, destruction après. Raphaël et Bramante sont les seuls amants et vénérateurs de l'antiquité qu'il y ait véritablement eu. Avant eux, et même de leur temps, c'était à qui dilapiderait les monuments de l'antiquité ; après eux, c'est à qui, par de mauvaises restaurations, par une ignorance encroûtée, les dénaturerait et disperserait les débris.

Eugène VIOLLET-LE-DUC

Ici, on sent que rien n'a été fait sur l'antiquité. La belle besogne pour un malade de Paris, un jeune blessé de la société moderne, de venir s'enterrer ici, de faire une suite de monographies, qui s'appelleraient le Panthéon, le Colisée, ou, mieux, un homme qui reconstituerait dans un grand et gros livre toute la société antique et s'aidant des musées, de tout ce qui a joué un rôle autour de l'homme ancien, de tout ce qui en a été le milieu, le moule ou l'empreinte, montrerait cet homme comme personne ne l'a montré ; et du strigile, de l'étrille accrochés dans une vitrine de musée, vous ferait toucher la peau de bronze de la vieille Rome.

Edmond et Jules de GONCOURT

Camille COROT
Vue prise des jardins Farnèse, le Colisée, vers 1886
Huile sur papier marouflé
Paris, musée du Louvre

C'est le spectacle le plus impressionnant, le plus noble, le plus solennel, grandiose, majestueux et mélancolique que l'on puisse concevoir. Jamais, à l'apogée de son passé sanglant, la vue de ce Colisée gigantesque, rempli et débordant d'une vie des plus intenses, n'a pu émouvoir le cœur autant qu'il ne peut manquer d'émouvoir ceux qui le contemplent tel qu'il est aujourd'hui, à l'état de ruine. Grâce à Dieu, de ruine !

Charles DICKENS

Ici où tomba un héros, tombe une colonne ! Ici où l'aigle théâtral éclatait d'or, la brune chauve-souris fait sa veille de minuit. Ici ! où des dames de Rome agitaient au vent leur chevelure dorée, maintenant s'agitent le chardon et l'ajonc. Ici ! où le monarque s'inclinait sur un trône en or, glisse, comme un spectre, vers sa demeure de marbre, par la faible lumière des cornes de la lune éclairé, le silencieux et vif lézard des pierres.

Edgar POE

Le monarque de toutes les ruines d'Europe conserve cette réserve et cet isolement royal propres à la majesté. Des fleurs et des herbes folles sortent de ses voûtes massives et de ses gradins, et des vignes pendent en franges de ses hauts murs. Un silence impressionnant plane sur l'énorme construction où des multitudes d'hommes et de femmes avaient coutume de se rassembler dans des temps anciens. Les papillons ont remplacé les reines de la mode et de la beauté d'il y a dix-huit siècles, et les lézards se prélassent au soleil sur le siège sacré de l'empereur.

Mark TWAIN

Marius GRANET
Vue intérieure du Colisée
Huile sur toile
Paris, musée du Louvre

Cette Rome, dans le lointain, maintenant m'apparaît divine, sévère, grande. Si deux lieux au monde diffèrent, c'est Rome et Naples. Naples, c'est la Grèce. Rome, c'est Rome. Romulus, les Quirites, les empereurs, les chrétiens primitifs, les catacombes, les premières basiliques, Grégoire VII, Innocent III. Un martyr à Naples ! Saint Janvier, je crois. Qu'en ont-ils fait ? Ils s'amusent chaque année avec son sang.

Ernest RENAN

Rome, malgré sa grandeur, malgré qu'elle renferme l'élite de la société européenne, n'en est pas moins la ville de province la plus provinciale qu'on puisse trouver. On sait ce que vous faites, ce que vous mangez, qui vous recevez, et à quelle heure vous vous levez, à quelle heure vous vous couchez ; les cancans font ici l'existence de tous les oisifs, et tout le monde y passe, grands et petits. Certes, je serai content quand, après Pâques, Rome retombera dans ce silence de sépulcre qui lui convient si bien, quand le campo Vaccino sera déblayé de cette fourmilière d'Anglais, qui dans ce moment viennent écorcher la Voie triomphale de leur langage barbare.

Eugène VIOLLET-LE-DUC

H. L. T. GARLITT
Vue de Rome
Huile sur toile
Hambourg, Kunsthalle

La villa Albani, construite pour le cardinal Alessandro Albani (1692-1779). On dit que la villa a coûté 120 000 livres sterling, bien que le cardinal ait souvent eu l'occasion d'obtenir des prix très bas. Il y a du marbre en abondance. Le bâtiment lui-même est plaisant et prestigieux sans que son architecture soit particulièrement excellente. Les pièces sont petites mais élégantes. Le salon est splendide, pavé et tapissé de marbres précieux et agrémenté de plusieurs piliers en mosaïque. Il y a aussi quatre colonnes de porphyre aux chapiteaux dorés. J'ai remarqué une ruine artificielle dans le jardin, qui n'est pas très grand. Cette fausse ruine est de mauvais goût et ridicule à Rome.

Edward GIBBON

En Italie, un goût charmant pour la vie. Douceur vague de vivre. Nous, non ; il faut agir. Nous sommes toujours pressés, eux, non. Ils jouissent de ce cours lent et monotone. Nous, il nous faut descendre en bateau à vapeur. Nous n'aimons dans la vie que l'action ; eux, ils aiment la vie.

Ernest RENAN

Constantin HANSEN
Rome, les jardins de la villa Albani, 1841
Aquarelle
Copenhague, Museum for Kunst

Enfin, Albano, Castel Gandolfo, Tusculum, le petit théâtre de Cicéron, les fresques de sa villa ruinée ; le lac de Gabia, le marais où j'ai dormi à midi, sans songer à la fièvre ; vestiges des jardins qu'habita Zénobie, la noble et belle reine détrônée de Palmyre. Longues lignes d'aqueducs antiques fuyant au loin à perte de vue.

Hector BERLIOZ

Il faut traverser la Campagne romaine, cette région déserte et grandiose qui s'étend autour des murs de la ville des Césars comme une ceinture de bronze : c'est, en réalité, l'antique Latium qui, après Constantin le Grand, prit le nom de Campagne et, au moyen âge comprenait une bonne partie du *Ducatus Romanus*. On sort de Rome près de la Porte-Majeure par la voie Labicana, qui suit les arches moussues de l'Acqua Claudia et se déroule dans cette plaine désolée, dont les fauves ondulations sont semées de tombes antiques et de tours en ruines.

Ferdinand GREGOROVIUS

Pierre Louis DUBOURCQ
Acqueduc Claudia e Felice, 1849
Huile sur bois
Collection particulière

Les Anglais ont eu si longtemps la réputation d'être généreux, et de se laisser tondre volontiers partout où ils passaient, qu'il semble très étrange aujourd'hui de les voir serrer les cordons de leur bourse. Ils semblent s'être donné le mot pour ne plus vouloir être volés, et ils ont poussé cette crainte si loin, ils ont tellement marchandé, ils se sont si bien disputés, que les habitants maintenant ont pris l'habitude de doubler les prix ; de sorte que l'Anglais rabattant de moitié, il se trouve payer juste autant qu'autrefois et peut-être plus, mais il a en outre l'avantage de crier beaucoup, de se bouleverser le sang, et d'être moqué et maudit tandis qu'autrefois il n'était que moqué.

Eugène VIOLLET-LE-DUC

Le soleil ! Le soleil ! C'est une grande partie de la beauté d'un pays ; il donne une physionomie coquette et gracieuse aux monuments les plus médiocres, donne de la vie au paysage le plus ordinaire, fait briller les fleurs d'un éclat délicieux et qu'elles n'ont pas sans lui ; quoiqu'il nous brûle bien souvent, nous ne pouvons nous en passer ; et si par hasard un nuage vient le voiler, il nous semble que la nature se meurt et que les forces nous abandonnent. Oui, nous nous habituons bien rapidement à sa bonne chaleur et nous ne sommes pas encore comme cet Anglais qui se plaignait après avoir passé quelques mois en Italie, de la monotonie d'un ciel bleu.

Eugène VIOLLET-LE-DUC

Carl SPITZWEG
Anglais en Campanie
Huile sur papier
Berlin, Nationalgalerie

Il y a aussi la Villa d'Este, déserte et se délabrant au milieu de bosquets de pins et de cyprès mélancoliques, où elle semble reposer sur un lit de parade.

Charles DICKENS

Cependant ce qui domine tout, dans ces jardins de rêve, c'est la splendeur des cyprès gigantesques qui, plantés tout au bas, s'élancent de terrasse en terrasse pour rejoindre de leur faîte aminci l'esplanade même du Palais. Rien ne peut rendre la force et la grandeur de cet élan qui évoque, dans le classique, l'envol des flèches gothiques vers le ciel. Terrasses, allées, lacs, cyprès, telle est la pure symphonie des lignes que fait entendre la Villa d'Este.

Gaspard VALETTE

Camille COROT
Tivoli, les jardins de la villa d'Este
Huile sur toile
Paris, musée du Louvre

Je suis là, à côté de la grande cascade ; je t'écris dans un petit temple de Vesta dont les trois quarts sont conservés ; il est attenant à l'auberge ; il y a une table au milieu, à la place sans doute où on entretenait autrefois le feu sacré. C'est au bord du gouffre dans lequel l'eau se précipite. Je viens de me faire apporter du thé avec ma guitare.

Hector BERLIOZ

Ma première vue de Tivoli dans les ténèbres était assez exacte ; mais la cascade m'a paru petite et les arbres que j'avais cru apercevoir, n'existaient point. Un amas de vilaines maisons s'élevait de l'autre côté de la rivière ; le tout était enclos de montagnes dépouillées. Une vive aurore derrière ces montagnes, le temple de Vesta à quatre pas de moi dominant la grotte de Neptune, m'ont consolé. Immédiatement au-dessus de la chute, un troupeau de bœufs, d'ânes et de chevaux, s'est rangé le long d'un banc de sable : toutes ces bêtes se sont avancées d'un pas dans le Teverone, ont baissé le cou, et ont bu lentement au courant de l'eau qui passait comme un éclair devant elles, pour se précipiter. Un paysan sabin, vêtu d'une peau de chèvre, et portant une espèce de chlamyde roulée au bras gauche, s'est appuyé sur un bâton et a regardé boire son troupeau ; scène qui contrastait, par son immobilité et son silence, avec le mouvement et le bruit des flots.

François René de CHATEAUBRIAND

Lancelot Théodore de TURPIN de CRISSE
Temple de Vesta à Tivoli
Huile sur toile
Angers, musée des Beaux-Arts

Hubert ROBERT
Lavandières devant le temple de Sibylle à Tivoli, 1795
Huile sur toile
Collection particulière

Je n'ai jamais rien vu de si délicieusement beau. Ces cascades, ces nuages de poudre d'eau, ces gouffres fumants, cette rivière fraîche, ces grottes, ces innombrables arcs-en-ciel, les bois d'oliviers, les montagnes, les maisons de campagne, le village, tout cela est ravissant et original.

Hector BERLIOZ

J'ai marché à l'aval de l'Anio jusqu'à un champ d'oliviers où s'ouvre une vue pittoresque sur cette célèbre solitude. On aperçoit à la fois le temple de Vesta, les grottes de Neptune et des Sirènes, et les cascatelles qui sortent d'un des portiques de la *villa* de Mécène. Une vapeur bleuâtre répandue à travers le paysage en adoucissait les plans.
On a une grande idée de l'architecture romaine, lorsqu'on songe que ces masses bâties depuis tant de siècles, ont passé du service des hommes à celui des éléments, qu'elles soutiennent aujourd'hui le poids et le mouvement des eaux, et sont devenues les inébranlables rochers de ces tumultueuses cascades.

François René de CHATEAUBRIAND

William TURNER
Tivoli, la cascatelle
Aquarelle gouachée
Londres, Tate Gallery

Et à force de sortir de bonne heure tous les matins, et de rentrer tard tous les soirs, et de nous activer laborieusement toute la journée, je crois que nous avons fait connaissance avec tous les moindres recoins de la ville et de la campagne environnante ; et nous avons, en particulier, visité un si grand nombre d'églises que j'ai finalement abandonné cette partie de l'entreprise avant d'en avoir épuisé la moitié, craignant de ne plus jamais aller à l'église, de mon propre chef, pendant le reste de ma vie. Mais je me suis arrangé, presque chaque jour, pour revenir, à un moment ou à un autre, au Colisée et, hors ville, dans la rase campagne de la Campagna, au-delà de la tombe de Cecilia Metella.

Charles DICKENS

Je lis sur une pierre les regrets qu'un vivant donnait à un mort ; ce vivant est mort à son tour, et après deux mille ans je viens, moi, barbare des Gaules, parmi les ruines de Rome, étudier ces épitaphes dans une retraite abandonnée, moi indifférent à celui qui pleura comme à celui qui fut pleuré, moi qui demain m'éloignerai pour jamais de ces lieux, et qui disparaîtrai bientôt de la terre.

François René de CHATEAUBRIAND

Oswald ACHENBACH
La tombe de Caecilia Metella à Rome
Huile sur toile
Collection particulière

Quand je suis descendu dans la cour, j'ai trouvé les trois corbeaux croassant gravement, aux pieds du vénérable ermite. Ces sinistres oiseaux, avec leur voix lugubre et leur plumage pareil au froc des bénédictins, sont les attributs véritables du bienheureux, comme autrefois dans l'antique mythologie certains oiseaux étaient spécialement consacrés à des dieux, qu'ils personnifiaient. Or, les corbeaux ont joué un rôle important dans l'histoire de saint Benoît : ils l'accompagnèrent dans son voyage de Subiaco au Mont-Cassin et lui sauvèrent la vie. En effet, un ennemi ayant envoyé à l'anachorète des mets empoisonnés, cette gent emplumée s'en empara et les emporta loin, très loin, dans la forêt. Le corbeau des montagnes m'a toujours paru être le véritable oiseau des moines, qu'il représente à merveille ; c'est, en tout cas, un symbole plus exact que celui des dominicains, consistant en un chien avec une torche dans la gueule. Il y a aussi dans le couvent un jardin plein de roses, tout au sommet du rocher. Autrefois c'étaient des ronces, et justement celles dans lesquelles saint Benoît, une nuit, avait roulé son corps nu, pour échapper à la tentation d'une belle apparition féminine.

Ferdinand GREGOROVIUS

Edward LEAR
Civitella di Subiaco, 1847
Huile sur toile
Londres, Clotherworkers Hall

Et puis il y a Frascati, et sur la colline abrupte au-dessus, les ruines de Tusculum, où Cicéron écrivit et décora sa demeure favorite (on peut encore en voir quelques restes), et où naquit Caton. Nous avons vu son amphithéâtre en ruine par une journée grise et terne où soufflait un vent de mars, et où les pierres éparses de la ville gisaient.

Charles DICKENS

Mais le gros de cette énorme consommation est fourni par les *Castelli romani*, par ces délicieuses collines romaines toutes semées d'olivaies et de vignes, qui surgissent dans la campagne romaine comme une oasis dans le désert. Frascati, Marino, Albano, Grotta Ferrata, Castel Gandolfo, Rocca di Papa, Ariccia, Genzano, noms délicieux aux souvenirs du promeneur, noms délicieux aussi à l'oreille et au gosier du buveur romain !

Gaspard VALETTE

Jacques Raymond BRASCASSAT
Marino, aux environs de Frascati, 1826
Huile sur toile
Orléans, musée des Beaux-Arts

Toutes les villas de Frascati sont belles, heureuses et fières. Elles ont, pour entrée monumentale, de beaux portails de pierres taillées et de fer forgé que gardent deux statues de paysans, de chiens ou de lions. Elles ont de larges terrasses, d'où la vue commande la plaine et atteint la ville, et sur ces terrasses des fontaines coulent, dont la vasque est sculptée en forme de vaisseau ou de petite barque. Elles ont des rocailles, des grottes, des cascades ou des cascatelles. Elles ont de nobles groupes de cyprès noirs aux troncs d'argent, des allées d'yeuses, des lignes élancées de pins-parasols, et de belles olivaies en pente douce où circulent des chemins négligés. Des fleurs sauvages y poussent au hasard.

Gaspard VALETTE

Accoutumé qu'il est dès l'enfance à observer si les gens qu'il adore ou qu'il exècre lui parlent avec sincérité, la plus légère affectation glace l'Italien, et lui donne une fatigue et une contention d'esprit tout à fait contraires au *dolce farniente*. Par ces mots célèbres, *dolce farniente*, entendez toujours le plaisir de rêver volup-tueusement aux impressions qui remplissent son cœur. Otez le *loisir* à l'Italie, donnez-lui le travail anglais, et vous lui ravissez la moitié de son bonheur.

STENDHAL

Didier BOGUET fils
Vue de la loggia supérieure de la villa Aldobrandini à Frascati
Huile
Aix-en-Provence, musée Granet

L'art de vivre ne s'apprend pas dans un cabinet ; au lourd bagage du savoir classique et historique, mon voyageur doit joindre des connaissances pratiques concernant l'agriculture et l'industrie; il devrait être à la fois chimiste, botaniste et versé dans les sciences mécaniques. Une oreille musicale pour un voyage en Italie multipliera les plaisirs; mais un œil ouvert et apte à saisir les paysages, à discerner les mérites d'un tableau, à mesurer les proportions d'un édifice, est très étroitement uni à la plus fine sensibilité de l'esprit, et la furtive image en sera fixée et matérialisée d'un coup de crayon. J'ai réservé pour la fin une vertu qui se trouve à la limite du vice : la souplesse de caractère qui s'adapte à tous les milieux, du palais à la chaumière; la générosité d'une nature heureuse qui sait divertir et être divertie en n'importe quelle compagnie et en toutes occurrences. Aux avantages de la fortune, à la pratique des langues nationales et provinciales, le voyageur devra ajouter un abord plaisant, une familiarité de bon aloi, qui convertit chaque étranger en une relation personnelle, et l'art de converser avec sérieux de choses que l'on ignore sur un sujet d'intérêt local ou professionnel. Le profit d'un tel voyage dépendra du degré de ces diverses dispositions, mais ceux de qui je suis connu ne m'accuseront pas d'avoir fait de cette esquisse du voyageur idéal mon propre panégyrique.

Marianna STARKE

John Singer SARGENT
La fontaine, villa Torlonia, Frascati, 1907
Huile sur toile
Chicago, Art Institute

François Auguste RAVIER
Jardin d'une villa romaine
Huile
Paris, musée d'Orsay

De Rocca di Papa, citadelle escarpée posée sur un contrefort rocheux de la montagne, on monte à travers les espaces nus du Camp d'Annibal, en face des maigres ruines de Tusculum brûlées par le soleil sur leur colline sèche. Sous l'ombre légère et claire des arbres à demi-feuillés, les larges dalles de la voie triomphale qu'on appelait « la Voie du Dieu » s'élèvent jusqu'à une échancrure de la montagne, où, soudain, dans un éblouissement de l'œil, apparaît la splendeur pure des lacs d'Albano et de Nemi miroitant sous l'éclat du soleil de midi.

Gaspard VALETTE

J'ai parcouru toute l'Italie, j'ai erré dans les plaines fameuses d'Agrigente et de Syracuse, mais jamais je n'ai éprouvé une émotion aussi profonde que dans la Campagne romaine. Aucune région n'a ce caractère historique, solennellement tragique : c'est vraiment le théâtre le plus grand de l'histoire, la scène de l'univers. Là, rien de romantique, rien de chimérique : tout y est silencieux, grandiose, d'une beauté austère, et devant cet imposant spectacle de la nature, on se sent pénétré d'un trouble profond et grave, comme devant une admirable statue de Junon, de Polyclète ou de Diane.

Ferdinand GREGOROVIUS

T. H. WHITTREDGE
Amphithéâtre deTusculum
Huile sur toile
Washington, National Museum of Art

À deux milles de là en descendant et longeant toujours la croupe de la montagne on arrive à la célèbre abbaye de Grotta Ferrata, située à peu près à l'emplacement de la campagne de Cicéron, quoi qu'en disent M. Richard et tous ceux qui à son exemple veulent soutenir le contraire. Et cette opinion se fonde sur ce que Cicéron nous a dit lui-même que le ruisseau Craba, nommé Maranne, passait dans cette maison et on le voit effectivement passer très près de l'abbaye. Il ne faut pas à la vérité confondre et prendre cette maison pour celle où il faisait ses écoles et où il a écrit ses Questions tusculanes. Il serait fort possible que cette confusion fût la seule cause du différent partage des opinions à ce sujet.
Cette maison occupée par des religieux grecs de l'ordre de saint Nil, abbé, qui vint s'établir là, lors de la persécution des Iconoclastes, vers la fin du Xe siècle, à quelques belles peintures à fresque du Dominiquin ayant rapport à divers traits de l'histoire du fondateur.

Marquis de SADE

Xavier BIDAULT
Vue du couvent de Grotta Ferrata, près de Rome, 1844
Huile sur toile
Musée de Carpentras

Gagnons ce fameux mont Albain, que les Italiens d'aujourd'hui appellent le Monte-Cavo. C'est sur un sommet, à près de 1 000 mètres au-dessus du niveau de la mer, que *Jupiter Latialis*, le grand dieu des peuples de l'antique Latium, avait son Olympe. À ses pieds dorment, dans leurs vasques cratériformes, les beaux lacs Albano et Nemi. Tout autour, de splendides oasis : Frascati, Castel Gandolfo, le fameux bourg pontifical, Albano avec son avenue de chênes-verts, Rocca di Papa, Arricie et son magnifique viaduc, Genzano, et enfin Civita Lavinia, dont la tour crénelée commande la coupe abrupte du Nemi.

Ferdinand GREGOROVIUS

Rudolf MULLER
Castel Gandolfo
Aquarelle
Collection particulière

Un de mes sites de prédilection, dans les environs de Rome, était le village de Nemi, avec son lac que l'œil découvre au fond d'un vaste cratère et qui est entouré de bois touffus d'une végétation splendide. Le tour du lac, par la route supérieure, est une des plus ravissantes promenades qu'il soit possible de rêver faite par un beau jour et terminée par un coucher de soleil tel qu'il m'a été donné de le contempler en apercevant la mer des hauteurs de Gensano, c'est un souvenir enchanteur et ineffaçable. Mais les environs de Rome abondent en sites admirables et fournissent au voyageur et au touriste une série inépuisable d'excursions : Tivoli, Subiaco, Frascati, Albano, l'Ariccia, et mille autres lieux tant de fois explorés par les peintres paysagistes.

Charles GOUNOD

S. R. GIFFORD
Le lac Nemi, 1856-1857
Huile sur toile
Toledo Museum of Art

Vis-à-vis de ce château est une très jolie église bâtie par Alexandre VII, sur les dessins du Bernin. À la muraille du fond, derrière l'autel, est une superbe fresque du Borgognone ayant pour sujet l'Assomption de la Vierge.
Au couchant de cette ville qui n'est plus qu'un bourg aujourd'hui, on voit une vaste étendue de terrain qui a la forme du lit d'un lac et qui effectivement en était un que les Romains desséchèrent à cause de son débordement ; ce qui fut plus facile que n'aurait pu l'être pareille opération au lac d'Albano, si on eût voulu l'entreprendre, attendu qu'on trouva le fond de celui-là et que jamais celui de l'autre n'a pu l'être. On voit encore le canal qu'ouvrirent les Romains pour le dessécher en y contraignant la source qui le formait et qu'ils découvrirent.

Marquis de SADE

Plus je reste en Italie plus j'étudie ses monuments, et plus il me semble difficile de quitter cette terre toute artiste, cette nourriture si abondante pour nous. Je crois qu'après un ou deux mois de séjour on quitterait l'Italie volontiers, du moins l'ai-je éprouvé ; mais après six mois, l'amour que l'on peut éprouver pour ce pays est encore secondé par l'habitude, et souvent l'habitude est plus difficile à vaincre que l'amour.

Eugène VIOLLET-LE-DUC

James Baker PYNE
L'aqueduc à Arricia, près de Rome, 1866
Huile sur toile
Collection particulière

Je chevauchais à travers les champs déserts, où l'on ne rencontre que quelques bergers conduisant des troupeaux de chèvres. Les pâtres de cette région ont les jambes entourées de peau de bouc encore poilue, ce qui leur donne un vague aspect de satyre. On comprend facilement que cette manière de s'habiller ait donné naissance au mythe des faunes et du dieu Pan, car il est probable que les pasteurs des temps fabuleux se vêtissaient ainsi.

Ferdinand GREGOROVIUS

J'avais à ma sédiole le petit cheval le plus maigre et le plus vite ; mais je l'ai modéré de façon à être comme forcé de demander l'hospitalité dans une maison de Castelfiorentino, entre Empoli et Volterra. J'ai trouvé trois de ces paysannes de Toscane si jolies et si supérieures, à ce que l'on dit, aux dames des villes. Il y avait sept à huit paysans auprès d'elles. Je donnerais en mille à deviner l'occupation de cette société de laboureurs ; ils improvisaient, chacun à son tour, des contes en prose dans le genre des *Mille et une Nuits*. J'ai passé à écouter ces contes une soirée délicieuse, de sept heures à minuit.

STENDHAL

Johann Heinz SCHILLBACH
La vecchia strada, Ponte dell'Arricia, près d'Albano
Huile sur toile
Vienne, Österreichische Gallerie

L'aspect gigantesque de ces remparts, la teinte sombre dont le temps les a revêtus, les plantes sauvages qui les recouvrent, l'allure grandiose de la montagne contre laquelle ils s'appuient, tout cela produit une impression difficile à rendre.
Après avoir dépassé cette porte, je me trouvai du côté opposé, où l'on n'a plus la vue du Latium. Il y a là une vaste citerne circulaire, creusée dans la pierre, ayant au moins trente pieds de diamètre. J'y ai aperçu des femmes en train de laver leur linge.

Ferdinand GREGOROVIUS

Francesco COLEMAN
Lavandière à la porte romaine, Arricia, 1896
Aquarelle sur carton
Collection particulière

DE LA BAIE DE NAPLES À PAESTUM

Ici le voisinage des flots nourrit les plantes ; on sent la fraîcheur et la douceur du souffle qui vient les caresser et les ouvrir. On s'oublie, on écoute le petit bruit des feuilles qui chuchotent, on regarde leurs ombres qui remuent sur le sable. Cependant, à six pas, la mer roule avec un bourdonnement profond, à mesure que ses nappes écumeuses viennent s'amincir et s'arrondir sur le sable. La brume s'évapore sous le soleil ; entre les feuillages, on aperçoit le Vésuve et ses voisins, toute la chaîne des monts qui se dégagent. Ils sont d'un violet pâle, et, à mesure que le jour baisse, ce violet devient plus tendre. À la fin, la plus fine teinte de mauve, une corolle de fleur est moins charmante ; le ciel s'est épuré, et la mer calmée n'est plus qu'azur.

Impossible de rendre ce spectacle. Lord Byron a bien raison : on ne peut pas mettre de niveau les beautés des arts et celles de la nature. Un tableau reste toujours au-dessous et un paysage toujours au-dessus de l'idée qu'on s'en peut faire. Cela est beau, je ne sais pas dire autre chose, cela est grand et cela est doux ; cela fait plaisir à tout l'homme, cœur et sens ; il n'y a rien de plus voluptueux et il n'y a rien de plus noble. Comment se donner l'embarras de travailler et de produire quand on a cela devant les yeux ? Ce n'est pas la peine d'avoir une maison bien ordonnée, de construire laborieusement ces vastes machines qu'on appelle une constitution ou une église, de chercher des jouissances de vanité ou de luxe : on n'a qu'à regarder, à se laisser vivre ; on a toute la fleur de la vie avec un regard.

J'étais assis sur un banc ; je voyais le soir gagner, les teintes s'effacer, et il me semblait que j'étais dans les Champs-Élysées des anciens poètes. Les formes élégantes des arbres se dessinaient dans l'azur clair. Les platanes dépouillés, les chênes nus, eux-mêmes, semblaient sourire. La sérénité délicieuse du ciel, rayé par le fin treillis de leurs branches, se communiquait à eux. Ils ne paraissaient point morts ou engourdis comme chez nous, mais assoupis, et, sous l'attouchement de cet air tiède, prêts à entr'ouvrir leurs bourgeons, à confier leurs pousses au printemps voisin. Ça et là une étoile s'allumait, la lune commençait à verser sa lumière blanche. Les statues, plus blanches encore, semblaient vivantes dans cet aimable jour mystérieux et nocturne. Des groupes de jeunes femmes dont les robes ondulaient légèrement avançaient sans bruit, comme des ombres heureuses. Il me semblait que j'assistais à l'antique vie grecque, que je comprenais la finesse de leurs sensations, que l'harmonie de ces formes effilées et de ces teintes effacées suffirait à m'occuper toujours, que je n'avais plus besoin de coloris ni de splendeur. J'entendais réciter les vers d'Aristophane ; je revoyais son jeune athlète, chaste et beau, content, pour tout plaisir, de se promener, une couronne sur la tête, parmi les peupliers et les smilax en fleur, avec un sage ami de son âge. Naples est une colonie grecque, et, plus on regarde, plus on sent que le goût et l'esprit d'un peuple prennent la forme de son paysage et de son climat.

Vers huit heures il n'y avait plus un souffle de vent. Le ciel semblait de lapis-lazuli ; la lune, comme une reine immaculée, luisait seule au milieu de l'azur ; son ondée tremblait sur la grande eau et paraissait un fleuve de lait. Il n'y a pas de mot pour exprimer la grâce et la douceur des montagnes enveloppées dans leur dernière teinte, dans le vague violet de leur robe nocturne. Le môle, la forêt des barques, par leur noirceur profonde, les rendaient encore plus charmantes, et Chiaja, vers la droite, arrondissant autour du golfe sa ceinture de maisons illuminées, lui faisait une guirlande de flammes.

De toutes parts, les fanaux brillent ; les gens, en plein air, causent haut, rient et mangent. Ce ciel à lui seul est une fête.

Hippolyte TAINE

Il n'y a que les Napolitains qui soient absents des monuments de Naples. Ce peuple-mime se chauffe au soleil. Il est le seul de l'Italie qui ne se soit jamais appartenu à lui-même. Sans passé, il n'a point de regrets ; sans avenir prochain, il n'a point de désir. Il crie, il gesticule, il tend ses filets, il court, il déclame, il muse, il menace, et tout cela à la fois. Polichinelle est son héros.

Edgar QUINET

Le temps n'est pas beau depuis que sommes ici ; nous n'avons pas encore vu le Vésuve, et une petite pluie fine nous a surpris pendant une promenade que nous faisions dans la ville. Les arbres n'ont pas encore de feuilles, ils ont l'air d'un maigre duvet ; le ciel est brumeux, d'où je me permets de conclure que l'hiver est une triste saison partout et que le printemps perpétuel de l'Italie est une fiction de messieurs les voyageurs.

Eugène VIOLLET-LE-DUC

Pages 358-359

Ecole Napolitaine
Napoli da Carmine
Gouache
Genève, Galerie Grand-Rue

Hermann, David, Salomon CORRODI
Pêcheurs napolitains
Huile sur toile
Collection particulière

C'est le 8 février 1843, à huit heures du matin, qu'en doublant la pointe de Procida j'aperçus pour la première fois le véritable golfe de Naples. Je fus obligé de reconnaître que j'avais fabriqué à mon usage un Vésuve d'intention, une île de Capri *ad libitum*, une Ischia factice, un faux cap de Misène, une Chiaia manquée ; un Portici plein d'erreurs et un Naples incomplet. Tout en adoptant la réalité avec enthousiasme, j'éprouvai aussi quelques regrets en disant adieu aux chimères dont je m'étais nourri pendant des années.

Paul de MUSSET

On dit que l'Italie est le jardin du monde, et que Naples est le jardin de l'Italie. Les arbres plient sous le poids de leurs fruits, et les fleurs embaument l'air deux fois par an. Tout ici semble être produit en une telle surabondance que Naples devrait être la cité la plus riche d'Europe.

Weatherhead George HUME

Giuseppe CARELLI
La baie de Naples
Huile sur bois
Collection particulière

Le Môle est l'endroit où je me rends le plus souvent. À part le charme infini du port lui-même, il y a toutes sortes de bouffons dans ce petit quartier. L'un récite des poèmes, l'autre raconte des histoires, ou donne une représentation de guignol, appelé ici Pulchinello et Giulietta. Il n y a pas beaucoup de bateaux dans le port, mais ils sont jolis. Quant à la marine de guerre, qui se trouve derrière le Môle, elle démontre clairement que la flotte napolitaine n'est pas très menaçante.

James Fenimore COOPER

C'est qu'avec toute sa splendeur et tout son prestige, Naples est, en somme, une ville criarde, tumultueuse, agitée, glapissante. La population s'y démène et s'y interpelle et s'y chicane et s'y dispute, du matin au soir et même du soir au matin, sur ces quais où l'on ne connaît ni le repos ni le silence. L'altercation, à Naples, est l'état normal ; on y est assiégé, importuné, obsédé par les infatigables poursuites des *facchini*, des marchands, des cochers, des bateliers qui, pour un peu, vous prendraient de force et se font, entre eux, la concurrence au rabais.

Charles GOUNOD

Franz Theodor AERNI
Le port de Naples avec des pêcheurs
Huile sur toile
Collection particulière

Pour la première fois de ma vie, je contemplais la mer, la belle Méditerranée ! C'était le ciel lui-même qui, comme une incommensurable plaine, se déployait devant moi. Dans le lointain, j'apercevais des îles qui m'apparaissaient comme des nuages flottants d'un lilas foncé. À l'horizon, une colonne de fumée, que la distance me faisait paraître bleue, me révélait le Vésuve. La surface de la mer était parfaitement calme, et cependant de hautes vagues aussi azurées et transparentes que l'éther même venaient se briser contre le rivage et résonnaient dans les montagnes comme le grondement du tonnerre. Mes yeux non plus que mes pieds ne pouvaient se détacher de ce rivage ; mon âme entière était plongée dans le ravissement.

Hans Christian ANDERSEN

Précisément au-dessus de l'ouverture de la grotte qui va de Naples à Pouzzoles, et connue sous le nom de grotte de Pausilippe, est un des monuments les plus intéressants de l'Antiquité, vu aujourd'hui dans un grand état d'abandon et de délabrement. C'est le tombeau de Virgile. Il est situé dans un jardin de paysan fort agreste et si fort sur le sommet de la montagne dans laquelle est pratiquée la grotte que l'on ne doit y marcher qu'avec précaution, crainte de tomber dans ce précipice affreux, par l'ouverture pratiquée à ce tombeau et qui est la même qu'autrefois ; il paraît que la montagne se prolongeait jusqu'à l'autre partie ; car aujourd'hui cette porte qui plonge perpendiculairement sur le précipice n'a plus de communication.

Marquis de SADE

Giuseppe SCOPA
Vue du golfe de Pozzuoli
Gouache
Genève, Galerie Grand-Rue

Le peuple sans doute est rustique, grossier, superstitieux et brutal, mais il a de la franchise et même quelquefois de l'aménité. La meilleure preuve est que cette populace immense se maintient dans l'ordre sans police. La bourgeoisie est civile, prévenante. Je la préférerais à la noblesse, que la hauteur et l'orgueil rabaissent à mesure qu'elle veut s'élever. En général, c'est une nation à former, mais ce n'est ni l'ouvrage d'un jour ni celui d'un règne.

Marquis de SADE

Tandis que nous nous agitons à poursuivre un bonheur qui nous tourne le dos, le Napolitain est heureux par lui-même. Au lieu de se créer des besoins factices, il jouit du peu qu'il a. Le ciel lui a fait les dons les plus précieux : la bonne humeur, dans laquelle César envie le sort d'un portefaix ; la sobriété, source du bien-être et des bonnes sensations, et la résignation, qui est la sobriété de l'âme.

Paul de MUSSET

Attilio PRATELLA
Le jardin communal
Huile sur toile
Milan, Galleria Silbernagl

Nulle part il n'y a autant de misère qu'à Naples, et nulle part on n'a aussi peu de goût pour le désordre. Avec une police moins active que celle de Londres, le chiffre des crimes est moindre en proportion du nombre des habitants, et quand on parle d'un assassinat, le motif en est ordinairement une passion et non pas la cupidité. Le lazzarone se donnera beaucoup de peine pour gagner un sou. Si le sou lui arrive, il suffit à son bonheur. J'ai vu un pauvre barcarolle, chez qui un de ses amis avait oublié un parapluie, courir toute la ville pour chercher le propriétaire inconnu, arriver enfin tout essoufflé, après dix heures de marche, et remettre le parapluie à une servante sans penser à la gratification de rigueur.

Paul de MUSSET

Il y a tant de puces à Naples que c'est, je crois, ce que la Vénus Callipyge y cherche.

Charles Augustin SAINTE-BEUVE

Jean-Auguste BARD
Naples, piazza del Carmine
Huile sur toile
Pau, musée des Beaux-Arts

Dans la ville de Naples on entretient l'une des impostures religieuses les plus misérables que l'on puisse trouver en Italie : la liquéfaction miraculeuse du sang de saint Janvier. Deux fois par an les prêtres convoquent le peuple tout entier à la cathédrale, sortent la fiole de sang coagulé et le leur font voir se diluer lentement et devenir liquide ; et cette farce sinistre se répète pendant huit jours tandis que les prêtres vont dans la foule recueillir de l'argent pour le spectacle. Le premier jour le sang se liquéfie en quarante-sept minutes ; l'église est alors comble et il faut au collecteur le temps de faire le tour des fidèles ; par la suite il se liquéfie un peu plus vite, et de plus en plus vite chaque jour, à mesure que l'assistance se réduit ; finalement, le huitième jour, quand il n'y a que quelques douzaines de personnes pour assister au miracle, il se liquéfie en quatre minutes.

Mark TWAIN

Le saint à Naples n'est plus statue, il est saint. Il ne s'agit plus de le faire beau, mais réel, en argent, en or, habillé, détaché, exposé en saillie. On les porte en procession, comme des hommes à la file. Il y a une nuit où les saints de Saint-Janvier vont passer la nuit à Sainte-Claire. Mais si Saint-Janvier ne fait pas assez tôt son miracle, on lui met la corde au cou, on lui dit : Imbécile ! Galeux ! une fois on le traîna à la mer. Ce saint de Gesù novo, qui a dix ou douze couronnes superposées, un cœur avec des ailes, cinq ou six colliers, un livre à la main, etc. Tout cela en métal superposé. Chacun a voulu renchérir, et donner au saint sur ce tableau, car ce tableau, c'est le saint. Et tout cela par intérêt, pour un miracle.

Ernest RENAN

Giacinto GIGANTE
La flèche de San Gennaro, 1849
Aquarelle
Naples, musée de Capodimonte

Giacinto GIGANTE
La chapelle San Gennaro du Dôme de Naples, le jour du miracle
Aquarelle
Naples, musée de Capodimonte

Le Vésuve semble inventer mille coquetteries pour vous retenir au balcon. Il change de couleurs selon la position du soleil, et passe en un jour par toutes les nuances de la gamme de tons ; tantôt cachant sa tête dans une perruque de nuages, tantôt montrant les contours de son sommet avec précision. Sa fumée prend aussi des formes fantastiques ; le plus ordinairement blanche et penchée comme une plume de marabout, quelquefois droite et noire comme un arbre gigantesque planté dans le milieu du cratère. Souvent, par une connivence évidente avec les aubergistes de Naples, le Vésuve promet des éruptions qu'il ne donne pas. Il rend des lueurs rouges pendant la nuit, comme un lampion près de s'éteindre, et fait entendre aux habitants de Portici des détonations sourdes qui retiennent indéfiniment l'étranger prêt à s'embarquer.

Paul de MUSSET

Tout le panorama est dans toute cette splendeur quand nous arrivons sur la plate-forme du sommet de la montagne – là où est le Feu ! – qui est un cratère éteint, formé d'énormes masses de scories gigantesques, semblables à des blocs de pierre de quelque effroyable cataracte, calcinés. Et de chaque crevasse et fissure s'échappe une fumée brûlante, sulfureuse, tandis que d'un autre sommet de forme conique, le cratère actuel, qui se dresse à pic à partir de l'extrémité de cette plate-forme, de grandes nappes de feu jaillissent, empourprant la nuit de leurs flammes, la rendant noire par leur fumée, et la mouchetant de pierres et de cendres incandescentes qui volent dans les airs comme des plumes, et retombent sur le sol comme du plomb. Quels mots pourraient dépeindre l'aspect sinistre et la grandeur de ce spectacle ?

Charles DICKENS

École napolitaine
Éruption du Vésuve
Gouache sur papier
Collection particulière

Maintenant je vais vous parler de mon spectacle favori, du Vésuve. Pour peu je me ferai Vésuvienne, tant j'aime ce superbe volcan ; je crois qu'il m'aime aussi, car il m'a fêtée et reçue de la manière la plus grandiose. Que deviennent les plus beaux feux d'artifices, sans en excepter la girande du château Saint-Ange, quand on songe au Vésuve ? La première fois que j'y suis montée, nous fûmes pris, mes compagnons et moi, par un orage affreux, une pluie qui ressemblait au déluge. Nous étions trempés, mais nous n'en cheminions pas moins sur une hauteur pour voir une des grandes laves qui coulaient à nos pieds. Je croyais toucher aux avenues de l'enfer. Un brasier qui me suffoquait serpentait sous mes yeux ; il avait trois milles de circonférence.

Louise Elisabeth VIGÉE-LEBRUN

Même en présence de ces débris calcinés, l'imagination se représente à peine ces champs de feu et de métaux fondus, au moment des éruptions du Vésuve. Le Dante les avait peut-être vus, lorsqu'il a peint dans son Enfer ces sables brûlants où des flammes éternelles descendent lentement et en silence, *come di neve in Alpe sanza vento :*

> … Arrivammo ad una landa
> Che dal suo letto ogni pianta rimove.
> ……………………………………...
> Lo spazzo er' un' arena arida e spessa
> ……………………………………...
> Sovra tutto il sabbion d'un cader lento
> Pioven di fuoco dilatate falde,
> come di neve in Alpe sanza vento.

Les nuages s'entr'ouvrent maintenant sur quelques points ; je découvre subitement, et par intervalles, Portici, Caprée, Ischia, le Pausilippe, la mer parsemée des voiles blanches des pêcheurs, et la côte du golfe de Naples, bordée d'orangers : *c'est le Paradis vu de l'Enfer.*

François René de CHATEAUBRIAND

Luigi GENTILE
Eruption du Vésuve le 22 octobre 1822
Gouache
Genève, Galerie Grand-Rue

Devant moi, les ombres de la nuit et les nuages s'épaississaient de la fumée du volcan, et flottaient autour du mont ; derrière moi, le soleil, précipité au-delà des montagnes, couvrait de ses rayons mourants la côte de Pausilippe, Naples et la mer tandis que sur l'île de Caprée la lune à l'horizon paraissait ; de sorte qu'en cet instant je voyais les flots de la mer étinceler à la fois des clartés du soleil, de la lune et du Vésuve. Le beau tableau ! Lorsque j'eus contemplé cette obscurité et cette splendeur, cette nature affreuse, stérile, abandonnée et cette nature riante, animée, féconde, l'empire de la mort et celui de la vie, je me jetai à travers les nuages, et je continuai à gravir. Je parviens enfin au cratère.
C'est donc là ce formidable volcan qui brûle depuis tant de siècles, qui a submergé tant de cités, qui a consumé des peuples, qui menace à toute heure cette vaste contrée, cette Naples, où dans ce moment on rit, on chante, on danse, on ne pense seulement pas à lui. Quelle lueur autour de ce cratère ! Quelle fournaise ardente au milieu !

Charles DUPATY

Les explosions se succédaient les unes aux autres avec une terrifiante rapidité, environ deux toutes les trois minutes ; et le bruit, que je puis seulement comparer aux rugissements et aux sifflements produits par dix mille vents emprisonnés, se mêlait par instants à un grondement d'artillerie ou de tonnerre lointain. Il arrivait souvent que les guides, en heurtant leurs torches au sol, missent le feu aux épineux secs et aux herbes flétries, et la flamme courait à ras de terre comme un feu grégeois, à la vive frayeur du pauvre L..., qui voyait en chaque buisson enflammé un flot de lave prêt à nous submerger.

Anne JAMESON

Gioacchino TOMA
Pluie de cendres provenant du Vésuve
Huile sur toile
Florence, Galleria d'Arte Moderna

Il en est des lieux comme des œuvres des hommes : quand une fois leur réputation est faite, chacun y passe à son tour et les admire ; si elle était à faire, d'autres qui sont sans nom pourraient certes concourir avec eux.
Des lieux cités, la moitié est à rabattre, une moitié seule reste divine. Le tombeau de Virgile est une bêtise, mais le Pausilippe est divin.

Charles Augustin SAINTE-BEUVE

Les rues étroites qui descendent, dont les toits se touchent, et le linge, et l'humidité, et l'odeur nauséabonde. Toute la vie dehors. Des ballons légers suspendus à toutes les fenêtres, et les femmes, les enfants sur les balcons, quand ils ne sont pas dans la rue. Le panier qui descend au bout d'une corde, pour les provisions : la femme se penche, crie au marchand ce qu'elle veut, et la quantité, met l'argent dans le panier, le descend, et le marchand met à son tour la marchandise qui remonte. Des femmes installées sur les balcons cousant, se peignant. Mais surtout dans la rue : on y fait tout, on s'y lave, on s'y pouille, on s'y habille, on y mange, on y passe les journées entières.

Émile ZOLA

Pio JORIS
Jour de fête à Naples
Huile sur toile
Collection particulière

Franz Louis CATEL
Schinkel à Naples, 1824
Huile
Berlin, Staatliche Museum

Le golfe entier semble un vase de marbre arrondi exprès pour recevoir la mer. Une fleur satinée, un large iris velouté, de doux pétales lumineux où le soleil s'étale, et qui viennent affleurer sur une bordure nacrée, voilà les idées qui se pressent dans l'esprit, et qui, vainement entassées, ne suffisent pas.
Au pied des roches, l'eau est verte comme une émeraude transparente, parfois avec des reflets de turquoise ou d'améthyste, sorte de diamant liquide qui change de teinte à tous les accidents de la profondeur ou de la roche, sorte de joyau bigarré et mouvant qui encadre l'épanouissement de la divine fleur.

Hippolyte TAINE

Peu de villes ou de hameaux italiens peuvent se flatter d'une situation aussi ravissante et d'alentours aussi romantiques que le site antique de Sorrente. Le terrain volcanique produit une succession continue de rochers le long du rivage, mais un terrain fertile s'étend entre la mer et les montagnes. Il y a un grand nombre de villas perchées sur les collines, sur le rocher et dans les bois. Les abords de la ville et la campagne qui l'entoure sont très pittoresques, bien que les montagnes ne soient pas spectaculaires.

James D. HARDING et Samuel PROUT

Franz Richard UNTERBERGER
Capri, Marina Piccola
Huile sur toile
Collection particulière

Guido AGOSTINI
Sorrente
Huile sur toile
Collection particulière

Ana-Capri est un énorme rocher dans lequel sont taillées plus de cinq cents marches. Les habitants y sont surtout des manœuvres et des marins. On y sent là une atmosphère d'égalité parfaite : personne n'a l'air d'être pauvre et la population est active. Il y a trois physiciens que le roi a appointés pour soigner les gens gratuitement, mais ils ont peu de patients à traiter car il n'y a pratiquement pas de maladies sur cette île.

Marianna STARKE

L'île d'Ischia, qui sépare le golfe de Gaëte du golfe de Naples, et qu'un étroit canal sépare elle-même de l'île de Procida, n'est qu'une seule montagne à pic dont la cime blanche et foudroyée plonge des dents ébréchées dans le ciel. Ses flancs abrupts, creusés de vallons, de ravines, de lits de torrents, sont revêtus du haut en bas de châtaigniers d'un vert sombre. Ses plateaux les plus rapprochés de la mer et inclinés sur les flots portent des chaumières, des villas rustiques et des villages à moitié cachés sous les treilles de vigne. Chacun de ces villages a sa *marine*. On appelle ainsi le petit port où flottent les barques des pêcheurs de l'île et où se balancent quelques mâts de navires à voile latine. Les vergues touchent aux arbres et aux vignes de la côte.

Alphonse de LAMARTINE

Bernardo HAY
Vue de Capri avec bateaux de pêche
Huile sur toile
Collection particulière

Les eaux de ce calme lac souterrain sont du bleu le plus éclatant, le plus ravissant que l'on puisse imaginer. Elles sont aussi transparentes qu'une vitre et leurs coloris couvriraient de honte le ciel le plus magnifique qui se soit jamais penché sur l'Italie. On ne saurait trouver de nuances plus belles, d'éclat plus splendide. Jetez une pierre dans l'eau et les myriades de petites bulles qu'elle provoque lancent des éclairs scintillants comme des feux de Bengale bleus. Plongez une rame et elle devient un merveilleux argent givré, teinté de bleu. Qu'un homme plonge, et il est instantanément enveloppé d'une armure plus somptueuse que n'en porta jamais chevalier du roi.

Mark TWAIN

L'entrée de la grotte est si basse et si étroite que l'on est forcé de désarmer les avirons et de se courber au fond de la barque pour ne point se heurter en passant. Dès qu'on a franchi le trou resserré qui sert de porte, on se trouve en pleine féerie. L'eau profonde, claire à laisser voir tous les détails de son lit, teintée d'une nuance de bleu ciel adorable, projette ses reflets sur la voûte de calcaire blanc, et lui donne une couleur azurée qui tremble à chaque frisson de la surface humide. Tout est bleu, la mer, la barque, les rochers ; c'est un palais de turquoise bâti au-dessus d'un lac de saphir.

Louise Élisabeth VIGÉE-LEBRUN

École napolitaine
Capri, la grotte bleue
Gouache
Genève, galerie Grand-Rue

Capri (jadis rendue infâme par Tibère, ce fauve déifié !), Ischia, Procida, et les mille beautés lointaines de la Baie, sont là-bas, dans la mer bleue qui change vingt fois par jour, dans la brume et le soleil : tantôt toutes proches, tantôt lointaines, tantôt invisibles. La plus belle région du monde se déploie autour de nous. Que nous nous dirigions vers le rivage du splendide amphithéâtre marin du côté de Misène, et passions à proximité de la grotte du Pausilippe, vers la grotte del Cane, et au loin, jusqu'à Baïes ; ou que nous allions dans le sens inverse, vers le Vésuve et Sorrente, c'est un enchantement après l'autre.

Charles DICKENS

Sur la route, la conversation entre notre jolie muletière et un patriarche bougon nous donna toutes sortes d'informations sur les habitants de Capri. La plupart des propriétaires terriens sont napolitains et un grand nombre de villas sont leurs résidences de campagne, sauf une qui appartient à un physicien anglais qui était venu y passer quelques jours et y vit maintenant depuis plus de vingt ans, marié à la plus jolie et la plus pauvre fille de la ville.

William Dear HOWELLS

Carl BLECHEN
Capri, Marina Grande
Huile sur toile
Vienne, Kunsthistorisches Museum

On trouve des vallées, des vignes, des sources gazouillantes, des ombrages sous des oliviers, un monastère, et, sur les côtes, deux villages, Capri et Ana-Capri. Ce dernier est juché sur une cime escarpée au haut de laquelle conduit un escalier taillé dans le roc. Les toits des maisons sont aplatis en terrasse comme dans le Levant, et, en général, les invasions des Sarrasins ont laissé à toute l'île quelque chose d'oriental ; elle tient de la Grèce et de l'Afrique.

Edgar QUINET

Ce fut en été que je visitai Capri pour la première fois. Il faisait un soleil ardent et une chaleur torride. Pendant le jour, il fallait ou s'enfermer dans une chambre en demandant à l'obscurité un peu de fraîcheur et de sommeil, ou se plonger dans la mer et y passer une partie de la journée, ce que je faisais avec délices. Mais ce qu'il est difficile d'imaginer, c'est la splendeur des nuits sous un pareil climat, dans une telle saison. La voûte du ciel est littéralement palpitante d'étoiles ; on dirait un autre Océan dont les vagues sont faites de lumière, tant le scintillement des astres emplit et fait vibrer l'espace infini.

Charles GOUNOD

F. R. UNTERBERGER
À Capri
Huile sur toile
Collection particulière

Après avoir doublé la pointe *di Carena*, nous côtoyâmes la face méridionale de l'île et, sans transition sensible, l'aspect du paysage change immédiatement. C'est là que sont les plus hautes falaises, les plus abrupts rochers ; mais le vent du sud y a jeté des semences qui ont germé dans les fissures où quelques parcelles de terre végétale ont pu se réunir. Il y a des pins *larici* tordus par le vent et appliqués par lui contre la paroi hospitalière ; il y a deux ou trois touffes de palmiers nains dont la graine, apportée des syrtes d'Afrique sur l'aile de la brise, est venue reprendre vie sur ce nouveau désert.

Maxime DU CAMP

Lancelot Théodore TURPIN de CRISSE
Capri
Aquarelle
Cologne, Wallraf Richartz Museum

Sur la gauche, la montagne dresse à pic ses assises concassées, ses murs labourés d'entailles, ses saillies âpres, tout son échafaudage de dentelures qui semblent les ruines d'une ligne de forteresses crevassées et branlantes. Chaque arête et chaque bloc font une ombre sur l'uniformité de la muraille blanche, et toute la chaîne est peuplée de formes et de teintes.
Parfois elle est tendue en deux par une rainure, et sur les deux pentes du ravin les cultures descendent en étages. Sorrente est ainsi échelonnée sur trois tranchées profondes. Tous ces fonds sont des jardins où les arbres se serrent et s'entassent. Les noyers, que déjà la sève tourmente, étendent comme des mains noueuses leurs rameaux blanchâtres. Tout le reste est vert ; la mauvaise saison n'a point eu de prise sur ce printemps éternel.

Hippolyte TAINE

Emmanuel STOCKLER
Sorrente
Aquarelle
Collection particulière

Le ciel est presque clair ; seulement un banc de nuages pend au-dessus de Naples, et autour du Vésuve de grandes fumées blanchâtres tournoient ou dorment.
Je n'ai point encore vu, même en été à Marseille, cette couleur à la mer, tant le bleu en est profond, presque dur. Au-dessus du fort et luisant azur qui occupe les trois quarts de l'espace visible, le ciel est blanc et semble un cristal. À mesure que l'on s'éloigne, on aperçoit mieux la côte onduleuse, le grand corps de la montagne ; toutes les portions se tiennent comme des membres ; à l'extrémité, Ischia et les promontoires nus reposent dans leur teinte de lilas, comme une dormeuse de Pompéi sous son voile. Véritablement, pour peindre une pareille nature, ce continent violet étendu au bord de la grande eau lumineuse, il faudrait prendre les paroles des anciens poètes, figurer la grande déesse fertile que l'éternel Océan embrasse et assiège, et au-dessus d'eux la blancheur sereine, l'éblouissant Jupiter.

Hippolyte TAINE

Giuseppe CARELLI
La côte sorrentine
Huile sur bois
Collection particulière

Les rameurs nous attendent ; mais point de tendelet sur notre barque un soleil de juillet, dont la force est doublée par la réflexion des masses blanchâtres de rochers que nous côtoyons, nous accable de ses rayons brûlants. Nos mariniers sont en eau ; ils chantent pourtant, et rament en cadence, en saluant de leurs acclamations les nombreux pêcheurs qui, placés dans les anfractuosités des montagnes de la côte, jettent dans le golfe leurs vastes filets. Tout est poésie dans ces magiques contrées tandis qu'à travers les flots, teints de l'azur du ciel d'Italie, notre barque glisse avec la rapidité de l'hirondelle, en nous berçant de son mouvement onduleux ; sur un rythme cadencé qui s'accorde avec les oscillations de la nacelle, la barcarolle lente et plaintive de nos matelots va se perdre en retentissant dans les rochers du promontoire.

Édouard GAUTIER du LIS D'ARC

Jean AAGAARD
Amalfi, golfe de Salerne
Huile sur toile
Collection particulière

Les pêcheurs tiraient leurs barques sur le sable ; les lumières de leurs lanternes paraissaient plus brillantes à mesure que l'obscurité augmentait, et les flots devenaient d'un bleu de saphir. Bientôt régna un profond silence au milieu duquel éclata tout à coup un chœur de pêcheurs auxquels se joignirent leurs femmes et leurs enfants. Ce mélange de voix de basse et de soprano, qui du rivage parvenait à mon oreille, me jeta dans une mélancolique rêverie.

Hans Christian ANDERSEN

Martinus RORBYE
Une terrasse sur la côte, près d'Amalfi, 1844
Huile sur toile
Collection particulière

On arrive à Amalfi, un des coins de l'Italie les plus visités. Quel singulier coup d'œil présente de la mer ce rivage, ici dévasté et solitaire ailleurs couvert de vignes, d'oliviers chatoyants et de blanches maisons perdues dans la verdure sombre des orangers, des grenadiers et des caroubiers ! Amalfi fut, au moyen âge, une puissante république commerciale, dont le fameux code nautique était adopté de tous les marins de la Méditerranée ; ses navires ouvrirent même, dit-on, la route de l'Orient à Pise, Gênes et Venise. La Costiera d'Amalfi, comme on appelle toute la partie du golfe de Salerne qui s'étend d'est en ouest, de Cetara à Positano, représente à peu près l'ancien territoire de la cité.

Jules GOURDAULT

Karl BLECHEN
Le val du moulin près d'Amalfi
Huile sur toile
Leipzig, Museum der bildenden Kunst

Oswald ACHENBACH
Place du Marché à Amalfi
Huile sur toile
Berlin, Staatliche Museum

Heureux du moins, si les hommes n'employaient pas à se tourmenter mutuellement le peu de jours qu'ils ont à passer ensemble ! Le Vésuve n'a pas ouvert une seule fois ses abîmes pour dévorer les cités, que ses fureurs n'aient surpris les peuples au milieu du sang ou des larmes. Quels sont les premiers signes de civilisation, les premières marques du passage des hommes que l'on a retrouvés sous les cendres éteintes du volcan ? Des instruments de supplice, des squelettes enchaînés.

François René de CHATEAUBRIAND

Je ne dirai rien de Pompéi : c'est la chose la plus étonnante, la plus intéressante, la plus amusante que j'aie rencontrée ; par là seulement on connaît l'antiquité. Que d'idées sur les arts vous donnent la fresque du Minotaure et vingt autres ! Je vais à Pompéi trois fois par semaine au moins.

STENDHAL

Abandon, gaieté de cette vie antique. Laisser-aller sur toutes choses. Nature, partout images de gaieté, de génération, plaisir. Chambres à coucher pleines d'emblèmes vénériens. Chambres de femmes (exèdres) de même. Cela leur semblait aussi simple que manger, boire. L'étrange christianisme vient prêcher l'abnégation.

Ernest RENAN

Édouard SAIN
Fouilles à Pompéi, 1865
Huile
Paris, musée d'Orsay

En suivant les détours du golfe, le chemin me ramena à Pompéi par l'entrée que l'on appelle justement la rue des Tombeaux. Il y a je ne sais quoi de frivole dans ces ruines. Vous touchez de trop près aux détails menus de la vie dans l'antiquité : il manque entre elle et vous cette perspective qui, ailleurs, l'agrandit dans ses misères ; d'ailleurs, les caricatures dont ces murailles sont peintes ôtent tout sérieux à ce passé : vous êtes là au milieu du commérage des morts d'une petite ville de province. Ce n'est point une Sodôme condamnée par le feu céleste, mais le sarcophage épicurien d'une courtisane de Campanie. Il semble que ces tombeaux soient faits pour des morts de théâtre, et que vous assistiez à une bouffonnerie, où Rome et Athènes seraient parodiées à la fois dans d'infiniment petites proportions. Tant que j'errai dans ces petites rues, j'entendis, à travers les bruissements de la brise dans les vignes, les éclats de rire des courtisanes, le pas tardif des vieillards de Ménandre et de Térence, et l'écho effronté des vers de Catulle, qui ébranlaient la porte de sa maîtresse.

Edgar QUINET

École napolitaine
Pompéi, le Forum
Gouache
Genève, Galerie Grand-Rue

Mon hôtesse possède trois vignes, l'une près de Genazzano et les deux autres dans les monts sauvages d'Olevano, à trois milles d'ici. Là, se dresse sur une hauteur, une maisonnette solitaire de paysans, ombragée par de vieux figuiers et de sombres châtaigniers, d'où l'on embrasse la chaîne majestueuse de la Serra et toute la plaine du Sacco. C'est une volupté que de passer les heures éclatantes du jour dans cette *loggia*, à respirer l'air pur et à manger ces raisins, dont les différentes variétés sont toutes plus exquises les unes que les autres. Je m'asseyais sous un châtaignier, au pied de la colline au milieu des myrtes et des fougères célébrés par Virgile, et, enveloppé par l'odeur champêtre de la menthe et du serpolet, je lisais Horace ou quelque autre livre apporté avec moi. La menthe est la plante caractéristique de la Campagne romaine : tous les champs autour de la Ville Eternelle en sont parfumés.

Au milieu de toute cette abondance, il semble impossible que la population soit pauvre ; mais, quand on habite ici pendant quelque temps, on finit par s'apercevoir que la plus atroce misère règne dans ce paradis terrestre. Tous ces fruits – on vend vingt figues ou noix pour deux sous, et, dans les bonnes années, un *fiasco* de vin pour le même prix – tous ces fruits ne suffisent pas à nourrir le paysan, qui mourrait de faim s'il n'avait pas de farine de maïs, la base de sa nourriture. La cause de ce douloureux état de choses se trouve, assure-t-on, dans le régime agraire du pays.

Ferdinand GREGOROVIUS

Albert BIERSTADT
Olevano Romano
Huile sur toile
Saint Louis Art Museum

C'est de ces nids d'aigle que descendent chaque jour pour puiser de l'eau à la rivière et pour cultiver les champs, les paysans et les paysannes, dont la beauté fière est faite de gravité et de noblesse. Hommes et femmes ont gardé leur costume local si original de forme et de couleur. Les hommes portent des sandales et des bandelettes enroulées autour des jambes, pareilles à la cnémide des héros homériques. Les femmes ont des corsages de velours aux couleurs éclatantes : rouge, vert, rouge et noir, de beaux cheveux noirs, de grands yeux bruns profonds et brillants.

Gaspard VALETTE

A. D. FRIPP
La roche de S. Stefano près d'Olevano Romano
Aquarelle
Londres, Victoria and Albert Museum

Le souffle de la Grèce vient aussi expirer à Naples ; Athènes a poussé ses frontières jusqu'à Paestum ; ses temples et ses tombeaux forment une ligne au dernier horizon d'un ciel enchanté.

François René de CHATEAUBRIAND

Des montagnes, presque aussi nues que la plaine, ferment ce grand et vide horizon. Parallèlement à la mer, les trois temples s'élèvent au milieu des joncs et des hautes herbes. Sur cette grève, où le flot est toujours ému, ces colonnes cannelées figurent des groupes de femmes naufragées et enveloppées des plis humides de leurs tuniques. La ligne horizontale de la mer se combine avec la ligne de l'architecture, qu'elle prolonge à l'infini sur un plan d'azur. Les vapeurs, que le soleil soulevait en ce moment de l'herbe des maremmes, entouraient les portiques pythagoriciens d'une atmosphère dorée. L'air était doux, quoique fort malsain. Point de vent, point de nuages, point de murmure dans la campagne. Ces ruines, les seules habitantes de ce désert de la Grande-Grèce, semblaient avoir communiqué, à tout ce qui les entourait, leur silencieuse rêverie.

Edgar QUINET

École napolitaine
Vue générale des temples de Paestum
Gouache
Genève, Galerie Grand-Rue

Le plus grand et le plus beau, qui est aussi le plus ancien, est désigné vulgairement sous le nom de Temple de Neptune. Avec le temple de Thésée à Athènes, c'est l'édifice d'ordre dorique le mieux conservé qui subsiste, et l'impression grandiose qu'il produit à la vue peut rivaliser même avec celle du Parthénon. Il est précédé d'une esplanade au milieu de laquelle on voit le soubassement qui portait l'autel des sacrifices, car dans les pratiques de la religion grecque ces rites sanglants s'accomplissaient en plein air, en dehors du temple.

François LENORMANT

Paestum, ville dorienne. Sentiment très vif de la sévérité du goût antique. Des choses qui n'ont plus de prix en avaient alors. Une petite sculpture sur un architrave, prix infini, car c'était spontané ; maintenant ce serait imitation et règle. Une ville dorienne, sentiment très vif du culte antique, au temple de Neptune. Idée de construire le temple pour le temple, non pour se rassembler.

Ernest RENAN

Franz KAISERMAN
Vue des temples de Paestum
Aquarelle
Genève, Galerie Grand-Rue

Tout le monde a vu Paestum et admiré les trois ruines superbes jetées dans cette plaine nue que la mer continue au loin, et qu'enferme, de l'autre côté, un large cercle de monts bleuâtres. Mais si le temple de Neptune est plus parfaitement conservé et plus pur (on le dit) que les temples de Sicile, ceux-ci sont placés en des paysages si merveilleux, si imprévus, que rien au monde ne peut faire imaginer l'impression qu'ils laissent à l'esprit.

Guy de MAUPASSANT

Constantin HANSEN
Vue du temple de Poséidon à Paestum
Huile sur toile
Copenhague, Thorvaldsens Museum

Paestum m'a stupéfait. J'éprouve le besoin de démolir toutes les infamies modernes et même un peu moins anciennes qu'on appelle temples, églises, etc. Je voudrais que l'inventeur de l'ordre ionique fût pendu, et l'inventeur du corinthien roué vif. Il n'y a point de salut hors du dorique, surtout point de base. Vous avez vu comme l'on a restauré le dôme de Pise. *Tutto il mondo è fatto come la nostra famiglia.*

Prosper MÉRIMÉE

Après avoir parcouru un désert de cinq lieues, nous nous trouvâmes au milieu des ruines de Paestum, et à leur aspect nous fûmes amplement dédommagés de nos petites tribulations. Il survit de cette ville antique une bonne partie des murs de circonvallation, une porte (celle du nord), les débris presque effacés d'un amphithéâtre, et trois temples qui me rappellent de suite ce beau vers de Delille :

Leur masse indestructible a fatigué le temps.

Ces monuments sont admirables ; ils révèlent à l'âme des sensations extraordinaires, abandonnés comme ils sont dans une solitude inculte et sauvage. Le plus remarquable et le mieux conservé est celui que l'on s'accorde à nommer le temple de Neptune ; il est presque entier.

A.-H. LEMONNIER

A. GLENNIE
Paysage de Paestum
Aquarelle
Londres, Royal Watercolour Society

CALABRE, SICILE ET SARDAIGNE

La forme de Palerme est très particulière. La ville, couchée au milieu d'un vaste cirque de montagnes nues, d'un gris bleu nuancé parfois de rouge, est divisée en quatre parties par deux grandes rues droites qui se coupent en croix au milieu. De ce carrefour, on aperçoit, par trois côtés, la montagne, là-bas, au bout de ces immenses corridors de maisons, et, par le quatrième, on voit la mer, une tache bleue, d'un bleu cru, qui semble tout près, comme si la ville était tombée dedans !

Un désir hantait mon esprit en ce jour d'arrivée. Je voulus voir la chapelle Palatine, qu'on m'avait dit être la merveille des merveilles.

La chapelle Palatine, la plus belle qui soit au monde, le plus surprenant bijou religieux rêvé par la pensée humaine et exécuté par des mains d'artiste, est enfermée dans la lourde construction du Palais-Royal, ancienne forteresse construite par les Normands.

Cette chapelle n'a point de dehors. On entre dans le palais, où l'on est frappé tout d'abord par l'élégance de la cour intérieure entourée de colonnes. Un bel escalier à retours droits fait une perspective d'un grand effet inattendu. En face de la porte d'entrée, une autre porte, crevant le mur du Palais et donnant sur la campagne lointaine, ouvre, soudain, un horizon étroit et profond, semble jeter l'esprit dans des pays infinis et dans des songes illimités, par ce trou cintré qui prend l'œil et l'emporte irrésistiblement vers la cime bleue du mont aperçu là-bas, si loin, si loin, au-dessus d'une immense plaine d'orangers.

Quand on pénètre dans la chapelle, on demeure d'abord saisi comme en face d'une chose surprenante dont on subit la puissance avant de l'avoir comprise. La beauté colorée et calme, pénétrante et irrésistible de cette petite église qui est le plus absolu chef-d'œuvre imaginable, vous laisse immobile devant ces murs couverts d'immenses mosaïques à fond d'or, luisant d'une clarté douce et éclairant le monument entier d'une lumière sombre, entraînant aussitôt la pensée en des paysages bibliques et divins où l'on voit, debout dans un ciel de feu, tous ceux qui furent mêlés à la vie de l'Homme-Dieu.

Ce qui fait si violente l'impression produite par ces monuments siciliens, c'est que l'art de la décoration y est plus saisissant au premier coup d'œil que l'art de l'architecture.

L'harmonie des lignes et des proportions n'est qu'un cadre à l'harmonie des nuances.

On éprouve, en entrant dans nos cathédrales gothiques, une sensation sévère, presque triste. Leur grandeur est imposante, leur majesté frappe, mais ne séduit pas. Ici, on est conquis, ému, par ce quelque chose de presque sensuel que la couleur ajoute à la beauté des formes.

Les hommes qui conçurent et exécutèrent ces églises lumineuses et sombres pourtant, avaient certes une idée tout autre du sentiment religieux que les architectes des cathédrales allemandes ou françaises ; et leur génie spécial s'inquiéta, surtout, de faire entrer le jour dans ces nefs si merveilleusement décorées, de façon qu'on ne le sentît pas, qu'on ne le vît point, qu'il s'y glissât, qu'il effleurât seulement les murs, qu'il y produisît des effets mystérieux et charmants, et que la lumière semblât venir des murailles elles-mêmes, des grands ciels d'or peuplés d'apôtres.

La chapelle Palatine, construite en 1132 par le roi Roger II, dans le style gothique normand, est une petite basilique à trois nefs. Elle n'a que 33 mètres de long et 13 mètres de large, c'est donc un joujou, un bijou de basilique.

Guy de Maupassant

Pour la Calabre actuelle, ce sont des bois d'orangers, des forêts d'oliviers, des haies de citronniers. Tout cela sur la côte et seulement près des villes : pas un village, pas une maison dans la campagne ; elle est déserte, inhabitable, faute de police et de lois. « Comment cultive-t-on ? » direz-vous. Le paysan loge en ville et laboure la banlieue. Partant le matin à toute heure, il rentre avant le soir, de peur... En un mois, dans la seule province de Calabre, il y a eu plus de douze cents assassinats.

Paul-Louis COURIER

Les *tournures* de la langue qu'on emploie en Calabre passeraient en France pour de la folie. Un jeune homme qui cherche à plaire à toutes les femmes s'appelle un *cascamorto* (un homme qui feint de tomber mort, par l'excès de passion, en lorgnant une jolie femme).

STENDHAL

Pages 422-423

Achille Etna MICHALON
Taormina, le théâtre antique
Huile sur toile
Paris, musée du Louvre

Edward LEAR
Venosa, dans le Basilicate, 1852
Huile sur toile
Toledo Museum of Art

Quant à la beauté du pays, les villes n'ont rien de remarquable, pour moi du moins ; mais la campagne, je ne sais comment vous en donner une idée : cela ne ressemble à rien de ce que vous avez pu voir. Ne parlons pas des bois d'orangers ni des haies de citronniers ; mais tant d'autres arbres et de plantes étrangères que la vigueur du sol y fait naître en foule, ou bien les mêmes que chez nous, plus grandes, plus développées, donnent au paysage un tout autre aspect. En voyant ces rochers partout couronnés de myrtes et d'aloès, et ces palmiers dans les vallées, vous vous croyez au bord du Gange ou sur le Nil, hors qu'il n'y a ni pyramides ni éléphants.

Paul-Louis COURIER

Aucun souffle de brise ; seule, la marche du bâtiment trouble l'air calme endormi sur l'eau. Les rives de Sicile et les rives de la Calabre exhalent une si puissante odeur d'orangers fleuris, que le détroit tout entier en est parfumé comme une chambre de femme. Bientôt, la ville s'éloigne, nous passons entre Charybde et Scylla, les montagnes s'abaissent derrière nous, et, au-dessus d'elles, apparaît la cime écrasée et neigeuse de l'Etna, qui semble coiffé d'argent sous la clarté de la pleine lune.

Guy de MAUPASSANT

Edward LEAR
Vue de Reggio
Huile sur toile
Londres, Tate Gallery

J'arrive sur la place de la Cathédrale. Elle est éclatante de costumes comme une image d'Épinal ou mieux comme une scène de l'école vénitienne. Car ce tourbillon de couleurs n'offense pas les yeux, et les types sont remarquables, énergiques chez les hommes, un peu empâtés mais souvent très doux chez les femmes, qui sont grandes et bien faites. On a peine à passer parmi les groupes. Parfois, une jeune fille se détache, et va s'agenouiller dans l'église grande ouverte, devant le tableau de la Vierge qu'encadrent des cierges à profusion ; puis elle réapparaît, debout sur la première marche blanche, blanche elle-même dans les plis de son voile, le sein encore haletant de la danse qu'elle va reprendre et l'œil fixé sur le quadrille où elle manque.

René BAZIN

Oswald ACHENBACH
Sur la côte calabraise
Huile sur toile
Collection particulière

W. L. LEITCH
Intérieur de la cathédrale de Messine, 1839
Aquarelle sur crayon
Newcastle upon Tyne, Laing Art Gallery

Là nous avons joui de la vue la plus délicieuse ; d'un joli jardin formé de lauriers roses, de cyprès, de pins et de berceaux d'orangers en fleurs, nous avons découvert toute la ville de Palerme dorée par le soleil, le golfe bleu et transparent, et l'admirable chaîne de montagnes qui entoure cela comme un immense rempart, la vallée de Monreale qui était verdoyante et se perdait dans la vapeur chaude de midi ; puis derrière nous le mont Pellegrino qui nous montrait au milieu de cette brillante verdure ses rochers nus, et seulement coupés par les cactus-raquettes qui brillaient au soleil comme des miroirs.

Eugène VIOLLET-LE-DUC

Elle a tout à fait un air de capitale, de vieille ville souveraine, cette Palerme blanche, enveloppée d'orangers. Elle a devant elle une des plus belles baies du monde, largement ouverte, terminée par deux montagnes dont l'arête est superbe au-dessus de la mer bleue. En arrière, un demicercle de verdure sombre, un immense verger d'agrumes où éclate çà et là la blancheur d'une maison de riche, et qui se rétrécit bientôt, et se forme en vallée, et monte avec des inflexions de ruban qu'on déroule entre des cimes sans arbres. C'est la *conca d'oro.*

René BAZIN

Francesco LO JACONO
Vue de Palerme
Huile
Collections de la Banque de Sicile

Palerme est la ville la mieux située de toutes celles que j'aie jamais vues, et elle seule vaut bien le voyage ; malgré tout ce que l'imagination peut se figurer, malgré les descriptions, dessins et tout ce qui peut en donner l'idée, Palerme vous étonne et vous charme.

Eugène VIOLLET-LE-DUC

Plus on voit Palerme, plus il s'embellit par les détails ; de belles rues, de grandes et belles places, des fontaines publiques, et des fontaines particulières jusqu'au quatrième étage de chaque maison ; des églises superbes et des promenades charmantes, un bon air ; une grande population, et cependant une propreté qu'on ne trouve dans aucune autre ville du royaume ; un commerce assez considérable, quoiqu'il ne soit pas au douzième de ce qu'il pourrait être ; une grande quantité de maisons nobles, riches, fastueuses ; un climat chaud, des passions vives, des femmes agréables, et des mœurs de Sybarites.

Dominique Vivant DENON

ZERILLI
Vue de Palerme
Gouache
Collections de la Banque de Sicile

Les Siciliens ont eu tant de souverains, qu'ils se sont accoutumés à n'en aimer aucun, et à ne préférer que celui avec qui ils font la meilleure capitulation ; toujours prêts à recevoir celui qui entre chez eux par la force, ou celui qui leur fait des conditions meilleures ; quitte à recourir, en cas de violence et de tyrannie, aux moyens connus de la révolte, des vêpres siciliennes, ou autres semblables. Leur pays donnant en abondance de toutes les productions, ils sont plus difficiles à réduire qu'aucun autre peuple, parce qu'on ne peut les contenir par aucune privation. On peut les dépouiller, mais jamais les ruiner ; aussi un mauvais gouvernement les rend-il pauvres, sans les faire mourir de faim. Au reste Palerme ne se ressent en rien de cette pauvreté, dont le reste de la Sicile peut se plaindre : c'est une des plus jolies et des plus agréables villes qu'un voyageur puisse rencontrer.

Dominique Vivant DENON

Le *Monte Pellegrino* solitaire domine le port : il élève au bord de la mer ses murailles perpendiculaires, couturées de crevasses et de précipices.
Sa forme est singulière et d'un grand caractère. Lorsque le soleil éclaire cette énorme masse violâtre aux ravines sanglantes comme des blessures, on est frappé par l'étrangeté des effets d'ombre et de lumière qui s'y produisent.

Gaston VUILLIER

George Loring BROWN
Palerme, le mont Pellegrino
Huile sur toile
Boston, Museum of Fine Arts

Mais, dans le Sicilien, on trouve déjà beaucoup de l'Arabe. Il en a la gravité d'allure, bien qu'il tienne de l'Italien une grande vivacité d'esprit. Son orgueil natal, son amour des titres, la nature de sa fierté et la physionomie même de son visage le rapprochent aussi davantage de l'Espagnol que de l'Italien. Mais, ce qui donne sans cesse, dès qu'on pose le pied en Sicile, l'impression profonde de l'Orient, c'est le timbre de voix, l'intonation nasale des crieurs des rues. On la retrouve partout, la note aiguë de l'Arabe, cette note qui semble descendre du front dans la gorge, tandis que, dans le Nord, elle monte de la poitrine à la bouche. Et la chanson traînante, monotone et douce, entendue en passant par la porte ouverte d'une maison, est bien la même, par le rythme et l'accent, que celle chantée par le cavalier vêtu de blanc qui guide les voyageurs à travers les grands espaces nus du désert.

Guy de MAUPASSANT

Mais lorsque, quittant les vallons embrasés, car midi était proche, le golfe de Castellamare s'est étalé subitement sous mes yeux, un cri d'admiration s'échappe de mes lèvres : le beau golfe entr'ouvert sur l'espace infini en douce vision de rose et d'azur, car roses sont les monts qui le ceignent et bleue la mer, mais d'un bleu si tendre, si diaphane, qu'on croirait voir une moire laiteuse qui, doucement chatoyante, palpite et ondule par les airs. Elle vient, la mer gracieuse, rythmer comme des soupirs alanguis en déroulant ses volutes de soie sur la plage dont nous suivons l'harmonieuse courbe.

Gaston VUILLIER

François Antoine BOSSUET
Palerme, Punta Raisi, 1875
Huile sur toile
Collection particulière

C'est ici où cette transition de l'architecture arabe à l'architecture gothique est si marquée, qu'il est facile de comprendre comment cette science si extraordinaire dans la combinaison des effets de constructions a été transmise aux gothiques, qui certes ne l'ont pas trouvée sans avoir eu des prédécesseurs bien profondément versés dans cette science.
Dans ce que nous avons déjà vu de l'architecture arabe, ce qui frappe c'est ce raffinement de construction, cette connaissance de l'effet qu'ils vont produire, cette science enfin qui a dirigé leurs travaux ; ce n'est pas de l'inspiration ni l'effet du génie, c'est le calcul de l'homme civilisé qui sait avant de produire, et qui arrive juste à produire l'impression qu'il veut produire. Dès que l'architecture normande est venue se mêler à la première, le christianisme a modifié cette architecture toute civilisée, et tout en s'en servant, l'a divinisée et a produit ces belles basiliques que nous admirons ici et qui remplissent toute l'Italie.

Eugène VIOLLET-LE-DUC

Plus loin, dans le haut du corso Vittorio-Emanuele, la rue est bordée à droite d'une longue balustrade enfermant un jardin, lauriers, grenadiers espacés, selon le goût du Midi, qui n'aime pas les arbres pour eux-mêmes, et s'en sert discrètement pour faire valoir l'œuvre de l'homme, et puis, sur une longueur immense, en retrait, exposée tout entière au soleil qui la jaunit, la cathédrale, l'*Assunta*, dresse sa silhouette découpée de château féodal, avec ses faîtes crénelés, ses tourelles et ses tours.

René BAZIN

R. LENTINI
Eglise mosquée de San Giovanni degli Eremiti, 1876
Huile
Collections de la Banque de Sicile

G. CARELLI
La cathédrale de Palerme, 1837 ?
Aquarelle
Palerme, collection Tirenna

Tout l'effet admirable de ces églises vient, d'ailleurs, du mélange et de l'opposition des marbres et des mosaïques. C'est là leur marque caractéristique. Tout le bas des murs, blanc et orné seulement de petits dessins, de fines broderies de pierre, fait ressortir puissamment, par le parti pris de simplicité, la richesse colorée des larges sujets qui couvrent le dessus.
Mais on découvre même dans ces menues broderies, qui courent comme des dentelles de couleur sur la muraille inférieure, des choses délicieuses, grandes comme le fond de la main : ainsi deux paons qui, croisant leurs becs, portent une croix. On retrouve dans plusieurs églises de Palerme ce même genre de décoration.

Guy de MAUPASSANT

Rudolf von ALT
Palerme, 1844
Aquarelle
Collection particulière

Celui qui visiterait par mer les côtes de la Sicile pourrait facilement la croire riche et florissante, tandis qu'il n'est pas de pays plus misérable au monde ; il la jugerait peuplée, tandis que ses campagnes sont désertes et resteront telles jusqu'à ce que le morcellement des propriétés et l'écoulement des produits donnent au peuple un intérêt suffisant pour y rentrer...

Alexis de TOCQUEVILLE

M. CATTI
La côte sicilienne
Huile sur toile
Collections de la Banque de Sicile

Je comprends bien, en effet, que dans un pays très éclairé où le climat porte à l'activité, où toutes les classes ont envie de s'enrichir, comme en France et surtout en Angleterre, par exemple, l'extrême morcellement de la propriété puisse nuire à l'agriculture, et par conséquent à la prospérité intérieure, parce qu'il ôte de grands moyens d'amélioration et même d'action à des gens qui auraient la volonté et la capacité de les utiliser ; mais au contraire, quand il s'agit de stimuler et de réveiller un malheureux peuple à moitié paralysé pour lequel le repos est un plaisir, chez lequel les hautes classes sont engourdies dans leur paresse héréditaire ou dans leurs vices, je ne connais pas de moyen plus efficace que le morcellement des terres. Si donc j'étais roi d'Angleterre, je favoriserais la grande propriété, et si j'étais maître de la Sicile, j'encouragerais de tout mon pouvoir la petite ; mais n'étant ni l'un ni l'autre, je reviens au plus vite à mon journal.

Alexis de TOCQUEVILLE

Bernhard FRIES
Paysage près de Palerme, vers 1845
Huile sur toile
Munich, Schach-Galerie

Ce qui me coûte le plus dans ce pays, c'est la méthode que l'on est continuellement obligé d'employer avec les habitants : être toujours dur ; ils ne vous estiment qu'autant que vous commandez sans indulgence et que vous ne leur passez rien ; cette manière d'être, si éloignée de nos habitudes en France, me blesse pour les malheureux habitants de la basse classe tombés dans le mépris d'eux-mêmes, et qui ne se sentent plus que la force d'obéir ou de tromper ; cela est d'autant plus pénible qu'on sent que dans toutes ces belles têtes si caractérisées il y a encore de la force, de l'esprit naturel et des moyens.

Eugène VIOLLET-LE-DUC

Tu me dis de prendre garde de me prendre d'amour, et pour qui, grand Dieu ! Les femmes sont des bêtes sales et dégoûtantes, on les voit toutes sur le pas des portes se peigner et écraser leurs poux. On ne connaît pas l'amour, la débauche règne en souveraine, on vend la chair d'une femme comme on vendrait la chair d'une vache, une mère n'est heureuse et fière de la beauté de sa fille que parce qu'elle en tirera un plus grand salaire ; elle la soigne, elle la fait belle afin de la vendre plus cher, et à douze ans une jeune fille n'est plus vierge, c'est une marchandise qui a déjà été vendue cinq ou six fois. Ce peuple est dégradé, voleur, sans ressource, il n'y a plus aucun sentiment de nature, aucune bonne foi. L'estime publique s'attache à celui qui vole le mieux parce qu'il est le plus riche. Je ne puis te parler de la haute société, je ne la connais pas, mais ordinairement le peuple vaut mieux qu'elle.

Eugène LABICHE

M. CATTI
Paysanne
Huile
Collections de la Banque de Sicile

Je m'embarquerai demain pour la Sicile que je vois là-bas, tandis que j écris ces lignes, dresser par-delà le détroit sa côte mystérieuse, ligne de montagnes nues et violettes sur lesquelles passe l'ombre des vastes nuages. Elles sont immobiles, et eux, ils courent toujours. Pour une minute, grâce à la magie de cette ombre flottante, la montagne semble bouger, elle semble vivre. Ils sont déjà loin et elle demeure. Je vois Messine à droite, ses palais blanchâtres, le phare plus au loin. Du côté où je me trouve, et si je suivais la rive italienne, à partir du quai de Reggio bordé de ses maisons roses, j'arriverais à Scylla, de dangereuse mémoire, et c'est, entre les deux terres, entre la péninsule et la sauvage côte de l'île, un large, un frémissant couloir de mer où les grandes vagues bleues se heurtent et se crêtent d'écume, où les navires se croisent, énormes paquebots couronnés de fumée, fins voiliers dont le gréement se découpe en noir dans le ciel clair et qui penchent sous le vent, barques de pêche secouées rudement par la lame brisée. Je sais combien elle recèle de beautés, cette Sicile : temples antiques encore intacts comme celui de Ségeste, cathédrales normandes rayonnantes de mosaïques comme celles de Monreale et de Cefalu, coins divins comme cet Oliveto, ce bois d'oliviers près du Zucco, plages solitaires et tragiques comme celle de Sélinonte, et je devrais être heureux de la voir là si près, d'autant plus que les dernières journées de mon vagabondage n'ont pas été favorisées du temps.

Paul BOURGET

Joseph Theodor HANSEN
Cloître de Cefalu, Sicile, 1911
Huile
Collection particulière

T Cole

Après avoir marché deux heures dans ces solitudes, le guide nous fit signe de regarder quelque chose qui s'élevait au loin sur une colline. Nous fûmes remplis d'étonnement en y apercevant debout et isolé un temple grec dans sa plus entière conservation. Là était Ségeste. Quelque habitués que nous fussions, depuis notre entrée en Italie, à contempler des ruines de tous les temps et de toutes les formes, et à concevoir par un terrible exemple la fragilité des choses humaines, il ne nous était pas encore arrivé de rencontrer ainsi tout à coup au milieu d'un désert le cadavre d'une grande cité. Jamais impression n'avait été si pleine et si entière. Nous nous arrêtâmes immobiles ; nous tâchions de grouper autour de ces restes superbes de la magnificence antique d'autres temples, des palais, des portiques. Nous eussions voulu aussi rendre au sol cette fertilité qui fit Ségeste si puissante dès ses premières années ; et puis, nous nous réjouissions de ne point voir de petites maisons modernes auprès de ce colosse antique...

Alexis de TOCQUEVILLE

Effectivement il est comme miraculeux qu'un édifice se soit conservé presque en son entier dans l'emplacement ou près d'une ville dont on ne voit aucun autre vestige. Ségeste, bâtie, dit-on, par Énée, était une ville célèbre, riche, forte, rivale de Sélinonte, alliée des Grecs, et soutenue par Athènes lors de l'expédition de Nicias. Elle fut possédée par les Carthaginois, maîtres pendant si longtemps de cette partie de l'isle. [...]
Il est à croire que le temple placé sur une éminence, entouré de trois côtés d'un ravin profond formé par un torrent, a toujours été isolé, et qu'il fut bâti hors de l'enceinte de la ville.

Dominique Vivant DENON

Thomas COLE
L'artiste faisant un croquis devant le temple de Ségeste
Huile sur toile
Boston, Museum of Fine Arts

hoüel f.

C'est une chose extraordinaire que les Grecs, qui avaient une imagination si changeante, n'aient jamais eu l'idée de varier en rien le système d'architecture qu'ils avaient une fois adopté. Je ne sais si je me trompe, mais je crois voir là une force de conviction dans la foi du beau et du grand qui ne saurait appartenir qu'à un peuple si particulièrement doué pour exceller dans tous les arts.

Alexis de TOCQUEVILLE

La ruine est encore lumineuse. Dire par quelle merveille, par quel jeu de reflets, si c'est de la première lueur de la lune ou de la dernière du soleil, je ne le pourrais pas et ne l'ai pas cherché. Mais, à deux cents mètres devant nous, sur un tertre tapissé de fougères, comme sur un socle d'or bruni, les hautes colonnes se dressent, caressées d'un rayon et pâles dans la nuit. D'autres fuient, de chaque côté du fronton, en teintes décroissantes. Les montagnes forment, derrière, un écran sombre. Et cette pensée humaine, demeurée debout et seule dans ce désert, semble être devenue le centre, la raison et la gloire de tout le reste.

René BAZIN

Jean Pierre Laurent HOUEL
Intérieur du temple de Ségeste
Dessin aquarellé
Paris, musée du Louvre

Nous passâmes de là au temple de la Concorde, le plus conservé, et le seul dont on ait quelque soin. Il est dans la même direction de celui de Junon Lucine, placé de même sous les murs de la ville, dans le même plan, à l'exception du soubassement, qui n'existe point ici, et que les murs latéraux de l'intérieur du temple sont ouverts de six portes cintrées de chaque côté. Heureusement on s'est avisé de loger un saint dans ce temple, dont l'autel, bien qu'il masque la porte, a donné à ce lieu une vénération qui l'a fait entretenir jusqu'à un certain point, de sorte qu'il possède encore en original toutes ses colonnes, ses deux frontons, et qu'il ne lui manque que quelques morceaux de son entablement latéral et sa couverture. Ce temple, posé sur une éminence naturelle, est un des plus beaux morceaux que l'antiquité nous ait conservés. Il est d'un grand effet sous tous ses aspects, et d'une conservation rare et précieuse.

Dominique Vivant DENON

Caspar David FRIEDRICH
Temple de Junon à Agrigente
Huile sur toile
Dortmund Museum für Kunst

Un homme n'aurait à passer qu'un jour en Sicile et demanderait : « Que faut-il y voir ? » – Je lui répondrais sans hésiter : « Taormine. » Ce n'est rien qu'un paysage, mais un paysage où l'on trouve tout ce qui semble fait sur la terre pour séduire les yeux, l'esprit et l'imagination. Le village est accroché sur une grande montagne, comme s'il eût roulé du sommet, mais on ne fait que le traverser, bien qu'il contienne quelques jolis restes du Passé, et l'on va au théâtre grec, pour y voir coucher le soleil.

Guy de MAUPASSANT

Il faut avant tout savoir que l'Etna se regarde comme trop au-dessus des volcans ordinaires pour procéder à leur façon : le Vésuve, le Stromboli, l'Hécla même, versent la lave du haut de leur cratère, comme le vin déborde d'un verre trop plein ; l'Etna ne se donne pas tant de peine. Son cratère n'est qu'une espèce de cratère d'apparat, qui se contente de jouer au bilboquet avec des rocs incandescents gros comme des maisons ordinaires, et qu'on suit dans leur ascension aérienne, comme on pourrait suivre une bombe qui sortirait d'un mortier ; mais, pendant ce temps, le fort de l'éruption se passe réellement ailleurs. En effet, quand l'Etna est en travail, il lui pousse alors tout bonnement sur le dos, à un endroit ou à un autre, une espèce de furoncle de la grosseur de Montmartre ; puis le furoncle crève, et il en sort un fleuve de lave qui suit sa pente, descend, brûle ou renverse tout ce qui se rencontre devant lui, et finit par aller s'éteindre dans la mer.

Alexandre DUMAS

Ettore De Marie BERGLER
L'Etna et Taormina
Huile
Collections de la Banque de Sicile

L'aspect de Taormine nous plongea en extase. À notre gauche, et ornant l'horizon, s'élevait l'Etna, cette colonne du ciel, comme l'appelle Pindare, découpant sa masse violette dans une atmosphère rougeâtre tout imprégnée des rayons naissants du soleil. Au second plan, en se rapprochant de nous, étaient accroupies au pied du géant deux montagnes fauves, qu'on eût dit recouvertes d'une immense peau de lion, tandis que, devant nous, au fond d'une petite crique, et se dégageant à peine de l'ombre, s'élevaient au bord de la mer pareille à un miroir d'acier bruni, quelques chétives maisons dominées à droite par l'ancienne ville naxienne de Tauromenium. La ville est dominée elle-même par une montagne, ou plutôt par un pic au haut duquel se groupe et se dresse le village sarrasin de la Mola, auquel on n'arrive que par une échelle de pierre.

Alexandre DUMAS

Robert W. ALLAN
Taormina, 1896
Aquarelle
Londres Royal Watercolour Society

De tous les monuments des Romains, le théâtre de Taormina est un de ceux qui font le plus d'honneur à ces infatigables constructeurs, non pas tant par le style de son architecture et la prodigieuse richesse des marbres employés que par le choix de sa situation. Il faut dire que la ville antique de Taormina était plantée sur une sorte de col dominé du côté de la terre par Mola et le mont Venerella, et du côté opposé par un rocher large, formant un promontoire abrupt fort élevé au-dessus de la mer.

Eugène VIOLLET-LE-DUC

L'avant-scène était formée par deux roches escarpées, entre lesquelles était posé le *proscenium*, sur une terrasse aussi donnée par la nature ; car les Grecs n'avaient pas, ainsi que nous, le sot orgueil de vaincre la nature en décorant les lieux qui s'y refusaient le plus ; mais choisissant des situations heureuses, ils ajoutaient aux faveurs du hasard, et faisaient des choses sublimes avec les mêmes dépenses avec lesquelles nous en faisons de médiocres. C'est bien là le cas du théâtre de Taormine, le plus beau certainement qui se soit conservé de l'antiquité. Quoique son diamètre soit très considérable, et qu'il soit sans galerie souterraine, il est sonorc au point qu'on entend de toutes ses parties le moindre son articulé ; et dans quelque lieu qu'on le frappe, il résonne comme un instrument. On n'est pas moins émerveillé des beautés de sa situation que de celles de son local.

Dominique Vivant DENON

Edward LEAR
Taormina
Huile
New-York, Forbes Magazine Collection

Le panorama change suivant les heures et les lieux, sans cesser jamais, sous ce ciel ardent et pur, de mériter l'admiration du voyageur. Le plus enchanteur, à mon avis, est celui que présente Cagliari, vu de la mer le soir, par une chaude et belle journée.

Auguste BOULLIER

BOGLIOLO
Castello di Cagliari, Sardaigne
Huile
Galleria communale di Cagliari

Les affaires d'Italie causent ici beaucoup d'*excitement*. On les croit finies ; j'en doute. C'est un cas dont on dirait en Corse : *Ci vuol la scaglia*. La scaglia, vous l'ignorez peut-être, est l'antique pierre à fusil des temps héroïques. Il est déplorable que deux vieux imbéciles, aussi têtus l'un que l'autre, menacent la paix du monde. Je n'y vois qu'un remède, c'est de les enfermer ensemble dans une île déserte et de les y laisser jusqu'à ce que l'un ait converti l'autre. On accuse Ratazzi de trahison. Je crois qu'il n'a été que faible et impuissant. Mais comment se fait-il que dans un pays où l'on n'a pas l'habitude de se payer de mots comme en France, les phrases de Garibaldi et de Mazzini produisent tant d'effet. *Words, words, words !* comme dit Hamlet.

Prosper MÉRIMÉE

Partout où l'islamisme a régné en maître, l'indifférence à tout progrès est remarquable ; l'Espagne seule suffirait à le prouver. Ce n'est pas seulement dans cette indolence méprisante qu'on reconnaît la domination des Arabes ; certains usages en consacrent le souvenir. À l'heure des offices, les bedeaux battent du tambour devant l'église pour prévenir les fidèles ; chacun sait que dans les pays où ils sont les plus forts, les musulmans n'ont jamais toléré l'emploi des cloches. Les bedeaux de Sardaigne ne se doutent guère, sans doute, qu'en frappant la peau d'âne ils rappellent traditionnellement l'état de servitude de leurs ancêtres.

Maxime DU CAMP

G. DANCARDI
Castello di Sassari, Sardaigne, 1878
Huile
Sassari, Palazzo Civico

Les Sardes sont pour la plupart de nature bienveillante ; leur abord est plein de cordialité, leurs offres sincères. Ils sortent de leur indolence habituelle dès qu'un hôte leur arrive, et rien ne leur coûte pour faire les honneurs de leur maison. Plusieurs d'entre eux poussent même le sentiment de l'hospitalité jusqu'à l'héroïsme : ils sacrifieraient leur vie pour sauver celle de l'homme qui est venu chercher un asile sous leur toit protecteur. Autant ils se montrent fermes dans le dévouement, autant ils sont implacables dans la haine. Les a-t-on offensés ? Ils ne l'oublient jamais, et poursuivent leur vengeance avec une ténacité qu'aucune considération ne saurait fléchir. Ces inimitiés se transmettent de génération en génération.

Amiral JURIEN de la GRAVIÈRE

Une barque m'emmène à terre, et la première chose que j'aperçois, c'est un groupe de paysans qui dansent.
Le spectacle m'arrête net. Les types, les costumes, la danse, tout est nouveau. J'ai vu danser la tarentelle à Capri, mais pour vingt sous, par des filles d'auberge et des pêcheurs de comédie, tandis que j'ai devant moi des montagnards authentiques. Les deux hommes, jeunes tous deux, et de haute taille, portent le bonnet retombant sur l'épaule, en laine bleue, des vestes de velours à boutons, le col blanc, le gilet à fleurs, la culotte de velours ouverte aux genoux et laissant passer une autre culotte de linge un peu plus longue, les bas de laine où viennent se lacer les sandales. Le costume des femmes est superbe aussi.

René BAZIN

MARGHINOTTI
Fête campagnarde en Sardaigne
Huile
Sassari, Palazzo di Giustizia

CHRONOLOGIE

Dates	*Voyageurs et vie artistique en Italie*	*Histoire et civilisation italienne*
1786	Voyage de Goethe en Italie	
1792	Naissance de Rossini	
1793	Mort de Goldoni	
1795		Émeutes à Naples, à Palerme et dans les États sardes
1796		Campagne de Bonaparte en Italie
1797		Traité de Campo Formio : Venise cédée à l'Autriche
1798		Fondation de la République romaine Occupation du Piémont par les Français
1800	Premier séjour d'Henri Beyle (Stendhal) en Italie	
1801	Mort de Cimarosa Arrivée de Joseph Forsyth en Italie. Arrêté en 1803 par les Français, il restera onze ans en prison	
1802		Bonaparte annexe le Piémont et Parme
1803	Premier voyage de Chateaubriand en Italie	
1804	Voyage de Madame de Staël en Italie	
1805		Napoléon sacré roi d'Italie Ouverture de la route du Cenis Venise annexée au royaume d'Italie
1806		Joseph Bonaparte sacré roi de Naples
1808		Murat remplace Joseph Bonaparte à Naples
1811	Second séjour d'Henri Beyle en Italie Premier voyage de Lamartine en Italie	
1813	Troisième voyage d'Henri Beyle en Italie	
1814	Quatrième séjour d'Henri Beyle sur le sol italien	
1815		Exécution de Murat en Calabre Congrès de Vienne : l'Italie redevient une « simple expression géographique »
1816	Voyage de Lord Byron en Italie Rossini : *Le Barbier de Séville*	
1817	Stendhal à Venise : *Histoire de la peinture en Italie*	
1818	Shelley en Italie	
1819	Turner en Italie (Venise)	
1820	Arrivée de Keats en Italie Second séjour de Lamartine en Italie	
1821	Mort de Keats en Italie	Abdication de Victor-Emmanuel Ier, avènement de Charles-Félix
1822	Stendhal : *De l'amour*	
1823	Richard Parkes Bonington en Italie	Procès des « carbonari » lombards
1824	Stendhal : *Vie de Rossini*	
1825	Arrivée de Corot en Italie Troisième séjour de Lamartine en Italie	
1827	Nouveau voyage de Stendhal en Italie	
1829	Stendhal : *Promenades dans Rome ; Vanina Vanini*	
1830	Mendelssohn en Italie	

Dates	*Voyageurs et vie artistique en Italie*	*Histoire et civilisation italienne*
1831	Bellini : *La Somnanbule* Premier voyage de Thomas Cole en Italie	Charles-Albert succède à Charles-Félix en Piémont
1832	Silvio Pellico : *Mes prisons* Lamartine en Italie Edgard Quinet en Italie	
1834	Voyage de George Sand et d'Alfred de Musset en Italie Corot à Venise	Fondation de la « jeune Europe » par Mazzini, à Berne
1835	Donizetti : *Lucie de Lammermoor* Bellini : *Les Puritaines* Alexandre Dumas en Italie	
1836	Viollet-le-Duc en Italie	
1837	Voyage de Fenimore Cooper en Italie	
1839	Voyage de Prosper Mérimée en Italie Charles Gounod, Prix de Rome, rejoint la Villa Médicis Jules Janin : *Voyage en Italie* Stendhal : *La Chartreuse de Parme* Voyage de Sainte-Beuve en Italie Liszt à Venise	Ouverture de la ligne de chemin de fer Naples-Portici
1840	John Ruskin en Italie Turner retourne à Venise Robert Browning à Venise Alexandre Dumas, second séjour italien	
1841	Second voyage de Mérimée en Italie Ruskin en Italie Second voyage de Thomas Cole en Italie	
1842	Mort de Stendhal Verdi : *Nabucco* Second séjour de Gérard de Nerval en Italie	
1843	Second séjour de Corot en Italie	
1844	Séjour de Charles Dickens en Italie Hector Berlioz en Italie Lamartine en Italie	
1845	Second voyage de John Ruskin en Italie	
1846		Le chemin de fer atteint Venise par un pont jeté sur la lagune
1847	Verdi : *Macbeth* Voyage de noces en Italie du peintre Jasper Francis Cropsey	Cavour crée le journal : *il risorgimento*
1848	Premier séjour italien d'Ernest Renan	Révolution dans toute l'Italie
1849	Victor-Emmanuel II succède à Charles-Albert	Les Français entrent dans Rome
1850	Verdi : *Rigoletto* Premier voyage de Théophile Gautier en Italie	
1851	Étape italienne de Gustave Flaubert, à son retour d'Orient Premier voyage italien de George Inness	
1852	Lamartine en Italie	Cavour président du Conseil en Piémont
1853	Verdi : *Le Trouvère ; La Traviata* Premier voyage de Manet en Italie	
1855	Jacob Burckhardt : *Le Cicerone* George Sand à Rome Premier voyage en Italie de Sanford Robinson Gilford	

Dates	*Voyageurs et vie artistique en Italie*	*Histoire et civilisation italienne*
1856	Voyage de Gustave Moreau en Italie Naissance à Florence de John Singer Sargent	
1857		Mazzini fomente des soulèvements en Ligurie et en Piémont
1858	Wagner en Italie (Venise)	Entrevue de Plombières entre Napoléon III et Cavour
1859	Verdi : *Un bal masqué* Séjour italien de Degas (Rome et Florence)	Guerre de l'Autriche contre la France alliée au Piémont L'Autriche vaincue cède la Lombardie à Napoléon III qui la rétrocède à Victor-Emmanuel II
1860		Le Piémont cède la Savoie et Nice à la France Expédition des « mille » de Garibaldi en Sicile. Alexandre Dumas y participe
1861		Victor-Emmanuel II roi d'Italie. Annexion du Royaume de Naples Mort de Cavour
1862	Naissance du groupe pictural des Macchiaioli dont les principaux chefs de file sont Telemaco Signori, Giovanni Fattori, Giuseppe Abbati et Silvestro Lega	
1864	Voyage de Taine en Italie	
1866		La Vénétie entre à son tour dans le Royaume d'Italie
1867	Verdi : *Don Carlos*	
1868	Second voyage italien de Sanford Robinson Gilford	
1869	Dernier voyage de Lamartine en Italie Henry James à Venise	
1870	Henry Roderick Newman s'installe à Florence	Rome est déclaré capitale du Royaume d'Italie
1872	Nouveau séjour d'Henry James en Italie Manet à Venise	Mort de Mazzini
1874	Second voyage en Italie de George Inness	
1876	Séjour italien de Charles Herbert Moore	
1878	Second séjour italien d'Ernest Renan	Mort du Roi Victor-Emmanuel II. Avènement d'Humbert Ier
1879	James A. Mc Neill Whistler séjourne à Venise	
1881	Séjour de Renoir en Italie (Venise, Florence, Rome, Naples et Pompéi)	
1883	Mort de Wagner à Venise	
1887	Verdi : *Otello*	
1888	Premier voyage italien de Maurice Brazil Prendergast	
1889	Mort de Browning à Venise	
1890	Paul Bourget en Italie	
1892	Enième séjour italien pour Henry James André Suarès à Venise	
1893	Verdi : *Falstaff* Zola à Rome	
1894	Premier voyage de Maurice Barrès en Italie	
1899	Premier voyage de Valéry Larbaud en Italie	Création de la FIAT
1900	Proust à Venise	
1901	Mort de Verdi	
1908	Monet à Venise	
1911	Second voyage de Maurice Brazil Prendergast en Italie	
1917	Henry Roderick Newman meurt à Florence	

BIOGRAPHIES

MAURICE BARRÈS
(1862-1923)

Issu d'une famille bourgeoise aisée, aux origines à la fois lorraine et auvergnate, il est élevé dans une ambiance à dominante féminine. À vingt ans, il s'inscrit à la faculté de droit de Paris, sous prétexte de terminer ses études. En fait ses cours ne l'intéressent guère, et suivant les engagements littéraires de son adolescence, il se passionne pour la littérature. Ambitieux, doté d'une plume impertinente, il obtient son premier succès avec la publication de *Sous l'œil des Barbares.* À l'instar des Grecs qui traitaient de barbares tous ceux qui n'étaient pas de culture grecque. Barrès appelle barbares tous ceux qui, pensant différemment de lui, seraient susceptibles de lui imposer leurs croyances et l'empêcheraient alors d'épanouir sa propre personnalité. En 1889, il connaît la réussite politique après avoir été élu député de Nancy. Il achève alors sa trilogie du *Culte du Moi.* Les voyages qu'il fait à travers l'Espagne et l'Italie sont de véritables pèlerinages artistiques. Seul compte l'esthétisme, qu'il soit architectural, pictural, poétique ou musical. Plus égotiste que jamais, habité par un idéal romantique à la fois sensible et morbide, il transcrit ses émotions dans un style où éclatent la musicalité de la phrase et un sens particulier de la formule et du raccourci. *Du sang, de la volupté et de la mort,* récit de voyages tout autant que réflexions personnelles, sera publié en 1884, après un périple tant espagnol qu'italien. *Amori et dolori sacrum,* publié en 1903, est un hymne à la beauté fascinante d'une Venise à l'agonie. « Il avait l'inexactitude gratuite, la sincérité divagante, la mémoire incertaine et imaginative », dira Émile Henriot. Barrès devient le maître de la sensibilité d'une génération en quête d'elle-même. Mais la profonde influence exercée par l'écrivain, qui, entre-temps, s'est transformé en chantre du nationalisme jusqu'à patronner *l'Action française,* va s'amenuiser peu à peu. Les jeunes écrivains lui préfèrent d'autres mentors. Barrès tombe alors dans l'oubli.

RICHARD PARKES BONINGTON
(1802-1828)

Élève de l'école de Francia à Calais dès l'âge de quinze ans, ce jeune aquarelliste est très attiré par la peinture française, ce qui le conduit à gagner la capitale pour y suivre les cours du Louvre. Une fois installé à Paris, il fréquente l'atelier de Gros qui sera lui-même subjugué par la transparence et la fraîcheur des toiles de son élève. Ignorant la peinture monumentale et réaliste, le brillant paysagiste parcourt la France, où il choisit délibérément de peindre en plein air. Mais c'est l'Italie, qu'il parcourt longuement, et où il réalise un grand nombre d'esquisses, qui servira le mieux son talent. Sa sensibilité, sa fougue, sa poésie, exaltent la fièvre romantique ambiante. La richesse de sa palette, la fluidité de ses ciels, et la personnalité de son œuvre sont révolutionnaires pour de nombreux peintres, y compris pour Delacroix dont il devient l'ami. Bonington sera l'un des rares peintres anglais à exercer une profonde influence sur la peinture continentale. Emporté par la tuberculose à l'âge de vingt-six ans, il laisse néanmoins une œuvre très moderne pour son époque. Ses aquarelles vénitiennes et ses marines normandes, d'une luminosité transcendante, sont parmi les plus originales du XIXe siècle.

CHARLES DE BROSSES
(1709-1777)

Preux combattants sous saint Louis, les de Brosses avaient troqué sous Henri IV l'épée contre la robe. Charles, né au début du XVIIIe siècle à Dijon, est déjà chargé d'un lourd passé. Fils et petit-fils de magistrats, il se montre digne de sa prestigieuse ascendance en devenant dès l'âge de vingt et un ans conseiller au parlement de Bourgogne. De ses études chez les bons pères jésuites, il garde un goût immodéré pour le savoir, et l'amitié de Georges Louis Leclerc, qui deviendra célèbre sous le nom de Buffon. Savant latiniste, mondain, humaniste, il compense une taille minuscule par un esprit qui ne connaît pas de bornes. Sa passion de l'art, de l'Opéra, et surtout de l'Antiquité le mènera naturellement sur les traces des voyageurs du Grand Tour, à travers l'Italie. De l'œuvre de cet homme de lettres prolifique, il ne reste aujourd'hui que les *Lettres d'Italie,* précieux témoignage d'un voyage qui durera de mai 1739 à avril 1740, et qui réunit les lettres de sa correspondance vénitienne – dont certaines ont été écrites longtemps après, sans pour autant en atténuer la force. Il a compris et formulé quelles ambitions nourrissait à Turin la maison de Savoie, et qu'elle se préparait à asservir l'Italie tout entière. Quand les Italiens lui rapporteront que le roi de Savoie « est à leur gorge » et qu'il « les suffoquera tôt ou tard », le seul fait qu'il consigne ces propos nous invite à penser qu'il les prend avec le sérieux que nous savons aujourd'hui qu'ils méritaient. « Le roi Victor-Emmanuel, remarque-t-il, disait que l'Italie était comme un artichaut qu'il fallait manger feuille à feuille. » Pour peu qu'on se rappelle que l'unité italienne ne sera parachevée que cent trente ans plus tard, et par cette maison de Savoie, on admire l'intelligence de ce « léger magistrat de Dijon », comme dira Chateaubriand. Reste que cet ouvrage savoureux est un tableau spontané, précis, spirituel et quelque peu irrespectueux de la société italienne de l'époque. Il sera publié bien après la mort de Charles de Brosses, en l'an VII de la jeune république.

GEORGE GORDON, LORD BYRON
(1788-1824)

Ce dandy fantasque et romantique reçoit une éducation stricte et puritaine, dans la plus pure tradition de la vieille noblesse britannique. À dix-neuf ans, le jeune homme se retrouve soudain à la tête d'un héritage considérable, laissé par son oncle. Héritier de l'abbaye de Newstead et du titre de Lord, il consacre alors deux années à parcourir l'Europe, et publie dès son retour les premiers chants du *Pèlerinage de Childe Harold.* Son talent littéraire est rapidement salué par une société anglaise à la fois séduite par son image de jeune romantique maudit, et outrée par son idylle avec sa demi-sœur Augusta. En 1816, lassé des scandales que n'ont pas fait cesser son mariage avec Anna Isabella Milbanke, ayant aussi très sérieusement entamé sa fortune, il part à nouveau pour le continent. Mais la Belgique et la Suisse – où il rencontre Shelley et sa sœur, qui lui donnera une fille Allegra – ne lui offrent pas le cadre propice à ses aspirations romantiques. Il découvre en revanche Venise, ville à sa démesure, en compagnie de son ami Shelley. Sa situation financière précaire lui permet cependant d'y mener un train de vie inconcevable en Angleterre. Dans cette ville libertine et permissive, il peut enfin donner libre cours à ses plaisirs amoureux. Le palais Mocenigo où il s'est installé, est transformé en véritable harem, jusqu'à sa rencontre avec Teresa Guiccioli, dont il devient l'amant. Son aventure avec la belle comtesse, l'inspiratrice de son *Marino Falieri,* va l'impliquer dans l'insurrection des *carbonari* contre l'envahisseur autrichien. En 1821, la défaite des insurgés l'entraîne à Pise, où il écrit *Sardanapale, Les Deux Foscari,* et *Caïn.* Après la mort de sa fille, puis celle de son ami Shelley, affaibli par la maladie et fatigué de Teresa, Byron va se consacrer à la lutte pour l'indépendance de la Grèce. Il abandonne définitivement sa maîtresse et s'embarque pour la Céphalonie, où il participe à la bataille de Missolonghi, puis se rend en Crète. Il y est accueilli en triomphe avant de mourir trois mois plus tard, des suites d'une méningite.

IPPOLITO CAFFI
(1809-1866)

Ippolito Caffi, considéré comme un peintre expert de la perspective, a commencé ses études artistiques à Belluno avant d'entrer à l'académie des Beaux-Arts de Venise où il séjourne de 1827 à 1831. En 1830, il remporte un prix de perspective avant d'aller à Rome. Il y travaille comme décorateur de théâtre. En 1843, il s'embarque, à Naples, pour un périple entre Malte, Athènes et Constantinople. Ses nombreux voyages l'aident à prendre de la distance avec l'académisme pictural de l'époque, et l'influence toujours bien ancrée de la peinture de Canaletto. Il est très attentif aux contrastes lumineux, et à la peinture réaliste des paysages. Il a l'art de l'impression rapide et fugitive qui met en valeur la lumière et le mouvement. Son talent d'aquarelliste, les couleurs chaudes et la qualité de sa lumière rappellent un peu Bonington. Caffi se rend ensuite en Égypte où il se joint à une caravane qui l'emmène de Suez à Alexandrie, puis au Caire en longeant le Nil vers la Haute-Égypte. Profondément nationaliste, il participe activement au soulèvement contre l'oppresseur autrichien. D'abord condamné à l'exil, il est arrêté à nouveau puis libéré, il se lancera avec passion dans la campagne garibaldienne. Il périt noyé en 1866 durant la bataille de Lissa contre l'Autriche.

FRANÇOIS-RENÉ, VICOMTE DE CHATEAUBRIAND
(1768-1848)

Dixième enfant d'un hobereau breton, il passe toute son enfance au château de Combourg. Sous-lieutenant au régiment de Navarre, il assiste aux débuts de la Révolution, et décide de s'embarquer pour l'Amérique en 1791. Son voyage, qui dure un an, est aussi riche qu'instructif. Il rentre en France en janvier 1792, se marie avant de s'engager dans l'armée des princes, puis émigre en Angleterre. Il ne revient en France que sept années plus tard, sous un faux nom. En 1800, il publie *Atala ou les amours de deux sauvages dans le désert* et en 1807, *René.* Le succès est immédiat. Il rencontre Napoléon chez Lucien Bonaparte, et le futur Empereur le nomme en 1803 secrétaire d'ambassade à Rome. À la mort du duc d'Enghien, il rompt avec l'Empire et se consacre à la littérature. En 1811, un voyage le conduit en Grèce, en Turquie, en Palestine et en Espagne. Il œuvre pour le retour des Bourbons sur le trône de France et devient ministre de Louis XVIII. En 1828, il est nommé ambassadeur à Rome, éloignement certes honorable, mais qui le coupe de toute possibilité d'action politique. Il y donne des fêtes dont les moindres détails sont relatés dans le journal local. Dans ses lettres à Mme de Récamier, qui lui sert de confidente, il peste contre les Anglais, insipides et frivoles, qui avalent sans discernement tableaux, ruines, et « petits gâteaux » des soirées où ils sont invités. Il fait élever – à ses frais – un monument au Poussin, et entreprend des fouilles archéologiques. Son séjour romain ne dure que huit mois. « Chateaubriand a sinon inventé, du moins propagé l'exotisme et la poésie du voyage », dira Émile Henriot, qui le décrit comme « juge passionné de son temps, avec des vues d'écrivain qui le dépassent, prospecteur profond du passé et divinateur stupéfiant de l'avenir. Il a vu où allait le siècle. » À la fin de sa vie, Chateaubriand parcourt l'Europe, séjourne à Venise, et revient enfin en France pour terminer la rédaction des *Mémoires d'outre-tombe.*

JEAN-BAPTISTE CAMILLE COROT
(1796-1873)

Le jeune Jean-Baptiste préfère de loin la peinture au commerce dans lequel ses parents veulent le voir s'engager. En 1822, il obtient d'eux la possibilité de suivre les cours du paysagiste néo-classique, Michallon. Doté d'une technique remarquable et d'une grande curiosité, il délaisse bien vite l'atelier pour peindre à l'extérieur. Il se rend plusieurs fois en Italie, patrie des arts universels. Ses séjours dans le pays de Dante, et principalement à Rome où il côtoie des peintres venus de tous les horizons, donnent lieu à une production remarquable d'aquarelles et d'huiles. Cette terre de prédilection lui inspirera ses fameux *Carnets d'Italie.* En France, il peint en Normandie, à Mantes, à Douai ou dans la forêt de Fontainebleau. Sa peinture, qui se rattache à celle de Poussin, est un florilège de couleurs vives et la démonstration d'une grande maîtrise du pinceau. Corot, sans véritablement faire école, est considéré, à juste titre, comme l'un des plus grands paysagistes de l'histoire de la peinture et l'un des précurseurs de l'art moderne. Ses œuvres en atelier, aussi belles soient-elles, ne seront jamais à la hauteur créatrice de ses toiles de jeunesse.

DOMINIQUE VIVANT DENON
(1747-1825)

Gentilhomme d'ambassade à Saint-Pétersbourg sous Louis XV, chargé de mission en Suisse sous Louis XVI, le ci-devant baron de Non devient Dominique Vivant Denon sous la Révolution. Nommé secrétaire d'ambassade à Naples, il y conçoit un goût pour l'Italie qui ira en s'accroissant. Il y séjourne longuement, parcourant non seulement la Lombardie, la Vénétie, la Toscane, et bien sûr l'incontournable Rome, mais aussi, ce qui est plus rare, la Sicile. Denon entre à l'académie des Beaux-Arts dès 1787, confirmant ses talents de graveur et d'aquafortiste. Il équilibre son temps entre la diplomatie, les arts, et la belle société. En proie à sa grande passion pour l'Italie, il participe au fameux *Voyage historique et pittoresque de Naples et de Sicile,* de l'abbé de Saint-Non. Son *Voyage en Sicile et à Malte* est publié en 1788. Ce diplomate dans l'âme, qui traverse toutes les tourmentes de cette fin de siècle sans paraître en souffrir, accompagnera Bonaparte, qu'il admire profondément, dans sa célèbre expédition d'Égypte. À son retour, il publie un récit de ses voyages en Orient, et occupe la place de directeur général des musées. Il sera d'ailleurs le premier organisateur du Louvre. Quand il meurt en 1825, il approche les quatre-vingts ans. Il est pour le moins bizarre que ce témoin exceptionnel de quatre régimes, de trois quarts de siècle, n'ait jamais pris la peine ou le loisir de nous livrer ses mémoires. On aurait rarement eu l'occasion d'en composer d'aussi riches. Fort heureusement pour nous, ce grand collectionneur un peu antiquaire sur les bords, esthète passionné, libertin riche en conquêtes, nous a tout de même légué un écrit, *Point de lendemain,* authentique petit chef-d'œuvre à la badinerie narquoise, « un bijou indiscret », dira Anatole France.

CHARLES DICKENS
(1812-1870)

Enfant imaginatif et malingre, il est élevé par une nourrice qui le gave de contes assez horribles, qui vont l'impressionner pour la vie. Son père subit des revers de fortune, et le jeune Charles – il n'a pas douze ans – est placé comme commis. En 1827, il est clerc de notaire, puis reporter sténographie au Parlement, puis journaliste, et enfin chroniqueur, avant de publier les Aventures de Mr. Pickwick, et Oliver Twist. Dickens, une fois lancé, va écrire de nombreux romans-fleuves.

En juillet 1844, Charles Dickens se rend en Italie, en compagnie de sa femme, de leurs cinq enfants, d'une belle-sœur, de deux domestiques et d'un régisseur. Il va sillonner le pays à partir de Gênes. Sa correspondance d'alors lui servira plus tard, lorsqu'il publiera des articles sur l'Italie dans le *Daily News,* avant de les réunir une fois revus et corrigés, en un volume, *Images d'Italie.* Nourri de culture et de principes anglais, il ne peut qu'être dérangé par la saleté ambiante et le poids du catholicisme. Si ses jugements artistiques sont dénués d'intérêt, sa grande curiosité lui permet en revanche de saisir de nombreux détails pour le moins pittoresques. L'écrivain « réaliste » reste obsédé par son enfance ; *David Copperfield, La Petite Dorrit,* et *Les Grandes Espérances,* en sont la preuve évidente.

ALEXANDRE DUMAS
(1802-1870)

Alexandre Dumas a quatre ans lorsque son père, le général de division Thomas-Alexandre Dumas, meurt dans la disgrâce de l'Empire. Le jeune Alexandre, qui ne brille pas par son assiduité durant ses « humanités », est rapidement contraint de gagner sa vie. Il devient clerc d'avoué à Villers-Cotterêts, où il est né, puis décide en 1823 de tenter sa chance à Paris. Muni d'une lettre de recommandation pour le général Foy, l'un des chefs de l'opposition, il est engagé comme expéditionnaire dans les bureaux de la chancellerie du duc d'Orléans. Une fois son gagne-pain assuré, il entreprend de refaire son instruction en autodidacte. À partir de 1825, il se lance dans le théâtre de boulevard. Mais il faut attendre 1829 pour que son talent soit reconnu, avec *Henri III et sa cour.* Il est alors rapidement considéré comme un des espoirs de la jeunesse romantique. Après *Charles VII* et *La tour de Nesle,* il se lance dans le roman tout en conservant une approche théâtrale. Entre 1835 et 1839, il parcourt l'Europe et ses *Impressions de voyage* font de lui le premier grand reporter de l'hexagone. *Le Speronare, le Corricolo, Une année à Florence,* autant de récits pittoresques qui décrivent par touches successives les lieux et les hommes qu'il côtoie. Homme de faste et d'argent, Dumas organise des réceptions flamboyantes où se précipite le Tout-Paris de l'époque. Attiré par la politique, il fait le coup de feu avec les insurgés de 1830, est élu capitaine de la garde nationale parisienne mais se brouille une première fois avec Louis-Philippe puis, quelques années plus tard, avec Napoléon III. Vainement il fonde deux journaux politiques et se porte même candidat à l'Assemblée nationale. En 1860, il prend fait et cause pour Garibaldi dont il devient l'historiographe. Il le rejoint en Sicile et se lance dans un trafic de contrebande d'armes. Pendant quatre ans, il séjourne à Naples où le révolutionnaire italien l'a nommé conservateur du musée du Capodimonte. Mais ses rapports avec Garibaldi et les Italiens se détériorent et il revient dans son pays où il termine ses jours à la charge de ses enfants. Il meurt le 5 décembre 1870, à Villers-Cotterêts, laissant derrière lui plus de trois cents volumes et de fort nombreux articles. L'on a calculé qu'il fournissait aux libraires plus de volumes qu'il n'aurait pu en copier en écrivant toute la journée, aussi le nombre de ses collaborateurs a-t-il été considérable et beaucoup de ses ouvrages ont été seulement signés ou retouchés par lui.

THÉOPHILE GAUTIER
(1811-1872)

Poussé par son père, érudit et lettré, le jeune étudiant se met très vite à écrire. Gérard de Nerval le présente à Victor Hugo. Gautier va devenir « l'homme à tout faire » du chef de file des romantiques, menant les « flamboyants » à la première *d'Hernani,* contre les classiques. Mais ce « diablotin » indépendant, qui exalte l'art pour l'art et méprise les effusions sentimentales, se détache progressivement de ses amis romantiques. Gautier, sur l'insistance de Victor Hugo, devient critique littéraire, domaine où son style riche, puissant et décapant fait merveille. On retrouve également toute la verve de l'auteur dans ses récits de voyage. En 1849, il découvre l'Espagne en compagnie de Marie Mattei. Et l'année suivante, toujours avec elle, il passe trois mois en Italie. Dans ses écrits, publiés sous le titre *Italie,* il fait preuve d'une sensibilité et d'un sens inné de la description colorée, presque picturale. Gautier rédige sur place, au gré de ses pérégrinations et de ses humeurs, ce qui donne un ton particulier à ses œuvres. Il ne faut jamais oublier que l'écrivain avait songé à être peintre. « Je suis un homme pour qui le monde extérieur existe », écrivait-il. Et il qualifiait ses descriptions de « débauches d'œil ». Monuments, tableaux, œuvres d'art, rien ne lui échappe. Un inconvénient toutefois : il ne s'intéresse pas à l'être humain. Moins descriptives, plus anecdotiques, les célèbres *Lettres à la Présidente* mettent un accent féroce sur les mœurs de l'époque. À partir de 1858, Gautier tourne le dos au romantisme. Il exerce une influence passagère sur Banville, Flaubert et Baudelaire qui lui dédicace *Les Fleurs du Mal.* En 1861 paraît enfin *Le Capitaine Fracasse,* grand roman de cape et d'épée.

JOHANN WOLFGANG VON GOETHE
(1749-1832)

Descendant d'une famille d'artisans, le père de Goethe est jurisconsulte avec le titre de conseiller impérial. Il est doté d'une grande culture comme en témoigne son journal de voyage en Italie écrit en italien, voyage qu'il entreprend en 1740. Le jeune Johann, poussé par ce père érudit. étudie le droit à Leipzig et à Strasbourg de 1770 à 1771. En 1772, il est nommé avocat auprès de la cour impériale de justice de Francfort. Il s'installe à Weimar en 1775 et commence alors la rédaction de ses premiers essais de poésie dont certains sont publiés sans nom d'auteur. Un séjour effectué à Strasbourg, où il fréquente des artistes en rupture avec le style rococo, est capital pour lui. *Les souffrances du jeune Werther,* œuvre maîtresse de l'écrivain, sont publiées en 1774. Le succès du roman dépasse très vite les frontières de l'Allemagne et influence un grand nombre d'écrivains. En 1786, Goethe réalise enfin un grand désir : partir à la découverte de cette Italie dont son père lui a tant parlé. « En Italie ! En Italie ! Paris sera mon école, Rome mon université. Car c'est vraiment une université. Qui l'a vue, a tout vu. » À Rome, il fréquente les milieux artistes de la ville et se rend à Naples, avant de revenir à Rome, où il reste jusqu'en avril 1788. Au printemps 1790, il retourne en Italie, à Venise cette fois, où il cherche l'inspiration qui le fuit. Ces années italiennes sont les plus belles de sa vie. Il s'imprègne d'un monde classique qui va l'influencer à jamais et que l'on retrouve dans *Le Voyage en Italie* qui paraît en 1816. De ce séjour, il rapporte également plus de mille paysages, démontrant son don pour le dessin et la peinture. En 1797, un troisième voyage en Italie tourne court à cause des campagnes de Bonaparte en Lombardie. Jusqu'en 1817, il assume la direction du théâtre de Weimar. Son œuvre principale, *Faust,* est le fruit de plus de soixante ans de travail. Il meurt dans la célébrité en 1832.

HENRY JAMES
(1843-1916)

Il est le frère du philosophe William James. Son grand père, émigré irlandais, s'est installé aux États-Unis pour faire fortune. Il y réussit si bien qu'il laisse à ses descendants la possibilité de vivre de leurs rentes. Henry est un garçon taciturne et rêveur, qui reçoit une éducation très irrégulière : durant cinq ans, toute la famille James pérégrine à travers l'Europe, les enfants changeant constamment d'école et de maîtres. À partir de 1860, sa famille s'établit en Nouvelle Angleterre, où il subit l'influence d'un milieu très puritain. Boulimique de lectures dès son plus jeune âge, il est vite attiré par la vieille Europe. Dans les années soixante-dix, il s'offre un voyage sur le vieux continent et, en 1875, enchanté, il décide de s'y installer définitivement. D'abord à Paris puis très vite à Londres où il restera jusqu'à la fin de ses jours. Il se sent plus « étranger » qu'acteur de la comédie humaine, et après s'être essayé à la peinture, il découvre, grâce à Balzac, sa véritable vocation : il sera écrivain. Son voyage à Florence *(Retour à Florence)* en 1880 constitue une étape décisive dans sa vie. L'Italie lui révèle que l'important n'est pas d'être heureux mais de chercher le bonheur. « Enfin, cette fois, je vis », écrira-t-il à Rome. Italiens et villes d'Italie lui fournissent des prétextes à des leçons de morale. Il y compose l'un de ses romans le plus aboutis, *Un portrait de femme,* celui d'une jeune Américaine, Elisabeth Archer qui, venue en Europe pour « conduire librement sa vie », se laisse prendre au piège d'un mari destructeur. L'Italie agit sur lui comme une drogue et, tout en vivant à Londres, il y retourne régulièrement. *Italian hours* est à inscrire parmi les lectures indispensables à tout honnête homme amoureux de l'Italie. En 1890, il écrit pour le théâtre des drames qui seront autant d'échecs. À la fin de sa vie, il obtient la nationalité anglaise, après avoir consacré les années de guerre à des œuvres d'assistance.

ALPHONSE MARIE LOUIS DU PRÂT DE LAMARTINE
(1790-1869)

Aîné de cinq filles, il fait ses études chez les jésuites. Au sortir du collège il entreprend un premier voyage en Italie avant de se rendre à Rome et Naples, où il séjourne cinq mois. Durant ce voyage, il tombe amoureux pour la première fois. Antoniella est une jeune Napolitaine qu'il rencontre en 1811 dans la maison qu'il habite. Cet amour le marque profondément, puisque la jeune fille lui servira de modèle quand, quarante ans plus tard, il rédigera *Graziella.* Royaliste et farouchement opposé à Napoléon qu'il considère comme un usurpateur, il est admis dans les gardes du corps au retour de Louis XVIII mais doit attendre 1820 pour entrer dans la carrière diplomatique. Cette même année, il publie son premier livre, *Méditations poétiques et religieuses,* qui connaît un immense succès. Toujours en 1820, il se rend à Naples en qualité d'attaché à la légation de France avant d'être nommé secrétaire d'ambassade à Londres puis chargé d'affaires en Toscane. Les *Nouvelles Méditations,* publiées en 1823, ont un succès « inouï et universel ». En 1829, il est élu à l'Académie française. Il quitte sans regret une carrière qui l'ennuyait pour se lancer dans la politique. Il sera député du Loiret, ministre des Affaires étrangères en 1848 avant de succomber au coup d'État de 1851. Dans son premier livre de prose, *Voyage en Orient, souvenirs, impressions, pensées et paysages,* publié en 1835, Lamartine raconte son excursion de seize mois en Orient. Durant les vingt dernières années passées à se battre pour sortir du gouffre de ses dettes, il ne publiera que des œuvres par trop secondaires.

FRANZ LISZT
(1811-1886)

Compositeur hongrois né à Raiding, Liszt est attiré très jeune par la musique et en particulier par le piano. Après avoir été l'élève de Salieri, il devient un remarquable virtuose dont Beethoven dira le plus grand bien. Paris l'applaudit, mais Cherubini, qui a déjà refusé à Berlioz l'entrée au Conservatoire, en fait de même avec le jeune Hongrois, prouvant ainsi ses limites et son obscurantisme. Musicien précoce, Liszt compose son premier opéra à douze ans, et à quinze écrit *douze études* pour piano. Romantique à part entière, il admire Berlioz qui lui enseigne les secrets de la musique descriptive. En 1835, le jeune homme s'enfuit avec la comtesse d'Agoult à Genève. Deux filles naîtront de cette idylle dont Cosima qui épousera plus tard Richard Wagner. La technique irréprochable de Liszt, son sens du phrasé et de la mélodie font vite de lui un artiste adulé et chéri du public. Il parcourt l'Europe et surtout l'Italie dont il ne se lassera jamais. « Pour ma part, écrit-il, j'ai peu de choses nouvelles à vous dire, je vis absolument seul depuis un mois à la campagne, dans un petit village appelé Bellagio, ce qui veut dire en français, bel âge, c'est-à-dire encore le mien pour cinq ou six ans. » Une lecture de Dante va lui inspirer une sonate, le souvenir d'une promenade à Tivoli donnera le jour aux éblouissants *Jeux d'eaux à la Villa d'Este,* et il composera, entre autres morceaux de bravoure pianistique, *Gondoliera* et *Tarentelle* pour chanter Venise et Naples. En 1848, il est nommé maître de chapelle à Weimar. Il y reste une quinzaine d'années et y compose la plupart de ses chefs-d'œuvre dont les *Rhapsodies hongroises* inspirées du folklore de son pays natal. En 1861, il s'installe à Rome où il écrit des tableaux religieux comme *La légende de sainte Elisabeth* avant de finir ses jours à Bayreuth.

EDGAR QUINET
(1803-1875)

Aujourd'hui tombé dans un profond oubli, Edgar Quinet eut pourtant une vie particulièrement brillante et remplie, puisqu'il fut professeur, homme politique, historien et poète. Natif de Bourg-en-Bresse, ce brillant étudiant est d'abord attiré par l'Allemagne – il séjourne à Heidelberg – puis par la Grèce et enfin l'Italie (entre 1832 et 1833), « J'aime tout d'ici, écrit-il, les pierres, l'eau, le ciel, les femmes. » Il est tout particulièrement fasciné par Venise. Ce séjour italien, et cette initiation tant culturelle que spirituelle, sera à la base de deux ouvrages importants, *Ahasvérus,* mythe de l'histoire universelle à travers celle du juif errant (1833) et *Les Révolutions d'Italie* (1848-1851). Il est nommé professeur à l'université de Lyon, puis au Collège de France. Il se fait l'apôtre des nationalités, et publie en 1839 un magnifique ouvrage : *Allemagne et Italie.* « Par le nord, par le midi. par l'est, par l'ouest, cette grande cité de l'art se lie à tout ce qui l'entoure. C'est entre le monde grec d'un côté, et le monde germanique de l'autre, que s'est développé le génie de l'Italie. Ces deux limites sont marquées au midi par les colonnes de Paestum, au nord par la cathédrale de Milan. La position de l'Italie, ce grand promontoire qui s'étend entre l'Europe et l'Orient, fait qu'il lui est difficile de supporter des conditions médiocres. » Mais son anticléricalisme finit par attirer la réprobation des autorités religieuses, des libres penseurs et du gouvernement, ce qui lui fait perdre sa chaire au Collège de France. Après quelques années d'exil passées en Belgique et en Suisse, il meurt à Versailles sans avoir vu l'avènement de la République de ses rêves.

JOHN RUSKIN
(1819-1900)

John Ruskin naît à Londres dans une famille autoritaire et sévère. Dès sa petite enfance, il baigne dans la littérature et dans l'art. Il n'a que quatre ans quand son père l'initie aux charmes de l'architecture des cathédrales et des châteaux, et lui fait donner des cours de dessin et de musique. Il poursuit ses universités à Oxford mais il les interrompt pour l'amour d'une jeune Française, fille de l'associé de son père. L'indifférence de l'adolescente le désespère, et il tombe malade. Son père, pour lui changer les idées, l'emmène faire un tour d'Europe durant deux ans. De retour à Oxford et visiblement guéri de son chagrin, il termine brillamment ses études en 1842. Il publie son premier livre, *les Peintres modernes* où il prend délibérément la défense de Turner. Il décide alors de voyager seul et visite l'Italie, pays qui lui inspirera quelques années plus tard son chef-d'œuvre, *Les Pierres de Venise.* Ruskin, grand adversaire du matérialisme de l'ère victorienne, exalte l'architecture gothique dans *Les sept lampes de l'architecture,* un ouvrage qui paraît en 1849 et qui lui vaut un énorme succès. L'art et l'architecture sont, selon lui, l'expression de la morale, de la religion et des aspirations profondes d'un peuple. Il devient l'un des maîtres à penser des péraphaélites et enseigne à Oxford pendant plus de quinze ans. En 1877, quelques-unes de ces conférences seront publiées sous le titre : *Les Matins de Florence.* John

Ruskin ne se contente pas d'enseigner : il suit ses élèves-disciples dans leurs déplacements, ne serait-ce que pour les préserver des suggestions hérétiques des Murray et autres Baedecker. Il publie à cet effet de petites plaquettes de vingt pages, aisément maniables, vite lues, que l'on peut glisser dans sa poche, et qui fournissent au voyageur des explications vivantes et pleines de surprises. Ayant hérité, à la mort de son père, d'une fortune colossale, il va la dépenser en dons et dotations diverses à des musées et des associations culturelles.

JOHN SINGER SARGENT
(1856-1925)

Ses parents, comme un grand nombre d'Américains aisés du XIXe siècle, ont quitté leur ville de Philadelphie pour s'installer en Europe. Né à Florence, John entre à l'académie des Beaux-Arts, où il prend ses premiers cours de peinture. Après avoir séjourné à Paris, il retourne en Italie, à Capri, où il peint ses premiers tableaux, en 1878. Deux ans plus tard, il découvre Venise, qui lui inspirera ses plus belles toiles. Installé place Saint-Marc, dans une chambre du palais Rezzonico, il peint Venise à contre-courant des tendances picturales de l'époque. Délaissant les incontournables vues du Grand Canal, foules au carnaval, et autres fresques architecturales, il choisit de peindre les petites ruelles sombres et étroites, les cours anonymes, les intérieurs modestes, fasciné par la lumière diffuse et les jeux d'ombres de la Sérénissime. En 1885, il s'installe à Londres, où il s'impose comme l'un des portraitistes les plus prisés d'Angleterre. Mais son cœur reste italien. En 1897, après des années d'absence, il retrouve l'Italie, où il cherche l'inspiration dans les fresques murales et les mosaïques byzantines de Sicile, de Rome, et de Florence. Ses pas le mèneront à nouveau à Venise, au sein de la basilique Saint-Marc, puis dans l'église Santa Maria della Salute, l'un de ses sujets favoris. Il en tirera d'admirables vues fragmentaires, presque « instantanées », peu conventionnelles à une époque où il est de mise de représenter un bâtiment dans son entier. À partir de 1900, il va passer chaque automne en Italie, où il produira ses plus belles œuvres. Il meurt à Londres en 1925.

MARIE-HENRI BEYLE DIT STENDHAL
(1783-1842)

Fils de bourgeois aisés, le jeune Beyle suit les cours de l'École centrale de Grenoble, où il est né. Trois ans plus tard, il décide de monter à Paris avec la ferme intention de se présenter au concours de l'école Polytechnique, mais il tombe malade et il est obligé de renoncer. Grâce à des relations familiales, il trouve un emploi au ministère de la Guerre. En 1800, le jeune homme quitte Paris pour l'Italie où il est nommé sous-lieutenant de cavalerie. Le pays l'enchante et il en fait sa patrie d'élection. Il est surtout fasciné par Milan, « sa patrie morale », dont il se considère citoyen. Jusque-là, Beyle cherche sa voie. C'est un idéologue amateur qui fait la chasse au bonheur, au gré de ses amours et de ses curiosités milanaises. En 1806, il sert dans l'intendance et suit l'armée de l'Empire en Allemagne. En 1810, il est nommé auditeur au Conseil d'État, puis inspecteur du mobilier et des bâtiments de la couronne à Paris. Il traîne toujours sa réputation de dilettante et de brillant orateur qu'il met à profit dans les salons à la mode. Après la chute de l'Empereur à Waterloo, Henri Beyle s'établit à Milan, sa seconde patrie, où il va vivre pendant sept ans. C'est alors que naît le vrai Stendhal, qui va bientôt publier *L'Histoire de la peinture italienne.* En 1830, il est nommé consul à Trieste puis à Civitavecchia où il profite de son séjour pour adapter les chroniques italiennes qu'il a découvertes dans les archives de la bibliothèque vaticane, et qui seront publiées en 1839. Une grande moitié de son œuvre traite de l'Italie, *Rome, Naples et Florence, Promenades dans Rome, Souvenirs d'égotisme, Lamiel.* Tout le séduit en Italie, la musique, et pas uniquement Cimarosa et Rossini, les arts, les paysages, les femmes, surtout les lombardes. En différents séjours, il y passera presque une quinzaine d'années. *La Chartreuse de Parme,* roman passionnel où se mêlent tous les souvenirs et les amours de Stendhal, voit le jour en avril 1839. En mars 1841, celui que Maurice Barrés, méprisant, qualifiait de « vieux beau apoplectique de Civitavecchia » a une première attaque d'apoplexie ; il parvient à regagner Paris, où une semaine plus tard, il sera emporté en pleine rue par une deuxième attaque.

ANDRÉ SUARÈS
(1868-1948)

Issu d'une famille Israélite aisée, il est breton et catholique par sa grand-mère maternelle à laquelle il voue un culte profond. Prix d'honneur en discours français au Concours général, il est remarqué par Anatole France qui cite sa composition dans *le Temps.* André Suarès entre à l'École normale en 1886, s'y lie d'amitié avec Romain Rolland. Refusé à l'agrégation, il retourne à Marseille, sa ville natale. Sa carrière littéraire débute en 1893, avec son ouvrage *Les pèlerins d'Emmaüs.* En mars 1895, Suarès réalise un vieux rêve, découvrir l'Italie. Il part pour Rome à pied, sans le sou, dormant à la belle étoile. C'est pour lui une révélation : « Des ruines riantes, de vieux châteaux, d'antiques tours, des torrents lointains, pareils à un fil de lait sur la montagne, tout est plaisir dans la lumière. » Il visite Assise et Pérouse, puis s'établit à Venise pour un mois. L'air de l'Italie exalte son talent ; la vie lui semble légère, « et léger, c'est trop peu dire : tout le pays a l'air liquide dans la clarté ». De retour à Paris, il attendra 1909 avant de retourner en Italie, où il séjournera trois mois. Le vol de ses malles, à la fin du séjour, le prive des souvenirs qu'il a amassés, mais épargne heureusement ses carnets. En 1910, il publie *Vers Venise,* puis en 1932, les deux derniers tomes du *Voyage du condottiere, Fiorenza* et *Sienne. Le Voyage du condottiere,* chef-d'œuvre de lyrisme, de poésie, et de finesse, lui fait effleurer la célébrité. Mais en dépit d'une œuvre qui reste l'une des plus brillantes de son temps, ce magnifique poète, philosophe moraliste, essayiste rare, lecteur intransigeant – quoique parfois injuste – restera incompris et peu lu. Sur ses vieux jours, il luttera avec acharnement contre le nazisme et l'aveuglement de ses concitoyens face au danger de guerre. Chassé de la capitale par la guerre, il se réinstallera à Paris à la Libération, où il meurt en 1948.

HIPPOLYTE ADOLPHE TAINE
(1828-1893)

Il obtient le premier prix de composition française au Concours général de 1847 et poursuit ses études à l'École normale supérieure. Après s'être vu refuser une chaire à Besançon, il abandonne l'enseignement pour se consacrer à la littérature, l'histoire et la philosophie. Persuadé que le voyage est propice à la richesse intérieure, il part à la découverte des Pyrénées qui lui inspireront son célèbre *Voyage aux Pyrénées.* Il devient journaliste et collabore à *La Revue des deux mondes* et au *Journal des débats.* Son ouvrage sur *Les philosophes français du XIXe siècle* lui apporte la gloire. Il entreprend un voyage en Angleterre en 1858 qui l'oriente définitivement vers la pensée et les coutumes de ce pays. Motivé par le libéralisme anglais, il publie *L'Idéalisme anglais* et une *Histoire de la littérature anglaise.* Puis il visite les Pays-Bas et l'Allemagne avant de séjourner en Italie en 1864 où il écrit *La Philosophie de l'Art en Italie,* ouvrage qui fera référence pendant de très nombreuses années et dans lequel l'auteur laisse libre cours à son érudition et son sens aigu de la critique. Ce voyage en Italie le bouleverse. Il découvre un monde totalement différent qui le rend particulièrement prolixe. Dans son *Voyage en Italie,* il rapporte des impressions très détaillées sur Florence, Naples, Rome ou Venise, des villes qui le fascinent et exaltent son imagination. Lui, l'homme de méthode et de précision, se laisse parfois aller à un lyrisme qui tranche avec l'austérité et la rigueur de sa pensée habituelle. Il pose sur l'Italie et sur la vie italienne un regard neuf. Avec lui, les Italiens, tout comme l'élément politique très particulier qui les environne, sont omniprésents, ce qui donne une dimension originale à son *Voyage en Italie.* S'il fallait voyager avec un seul ouvrage, c'est bien celui-ci qui serait le compagnon idéal. En 1876 paraissent les premiers volumes de son œuvre maîtresse, *Les Origines de la France contemporaine,* Taine, observateur attentif, promène à travers l'histoire la même curiosité qu'à travers une galerie zoologique. En 1878, il est élu membre de l'Académie française.

JOSEPH MALLORD WILLIAM TURNER
(1775-1851)

Fils d'un barbier londonien, le jeune Turner, délaissant le confort médiocre de la carrière paternelle, peint sa première toile à l'âge de douze ans. En 1787, il se lance dans l'étude de la peinture et du dessin. Fasciné par le mouvement et la lumière, il parcourt l'Angleterre dans le but de parfaire son éducation sur la nature. En 1800, il se lie avec Sarah Danby, veuve d'un écrivain, qui lui donnera deux filles. Sa consécration, l'élection à la Royal Academy de Londres, le pousse à entreprendre des voyages sur le continent, au cours desquels il rencontrera Louis David, à Paris. Mais c'est surtout l'Italie, pays de la lumière, qui lui inspirera ses œuvres maîtresses. Venise, Rome et Florence, qu'il connaîtra bientôt mieux que quiconque, éveillent son inspiration, et se reflètent dans l'une des œuvres les plus lumineuses de l'histoire de la peinture. Lors de son premier voyage en Italie, vers 1820, il rencontre Canova à Rome. À son retour, il connaît une liaison avec Hannah, la nièce de Sarah Danby, dont il vient de se séparer. Pour donner aux apparences le tour respectable qu'exige le carcan social britannique, il la présentera comme sa gouvernante. Huit ans plus tard, un second voyage lui inspire une série d'aquarelles qui illustreront l'ouvrage de Samuel Roger, *Italy,* publié en 1830. En 1840, l'année de sa rencontre avec Ruskin, il séjourne pour la dernière fois à Venise. Trois ans plus tard, le souvenir de ce voyage engendrera l'une de ses plus belles toiles, *Venise Coucher de soleil,* qui influencera par la suite les peintres impressionnistes. Retiré dans une maison de Chelsea avec son nouvel et dernier amour, Sophia Boot, Turner s'éteint en 1851.

GLOSSAIRE

ABSIDE
Dans la basilique romaine, extrémité opposée à l'entrée, en forme de demi-cercle.

ACROPOLE
Partie la plus élevée et fortifiée d'une ville grecque antique. On y retrouve tous les lieux importants du culte.

AMPHITHÉÂTRE
Édifice de la Rome antique où se tenaient les combats de gladiateurs et les jeux du cirque. De forme elliptique il était entouré de gradins divisés en sections. Au centre s'élevait le Podium réservé à l'Empereur et à ses invités d'honneur. Sous l'arène se trouvaient les locaux de services.

APODYTERIUM
Désigne le vestiaire dans les thermes romains.

ARC DE TRIOMPHE
Monument en forme d'arcade érigé par les Romains pour célébrer les victoires de leurs généraux. À Rome, les plus connus sont les arcs de Constantin (le mieux conservé), de Septime Sévère et de Titus.

ARC EN PLEIN CINTRE
Arc de forme semi-circulaire qui suit une voûte en berceau, architecture typique de l'art roman.

ARC DOUBLEAU
Arc qui, faisant saillie, renforce l'arc en plein cintre.

ARCHITRAVE
Élément inférieur de l'entablement, ensemble comprenant également la frise et la corniche, et qui sépare la colonne du fronton d'un temple.

ATRIUM
Cour intérieure dans les habitations romaines antiques.

ATTIQUE
Partie de l'édifice qui soutient la corniche. Détermine tout ce qui a trait à l'antique Athènes.

D'AZEGLIO (1798-1866)
Marquis Massimo d'Azeglio. Homme d'État et écrivain italien. Fut l'un des chefs de file du Risorgimento.

BALBO (1789-1853)
Cesare Balbo, comte de Vinadio, fut un des chefs historiques du Risorgimento.

BAROQUE
Le style baroque, issu de la contre-réforme, prend ses lettres de noblesse, en Italie, de 1630 à 1750. Il se caractérise par la ligne courbe et l'exubérance du décor, les plans grandioses et une sculpture tourmentée. Le Bernin ou Borromini, en Italie, en sont les principaux représentants.

BASILIQUE
Si les chrétiens lui donnent une fonction religieuse, la basilique des anciens Romains était un vaste édifice servant aussi bien au commerce, aux séances de justice ou aux réunions publiques.

BEAUHARNAIS (1781-1824)
Eugène de Beauharnais. Fils du général de Beauharnais et beau-fils de Napoléon 1er par sa mère, Joséphine. Il est nommé par l'empereur vice-roi d'Italie en 1805, pour récompenser sa bravoure lors des campagne d'Égypte et d'Italie. Il se révélera excellent homme d'État et restera toujours fidèle à l'empereur.

BELLINI (1801-1835)
Vincenzo Bellini. Compositeur italien né en Sicile (Catane). Auteur de onze opéras dont *La Norma* et *La Somnambule.* Bellini porta la mélodie au paroxysme de la pureté. Il mourut d'une tumeur intestinale, à l'âge de trente-quatre ans, à Puteaux.

LES BONAPARTE EN ITALIE
ÉLISA BONAPARTE (1777-1820)
Maria-Anna, dite Élisa. Épouse du capitaine corse Félix Bacciochi nommé par Napoléon prince de Lucques et de Piombino. En fait, c'est Élisa qui tenait seule les rênes du pouvoir. Elle se montra une administratrice de choc, son mari étant, dit-on, d'une parfaite incompétence.

PAULINE BONAPARTE (1780-1825)
Marie Paulette dite Pauline. Veuve du général Leclerc en 1802, elle épouse en secondes noces le prince romain Camille Borghèse et devient grâce à son frère Napoléon duchesse de Guastalla. Contrairement à sa sœur Élisa, Pauline, qui n'a aucune ambition politique, passe son temps

entre Paris et Rome. Elle restera fidèle à l'Empereur, dont elle est la préférée, jusqu'au dernier jour.

LUCIEN BONAPARTE (1775-1840)
Le seul qui ait fait de l'ombre à l'Empereur. C'est grâce à l'aide de Lucien que Napoléon put réussir son coup d'État du 18 brumaire. Les deux frères ne s'entendant pas vraiment, Lucien, écarté de la succession au trône, se réfugia en Italie où le pape Pie VII lui conféra le titre de prince de Canino. Il se réconciliera avec Napoléon lors des Cent Jours et finira sa vie à Rome.

CAROLINE BONAPARTE (1782-1839)
La petite dernière des trois sœurs de l'Empereur. En 1800, elle épouse Murat, le militaire le plus admiré de Napoléon. Comploteuse de choc, elle obtint pour son mari le titre de roi de Naples en 1808 lorsque Joseph, le frère aîné de Napoléon fut « muté » en Espagne. Très ambitieuse, elle manipula le pauvre Murat et sera à l'origine, malgré elle, de sa mort en 1815. Elle finira ses jours à Trieste sous le nom de comtesse Lipona, l'anagramme de Napoli.

JOSEPH BONAPARTE (1768-1844)
Frère aîné de l'empereur, il se contentera, toute sa vie, d'un rôle de subalterne et vivra, de son plein gré, dans l'ombre de son illustre frère. Ce dernier le nommera roi de Naples en 1806 avant de lui donner le titre de roi d'Espagne qu'il conservera de 1808 à 1813. Il finira sa vie en Amérique sous le nom de comte de Survilliers.

BRICK
Ce petit navire de guerre à double mât et à voiles fait son apparition au milieu du XVIIIe siècle. Très maniable, rapide, fort de ses douze ou dix-huit canons ou « bouches à feu », il s'avère être un redoutable guerrier. Ce voilier racé servira au XIXe comme bateau de fret ou de passagers.

BRIGANTIN
Goélette à deux mâts et voiles carrées.

BUCENTAURE
Galère d'apparat des doges de Venise, couverte d'incrustations et de dorures. Le jour de l'Ascension, le Bucentaure, escorté d'une armada de gondoles, glissait sur les eaux du Grand Canal, au son de toutes les cloches de la ville et le Doge, en grande tenue, jetait à la sortie du port, un anneau nuptial en prononçant cette phrase légendaire : « Nous t'épousons, ô mer, en signe de véritable et perpétuelle possession. »

CAFÉ FLORIAN
C'est le plus vieux café de Venise, fondé en 1720. Il est encore aujourd'hui l'un des lieux de rendez-vous les plus prisés des Vénitiens et des touristes.

CALDARIUM
Dans les thermes romains, le caldarium était la partie où se trouvaient les piscines chaudes et les bains de vapeur.

CAMPANILE
Vient de l'italien *campana,* « cloche d'église ». Deux destinations : la première est d'ordre religieux ; la grande tour, quadrangulaire ou cylindrique était accolée à l'église qu'elle surplombait. La seconde est d'ordre civil ; cette grande tour, sortie de son contexte religieux (Venise) servait à alerter, par ses cloches nichées très haut, les populations en cas de danger ou d'incendie.

CANALETTO (1697-1768)
Antonio Canal dit Canaletto est l'un des maîtres incontestés du védutisme italien. En 1720 il s'installe à Venise. Peintre méticuleux, il excelle dans les détails topographiques qu'il marque cependant d'une empreinte poétique. Ses ciels, la fluidité de ses couleurs en ont fait l'un des peintres les plus représentatifs de son temps.

CANOVA (1757-1822)
Antonio Canova devint le chef incontesté du néo-classicisme romain. Sculpteur attitré de Napoléon, admiré par Chateaubriand, il fut chargé, par ce dernier, de commandes officielles. On lui doit de magnifiques œuvres en marbre, finement travaillées, dont une superbe Pauline Borghèse, transformée en Vénus sensuelle.

CARBONARISME
Société secrète du début du XIXe siècle qui empreinte ses codes à la franc-maçonnerie. Bien qu'il se soit diffusé dans toute l'Europe occidentale, le carbonarisme (charbonnarisme en France) se circonscrit surtout à l'Italie. Issu de la résistance au bonapartisme, ce mouvement donnera plus tard naissance au Risorgimento.

CARNAVAL
Vient de l'italien, *carnevale* qui signifie Mardi gras et du latin médiéval *carne levare,* ôter la viande. Dernier jour avant la période de carême. Moment de liesse et de fêtes profanes. En Italie, le carnaval de Venise est toujours l'un des plus prisés. Bon nombre d'écrivains du Grand Tour ou du Petit Tour se sont laissés aller à des descriptions hautes en couleur des carnavals de Venise, Rome ou Naples, émerveillés par la richesse des masques et des déguisements, subjugués par les fastes de cette fête populaire.

CARROSSE
Véhicule luxueux, fermé, à quatre roues à suspension, tiré par quatre ou six chevaux. Moyen de locomotion des voyageurs du XVIIIe siècle.

CARIATIDES
Support en forme de statues féminines.

CASCATELLE
Vient de l'italien *cascatella* qui signifie petite cascade. Les plus belles cascatelles sont, en Italie, celles de Tivoli qui ont inspiré bon nombre d'écrivains et de peintres romantiques du XIXe siècle.

CAVEA
Ensemble des gradins qui entourent la scène d'un amphithéâtre romain antique.

CAVOUR (1810-1861)
Camille Benso, comte de Cavour. Fondateur du Risorgimento en 1847, il est député de Turin en 1848 et président du Conseil en 1852. Il cherche à tout prix à réaliser l'unité italienne pour faire de son pays une grande puissance européenne. Il négocie avec Napoléon III, en 1858, la création d'un royaume d'Italie du nord et obtient l'aide de l'empereur contre Nice et la Savoie. Il soutient Garibaldi. Il meurt avant que Venise soit rattachée à l'Italie nouvelle.

CHAPITEAU
Partie évasée placée au sommet d'une colonne ou d'un pilier, destinée à soutenir une architrave ou un arc.

CHAPITRE
Ensemble des chanoines d'une église collégiale ou cathédrale. Désigne également la salle où se tiennent les réunions des chanoines ou des moines.

CHARLES-ALBERT (1798-1849)
Fils de Charles-Emmanuel de Savoie, il devient roi de Sardaigne en 1831. Sur les conseils avisés de Baibo, il se fait le chantre de l'idée d'unité italienne. En 1848, il instaure la monarchie constitutionnelle. Il abdiquera en faveur de son fils Victor-Emmanuel II.

CHEMISES ROUGES
Nom donné aux combattants de Garibaldi en raison de leur uniforme.

CHŒUR
Partie d'une église ou d'une cathédrale où se déroulent les cérémonies autour de l'autel.

CHRIST PANTOCRATOR
Représentation byzantine du Christ en train de bénir.

CINQUECENTO (LA RENAISSANCE)
Mouvement de rénovation culturelle qui prit son envol en Italie au XVe siècle, et surtout au XVIe siècle dans toute l'Europe. (Cinquecento désigne en italien le XVIe siècle.)

CIRQUE
Lieu destiné, au temps de la Rome antique, aux jeux et aux courses de chars. Le cirque Maximus à Rome pouvait contenir plus de 300 000 personnes.

CLOCHETON
Petit clocher qui surmonte un édifice.

CLOÎTRE
Déambulatoire ouvert d'un monastère, donnant sur une cour ou un jardin intérieur.

COLISÉE
Colisée de Rome ou amphithéâtre Flavien. Édifice circulaire monumental à quatre étages, commencé par Vespasien et achevé par Titus en 80 après Jésus-Christ, qui pouvait contenir près de 100 000 spectateurs venus applaudir les combats de gladiateurs et les naumachies.

COLONNE
Pilier cylindrique supportant un arc, une architrave ou un entablement. Chaque colonne se termine par un chapiteau. Cet élément architectural a toujours été la représentation d'une grande imagination créatrice. C'est ainsi que l'on peut trouver des colonnes cannelées, rustiques, à tambours, fuselées ou torsadées.

COMMEDIA DELL'ARTE
Opposée au théâtre écrit et structuré, la commedia dell'arte, très populaire en Italie aux XVIe et XVIIe siècles, puise ses sources dans le travail d'improvisation. Cabrioles, pantomimes, acrobaties, masques sont les ingrédients traditionnels de ce théâtre dont les personnages légendaires s'appellent Arlequin, Pedrolino, Scaramouche, Pulcinella, le Capitan, Colombine (qui joue sans masque) ou Pantalon.

CONGRÈS DE VIENNE (1815)
En 1815, après la disparition de l'Empire, les grandes puissances européennes se réunissent à Vienne, en Autriche, pour refaire la carte de l'Europe transformée par Napoléon et régler le sort des États nouveaux d'Italie et de Pologne. L'Angleterre, la Russie, la Prusse, l'Autriche et la France avec Talleyrand font en sorte, par le jeu des alliances, de satisfaire les ambitions des uns et des autres. Talleyrand réussit surtout à éviter les convoitises inévitables de la Prusse, de la Russie et de l'Autriche, en s'alliant secrètement avec l'Angleterre.

CONTREFORT
Ouvrage de maçonnerie, situé à l'extérieur d'un monument pour faire contrepoids à la poussée d'un mur. Ce pilier en saillie peut également être séparé de l'édifice par un arc-boutant.

CORELLI (1653-1713)

Arcangelo Corelli, compositeur et violoniste virtuose italien, a passé pratiquement toute sa vie à Rome, soutenu par le cardinal Pamphili puis par le cardinal Ottoboni. On lui doit de nombreuses sonates pour violon et des concertos grossos. Il est le créateur de l'école classique du violon.

CROISÉE

Intersection de la nef et du transept d'une église.

COUPOLE

Voûte en forme de coupe renversée et semi-circulaire. Art byzantin et oriental. La coupole du Panthéon de Rome a un diamètre de quarante mètres.

DÉAMBULATOIRE

Galerie de circulation autour du chœur d'une église.

DONIZETTI (1797-1848)

Gaetano Donizetti. Compositeur italien. Il s'installe d'abord à Venise avant de choisir Naples, dont le rayonnement musical dépasse de loin les frontières du royaume. En 1838 il se fixe à Paris. On lui doit des œuvres aussi personnelles que *Don Pasquale, Lucia di Lammermoor* ou *L'Élixir d'amour.*

FLÈCHE

Extrémité souvent élancée et se terminant en pointe (comme une flèche) du clocher d'une église.

FORUM

Place centrale d'une ville romaine antique où l'on retrouve en général tous les édifices publics. Lieu où les habitants venaient discuter des affaires publiques, écouter les orateurs ou assister au retour triomphal des armées. Les Forum de Rome sont les plus impressionnants.

FRESQUE

Procédé pictural ancien qui consiste à peindre à l'aide de pigments de couleurs détrempés dans l'eau sur des couches d'enduit frais. Fresques égyptiennes, étrusques.

FRIGIDARIUM

Endroit, dans les thermes romains où se trouvaient les bains froids.

FRISE

Partie centrale de l'entablement, située entre l'architrave et la corniche, généralement ornée et décorée de reliefs sculptés.

GARIBALDI (1807-1882)

Giuseppe Garibaldi. Figure légendaire de l'unité italienne. À vingt-six ans il fait partie de la « Jeune-Italie » de Mazzini avant d'être obligé de fuir pour le Brésil, ayant été compromis dans un coup d'État. Il revient dans son pays en 1848 pour combattre les Autrichiens. Sa rencontre avec Cavour est décisive. Fervent adepte de l'unité italienne, il organise avec ce dernier l'expédition des *Mille* (chemises rouges) et s'empare de la Sicile. Convaincu que la capitale doit être transférée à Rome, il lance, malgré le désaveu des autorités piémontaises, des expéditions dans le Trentin et en Calabre qui se soldent par des échecs. En 1870 il se met au service de la République française contre l'Allemagne, avant de finir ses jours à Caprera où il écrit ses mémoires.

GOLDONI (1707-1793)

Carlo Goldoni est l'un des plus célèbres auteurs de théâtre italien. À Venise, sa patrie, il est le premier à transformer les pitreries de la commedia dell'arte en études de mœurs souvent acerbes et caustiques grâce à une plume alerte et un sens inné de l'observation. On lui doit des pièces comme *La Locanderia* ou *La Villégiature.*

GUARDI

Nom de deux peintres vénitiens illustres dont le plus connu est certainement Francesco (1712-1793). La « touche » Guardi se manifeste par une lumière étonnante, un soin du détail et surtout une maîtrise des couleurs fugitives et presque impressionnistes.

GUERRES D'ITALIE

En 1849, Louis-Napoléon n'est pas encore Napoléon III, empereur des Français, mais il est, depuis peu, leur président de la République. Pour soutenir l'État du Piémont contre les Autrichiens, il envoie un corps expéditionnaire. Il récidive la même année pour répondre aux injonctions du Pape luttant contre les républiques romaines. En 1850, les Français entrent dans Rome et rétablissent Pie IX. En 1859, après une entrevue, à Plombières, avec le Premier ministre piémontais, Cavour, Napoléon devenu empereur décide d'aider la maison de Savoie à s'agrandir en Italie et notamment en Lombardie. Il souhaite, par la même occasion, faire obstacle aux Carbonari désireux de détruire les États pontificaux au nom de l'unité italienne. Victorieux, Napoléon signe avec les Autrichiens le traité de Villafranca. En compensation, il reçoit Nice et la Savoie.

IMPLUVIUM

Bassin situé au centre de l'atrium dans les villas romaines antiques et destiné à recevoir les eaux de pluie.

LEOPARDI (1798-1837)

Giacomo Leopardi. Père de la poésie moderne italienne et considéré comme l'un des plus grands écrivains italiens ; il est l'auteur de poésies lyriques comme *Canzoni et Canti* mais aussi d'œuvres en prose d'une grande nostalgie *(Chant nocturne).*

LOCANDA
Nom italien désignant une auberge.

LOGGIA
Nom italien désignant une galerie ouverte sur l'extérieur au moyen d'une colonnade ou d'arcades.

LONGHI (1702-1785)
Pietro Faica dit Longhi. Peintre vénitien, chef de file de la peinture de genre décrivant avec talent la vie quotidienne aussi bien des Vénitiens du peuple que de la société mondaine de la ville. Sa peinture se caractérise par un sens aigu de la perspective, du choix des couleurs estompées et de la délicatesse du trait.

MACCHIAIOLI
Nom donné, en 1862, à un groupe de peintres italiens opposant à l'académisme une peinture de sensations plus proche de la nature et des aspirations quotidiennes de leurs contemporains. Ces artistes de talent utilisaient une technique basée sur une succession de touches larges et sur la lumière. Un mouvement éphémère dont les plus illustres représentants furent Telemaco Signorini et Giuseppe Abbati. Certains d'entre eux, en liaison avec l'école française de Barbizon, rejoindront très vite le mouvement impressionniste.

MACHIAVEL (1469-1527)
Niccolo Machiavelli. Homme politique et écrivain italien surtout connu pour son essai *Le Prince.* D'abord secrétaire au service de la république de Florence, il est envoyé comme ambassadeur dans divers pays d'Europe où son art de la diplomatie ne passe pas inaperçu. À Florence, il réorganise l'armée et prend une part active à la magnificence de la cité florentine. Confronté à divers bouleversements politiques, notamment le sac de Rome par Charles Quint et la mise à l'écart de la famille Médicis, il prend du recul et se consacre à l'écriture. Pour lui, la morale doit être subordonnée à la raison d'État. Un prince, s'il veut gouverner et incarner l'intérêt supérieur de la patrie, doit faire preuve de ruse et de dissimulation de pensée.

MANIN (1804-1857)
Daniele Manin. Cet avocat brillant s'est toujours battu contre le joug autrichien en Vénétie. Nommé président de la république de Venise en 1848, il dut capituler face aux Autrichiens l'année suivante et se retira à Paris jusqu'à sa mort.

MANZONI (1785-1873)
Alessandro Manzoni. L'un des plus grands écrivains italiens du XIXe siècle. Malgré ses origines aristocratiques et une certaine vie mondaine, il fut toujours attiré par l'idéologie républicaine. Fervent patriote, il milita pour une Italie unie et fustigea dans bien des écrits la mainmise étrangère. On lui doit plusieurs romans et surtout une fresque historique *Les Fiancés* qui influença bon nombre d'écrivains de la fin du siècle dernier.

MAZZINI (1805-1872)
Giuseppe Mazzini. Révolutionnaire et carbonaro, il fut l'une des figures emblématiques du Risorgimento. Souvent exilé à cause de ses idées, il crée en 1831 le mouvement « La Jeune-Italie » qui combat l'hégémonie des princes. Mazzini aspire à une humanité réformée, libre de ses choix. Il milite pour l'unité de l'Italie en fomentant des complots et des actions terroristes. En 1848, il participe à l'insurrection de Milan puis au gouvernement de la nouvelle République. Mais ses idées trop révolutionnaires et activistes lui valent d'être exclu par ses pairs. De nouveau en exil, il finit par être arrêté en 1870, en Sicile, mais sera amnistié.

MÉDICIS (COSME ET LAURENT)
Famille illustre de banquiers florentins qui, tour à tour, donnèrent à la ville un éclat et une renommée internationale. Laurent surnommé Laurent le Magnifique fut l'incarnation du « prince humaniste » sachant s'entourer de savants, d'artistes et de penseurs pour faire de Florence la capitale mondiale de la Renaissance.

LES MILLE
Nom donné à l'expédition menée par Garibaldi à la tête d'un millier de partisans contre le royaume des Deux Siciles.

MONNAIES (DUCAT, CARLIN, ÉCU, LIRE, FLORIN, JULES, ETC.)
Durant le XVIIIe et le XIXe siècle, les voyageurs qui foulaient le sol italien se trouvaient confrontés à des problèmes de change monétaire. En effet, la multiplicité des États générait des monnaies différentes. Qu'ils se trouvent dans un État appartenant au pouvoir pontifical, espagnol, autrichien, français, qu'ils traversent un duché italien différent du voisin, les étrangers avaient affaire au ducat, au florin, au réal, au Jules, à la lire, au carlin ou à l'écu. Heureusement les lettres de change et les nombreuses banques permettaient de pallier en partie à cet imbroglio monétaire. Il faudra attendre l'unité italienne pour que la lire devienne la monnaie unique d'un pays en devenir.

MONTAIGNE (1533-1592)
Michel Eyquem de Montaigne entreprit son voyage en Italie après être passé par l'Allemagne en 1580. Il y restera plusieurs mois, suivant le principe selon lequel le véritable humaniste doit pouvoir confronter ses idées avec la réalité. Un voyage

picaresque qui donnera naissance à un livre très personnel sur les us et coutumes des Italiens et qui servira, plus tard, de témoignage marquant à bon nombre de voyageurs.

MONTESQUIEU (1689-1755)
Charles de Secondat baron de Montesquieu, auteur de *L'Esprit des lois,* entreprit son périple italien au cours d'un long voyage en Europe, entre 1728 et 1731. Comme Montaigne, il voulait expérimenter ses connaissances sur le terrain et surtout avec la terre italienne, berceau de toutes les civilisations occidentales.

MOSAÏQUES
De l'art profane grec ou romain à la représentation religieuse byzantine, l'Italie est un reflet saisissant de l'art de la mosaïque. Que ce soient les sols de Pompéi, ou les coupoles décorées de l'église Saint-Marc à Venise ou de Montreale en Sicile, les mosaïques ont joué, jusqu'au XIVe siècle, un rôle capital dans la vision artistique des différentes civilisations qui ont peuplé l'Italie.

MURAT (1767-1815)
Joachim Murat. L'un des maréchaux d'Empire les plus courageux et les plus téméraires. Il fut l'aide de camp de Bonaparte lors de sa campagne d'Italie en 1796, avant de participer avec lui au coup d'État du 8 Brumaire. Fort de son amitié pour l'Empereur, il épouse la sœur de ce dernier, Caroline. Il devient, en 1808, roi de Naples. En 1814, il signe en secret un accord avec l'Autriche et l'Angleterre pour garantir son royaume. Mais ralliant Napoléon lors des Cent-Jours, il est obligé de fuir en Corse après le désastre de Waterloo. Tentant de reconquérir son royaume, il est fait prisonnier en Calabre et fusillé en 1815.

NAOS
Partie intérieure d'un temple classique, en forme de salle, où seuls les prêtres avaient accès.

NARTHEX
Vestibule réservé aux non-baptisés à l'époque des basiliques paléochrétiennes. Cet endroit pouvait se trouver à l'extérieur du monument, sous la forme d'un portique qui longeait la façade.

NEF
Dans une église ou une cathédrale, la nef est la partie comprise entre la façade et la croisée du transept.

NÉO-CLASSICISME
Expression artistique qui, entre la seconde moitié du XVIIIe siècle et le début du XIXe, prônait un retour aux modèles de l'Antiquité classique. Greuze, David ou Canova en seront les principaux adeptes.

OGIVE
Désigne d'abord la croisée des nervures d'une voûte gothique. Par la suite ce mot fut assimilé aux arcs en ogive.

PAGANINI (1782-1840)
Niccolo Paganini. Certainement l'un des violonistes les plus doués de tous les temps. Ce compositeur, connu dans toute l'Europe, a ouvert pour cet instrument des champs de possibilités musicales qui font encore référence aujourd'hui.

PELLICO (1789-1854)
Silvio Pellico. Cet écrivain italien, carbonaro et farouche patriote, s'est fait connaître de ses contemporains par son témoignage vibrant sur sa détention au Spielberg, *Mes prisons.*

PERGOLÈSE (1710-1736)
Giovanni Battista Pergolesi. Il écrit son premier opéra à l'âge de vingt et un ans alors qu'il est maître de chapelle à Naples, la ville qui a supplanté Venise. Pergolèse, disciple de Scarlatti, mène l'opéra bouffe à son paroxysme avec *La Servante maîtresse* qui, interprétée à Paris en 1752, sera à l'origine de la querelle des bouffons. Atteint de tuberculose, le jeune homme se retire dans un monastère. On lui doit un *Stabat mater* de toute beauté.

PÉRISTYLE
Dans la maison romaine, cour intérieure bordée de colonnes sur laquelle s'ouvraient les pièces à vivre.

PIRANDELLO (1867-1936)
Luigi Pirandello. Sicilien et fier de l'être, il n'a abordé le théâtre que vers l'âge de cinquante ans. Un théâtre fécond où la folie, la détresse, la solitude de personnages incapables de reconstituer leur propre image hantent des pièces magistrales comme *Six personnages en quête d'auteur*, *À chacun sa verité* ou *Ce soir on improvise.* En 1934, il reçut le Prix Nobel de littérature.

PRONAOS
Vestibule situé, dans les temples antiques, entre la cella et les colonnes de la façade.

PUCCINI (1858-1924)
Giacomo Puccini. Compositeur italien célèbre pour ses opéras véristes comme *La Tosca, La Bohème* ou *Turandot.*

QUATTROCENTO
XVe siècle italien. Désigne un siècle d'opulence artistique autour des Médicis et de l'humanisme.

RETABLE
Tableau d'autel de grande dimension.

RISORGIMENTO
Signifie Renaissance. Mouvement philosophique et littéraire italien du XVIIIe siècle qui se transforme au XIXe en mouvement politique de combat pour réaliser l'unité italienne.

ROCOCO
Style artistique du XVIIIe siècle qui se retrouve dans un grand nombre de pays européens et notamment en Allemagne (architecture), en Italie et en France (peinture). Ce style se caractérise par une décoration foisonnante aux volutes asymétriques et compliquées. Un art aérien et empreint d'une grande liberté créatrice. Il sera supplanté par le néo-classicisme.

ROSSINI (1792-1868)
Gioacchino Rossini. L'un des plus grands compositeurs italiens du XIXe siècle, auteur du célèbre *Barbier de Séville.*

ROSTRES
Célèbre tribune aux harangues située sur le forum romain.

SAVONAROLE (1452-1498)
Girolamo Savonarola. Prédicateur italien qui réussit à faire peur aux princes des villes de Toscane et notamment à celui de Florence qui le laissa gouverner. Mais sa dictature et ses changements radicaux des mœurs poussèrent les Florentins, encouragés par le clergé romain dont Savonarole critiquait la corruption, à l'arrêter et à le pendre.

SCARLATTI (1660-1725)
Alessandro Scarlatti. Auteur de plus de 110 opéras, 700 cantates et oratorios, ce maître de la chapelle royale de Naples apparaît comme le chef de file incontesté de la musique italienne du XVIIe siècle et du début du XVIIIe. Il est surtout connu pour être le précurseur du bel canto et un fervent adepte de l'opéra bouffe.

STYLE ARABE
À partir de 826 après Jésus-Christ, les Arabes envahissent la Sicile et vont laisser des traces artistiques qui, bien que rares, vont s'harmoniser avec les autres styles. (Volutes, arabesques, coupoles.)

STYLE BYZANTIN
L'une des plus éclatantes représentations de l'art byzantin se retrouve dans l'église Saint-Marc à Venise mais aussi à Ravenne. Un art ou la mosaïque tient une place de choix et ou l'architecture (Venise) s'aère et se cisèle.

STYLE CORINTHIEN
Ordre architectural grec qui se manifeste surtout dans des chapiteaux décorés de deux feuilles d'acanthe enroulées autour d'un faisceau.

STYLE DORIQUE
Ordre architectural grec. Les colonnes doriques, à contracture et cannelées, se terminent par des chapiteaux formés de liserés courbes.

STYLE GOTHIQUE
Il a fallu un certain temps à l'Italie pour se mettre à l'art gothique né en France au début du XIIe siècle. Si les moines cisterciens réussissent à implanter les premières églises dans l'Italie du Nord, les transalpins se montrent peu enclins à faire du « français ». Et il faut attendre la fin du XIIIe siècle et le XIVe pour que l'art gothique « à l'italienne » voit réellement le jour, avec Florence et Sienne comme point de référence. Un art qui se distingue par la prolifération des sujets sculptés inspirés directement des bas-reliefs de l'antiquité romaine.

STYLE IONIQUE
Ordre architectural grec qui utilise la colonne cannelée et le chapiteau à deux volutes.

STYLE NORMAND
L'art normand se retrouve principalement en Sicile et en Calabre. Il se distingue par un mélange savant d'arts normand, byzantin, arabe, latin et grec. Beaucoup d'églises et de cathédrales sont construites sur le schéma de la basilique latine mais enrichies de décors externes et internes (mosaïques, décorations polychromes). Beaucoup de châteaux massifs, quadrangulaires et à tours d'angles.

STYLE ROMAN
Le nom de « roman » a été donné, à tort, au XIXe siècle à un style qui aurait continué l'art romain antique. Cet art a trouvé sa source au XIe siècle autour du bassin méditerranéen et l'Italie en présente des aspects multiformes dans un grand nombre de villes, du Nord au Sud. La référence byzantine est présente dans beaucoup d'églises romanes grâce aux peintures murales, aux panneaux et revêtements polychromes. On peut ainsi citer San Miniato à Florence, les baptistères de Pise et de Lucques sans oublier les nombreuses églises des Pouilles ou celles qui dominent le lac de Côme.

LE TASSE (1544-1595)
Torquato Tasso dit le Tasse. Moraliste italien, d'une extrême sensibilité, est l'auteur magistral de *La Jérusalem délivrée,* un long poème épique qu'il passera son temps à renier et à mutiler. Atteint de folie, il séjourne longtemps à l'asile de Sainte-Anne de Ferrare, compose une tragédie, *Torrismondo* et surtout des discours sur l'art poétique. Ses « morales du Tasse » serviront de témoignage précieux sur l'esprit de son temps et ses crises de conscience. Après une vie d'errance et de vagabondage, il mourra, avant de connaître la gloire que lui valut sa consécration par le Pape comme poète favori.

TEPIDARIUM

Partie des thermes où les Romains pouvaient prendre des bains tièdes avant de se plonger dans les bains chauds du caldarium.

THÉÂTRE DE LA SCALA

Théâtre lyrique de Milan réputé dans le monde entier. Inauguré en 1778, il fut détruit en 1943 avant de renaître de ses cendres en 1948. Ce lieu magique du bel canto fut consacré par des compositeurs comme Rossini, Bellini, Donizetti ou Verdi.

THÉÂTRE DE LA FENICE

L'un des plus beaux théâtres italiens et du monde, le plus grand et le plus imposant de Venise, construit entre 1790 et 1792 par Antonio Selva. Le *Tancrède* de Rossini y fut joué pour la première fois ainsi que certains opéras de Verdi.

THERMES

Bains publics des Romains de l'Antiquité. Les Thermes de Caracalla, à Rome, étaient parmi les plus imposants du monde antique.

TIEPOLO (1696-1770)

Giovanni Battista Tiepolo. Peintre surdoué, il peut être considéré, à juste titre, comme le dernier grand décorateur baroque italien. Maître de la couleur, du faste et du mouvement, on lui doit des trompe-l'œil magnifiques et des plafonds d'une grande fraîcheur.

TRANSEPT

Nef transversale qui sépare le chœur de la nef principale et donne à l'église la forme d'une croix.

TRICLINIUM

Lit à trois places sur lequel les Romains se couchaient pour manger et qui donne son nom à la salle-à-manger des maisons romaines.

TYMPAN

Surface pleine souvent arrondie et placée au-dessus du portail d'une église. Ces tympans sont, la plupart du temps, décorés de fresques peintes ou de bas-reliefs.

VEDUTISME

Art de la vue. Désigne la peinture de paysages urbains ou suburbains réalisés en plein air, dont les maîtres italiens furent les principaux instigateurs. Canaletto ou Guardi.

VICTOR-EMMANUEL II (1820-1878)

Fils de Charles-Albert. Roi de Sardaigne, à l'abdication de son père, il fut désigné comme le premier roi d'Italie de 1861 à 1878 grâce à Cavour dont il fit son Premier ministre.

VILLA

Maison de villégiature et de plaisance à la Renaissance. Auparavant, du temps des Romains et des Mérovingiens, la villa était synonyme d'une riche exploitation latifundiaire.

VILLA MÉDICIS (ACADÉMIE DE FRANCE À ROME)

Palais magnifique construit au XVIe siècle par Annibale Lippi sur le Pincio, à Rome. Devenue en 1803, par la volonté de Napoléon Ier, le siège de l'Académie française des Beaux-Arts, fondée par Colbert en 1666, la Villa Médicis accueillit un grand nombre d'artistes de renom, lauréats du grand prix de Rome.

VIVALDI (1678-1741)

Antonio Vivaldi. L'un des plus grands compositeurs italiens du XVIIIe siècle. Ordonné prêtre en 1703, il fut nommé maître des chœurs de l'hôpital de la Pieta à Venise, institution réputée pour jeunes filles où il écrivit la plupart de ses œuvres. Créateur très prolifique, il excella dans tous les genres musicaux. On lui doit notamment les célèbres *Quatre Saisons*. Maître incontesté de la musique instrumentale, il influença la plupart des compositeurs européens de son époque.

VOITURIER

Conducteur de voiture très prisé aux XVIIIe et XIXe siècles. Élément indispensable du voyage, il ne se contentait pas de véhiculer ses « clients » à travers toute l'Italie mais servait également de guide et d'organisateur. C'est lui, notamment, qui réservait les auberges, s'occupait des chevaux dans les relais de poste. Un personnage souvent haut en couleur qui figurera dans bon nombre d'écrits des « aventuriers » de la péninsule.

VOÛTE

Ouvrage de maçonnerie couvrant un espace. La voûte est en général cintrée et formée d'éléments architecturaux maçonnés de différentes factures (brique, pierre). Les types de voûtes les plus utilisés sont les coupoles, les voûtes d'arêtes, les voûtes sur croisées d'ogives ou en arcs.

BIBLIOGRAPHIE

ALISIO, Giancarlo, *Napoli nell'ottocento.* 1992, Naples.
ASSELINEAU, Charles, *L'Italie et Constantinople,* 1869.
BAEDEKER, Karl, *L'Italie, des Alpes à Naples*, 1909, Paris.
BARRÈS, Maurice, *Du sang, de la volupté et de la mort*, 1894.
BARRÈS, Maurice, *Amori et dolori sacrum,* 1921.
BAZIN, René, *Les Italiens d'aujourd'hui*, 1894, Paris.
BAZIN, René, *Sicile,*1909.
BECKFORD, Peter, *Letters from Italy,* 1805.
BECKFORD, William, *Voyage d'un rêveur éveillé* (de Londres à Venise). 2 vol., Corti.
BERLIOZ, Hector, *Mémoires,* 1870, 2 vol.
BERTAUX, Émile, *Rome,* 1905, Paris.
BLANC, Charles, *De Paris à Venise,* 1857, Paris.
BONSTETTEN, Charles de, *Voyage dans le Latium,* 1804, Genève.
BOSWELL, James, *Journaux, Boswell on the grand tour : Italy, Corsica and France*, 1765/66.
BOUCHOD, Pierre de, *Bologne,* 1909, Paris.
BOULLIER, Auguste, *L'île de Sardaigne,* 1865, Paris.
BOURGET, Paul, *Sensations d'Italie,* 1891.
BRILLI, Attilio, *Le Voyage d'Italie,* 1989, Flammarion, Paris.
BRILLI, Attilio, *Il « petit tour »,* 1988, Milano.
BRILLI, Attilio, *La citta ritrovate,* 1990, Milan.
BRION, Marcel, *Venise,* 1962, Paris.
BRION, Marcel, *Pompéi et Herculanum,* 1960, Paris.
BROCKEDON, William, *Italy, Classical, Historical and Picturesque*, 1842-1844, Londres.
BROOKS et VAN WYCK, *The dream of Arcadia : American writers and artists in Italy, 1760-1915*, 1958, New York.
BROSSES, Charles de, *Lettres familières écrites d'Italie en 1739 et 1740*, 1858, 2 vol.
BROUDE, Norma, *The Macchiaioli,* 1987, New Haven Yale University Press.
BURCKHARDT, Jacob, *La culture de la Renaissance*, 1885, 2 vol.
BURCKHARDT, Jacob, *Les Cicerone,* 1885.
BURGESS, Anthony, *Le grand siècle du voyage*, 1967, Paris.
BUTLER, Samuel, *Alps and sanctuaries,* 1881, Londres.
BYRON, Lord, *Lettres et journaux,* 1830.
BYRON, Lord, *Childe Harold,* 1812-1818.
CASSINI, Jean-Dominique, *Manuel de l'étranger qui voyage en Italie*, 1778, Paris.
CASTELLAN, Laurent, *Lettres d'Italie,* 1819, Paris.
CHATEAUBRIAND, François-Auguste-René de, *Voyage en Italie,* 1827, Paris.
CHATEAUBRIAND, François-Auguste-René de, *Mémoires d'outre-tombe*, 1849-1850.
CHERBULLIEZ, Victor, *Prince Vitale,* 1864.
COOLDRINK, Jean, *Stendhal, l'Italie au cœur,* 1992, Paris.
COOPER, James Fenimore, *Italy by an American et Excursions in Italy* (1837-1838).
COURIER, Paul Louis, *Lettres écrites de France et d'Italie, 1868*, 3 vol.
CUSTINE, Adolphe de, *Mémoires et voyages ou lettres écrites à diverses époques*, 1830, Paris.
CLAUDON, Francis, *Le Voyage romantique,* 1986, Lebaud, Paris.
COLET, Louise, *L'Italie des Italiens,* 1862-1864, Paris.
COLOMB, Romain, *Journal d'un voyage en Italie et en Suisse pendant l'année 1828*, 1833.
DE SETA, Cesare, « L'Italia nello specchio del grand tour », in *storia d'Italia, annali 5,* 1982. Turin. *L'Italia del grand tour*, 1992.
DELECLUZE, Étienne-Jean, *Souvenirs de 60 années,* 1862. Paris.
DENIS, Maurice, *Carnets de voyage en Italie*, 1925, Paris.
DENON, Dominique, Vivant, *Voyage en Sicile,* 1993, Le Promeneur, Paris.
DICKENS, Charles, *Pictures from Italy,* 1846.
DIEHL, Charles, *Palerme et Syracuse,* 1907.
DIEHL, Charles, *Ravenne,* 1903, Paris.
DU BOIS-MELLY, Charles, *Voyage d'artiste en Italie*,1877.
DU CAMP, Maxime, *Souvenir d'un demi-siècle*, 1849, Paris.
PINOT, Charles, dit DUCLOS, *Voyage en Italie.* 1791, Paris.
DUMAS, Alexandre, *Une année à Florence,* François Bourin, Paris.
DUMAS, Alexandre, *Le Spéramare.*
DUMAS, Alexandre, *Le Corricole.*
DUMAS, Alexandre, *Voyage en Calabre.*
DUMAS, Alexandre, *Mes mémoires,* 1992, Laffont, « Bouquins », Paris.
DUPATY, Charles, *Lettres sur l'Italie,* 1785, 2 vol.
DURBE Dario et FOLCONI Cinzia, *La Firenze del Macchiaioli,* 1985, Rome.
FERNANDEZ, Dominique, *Le Banquet des anges,* 1984, Paris.
FERNANDEZ, Dominique, *Le Promeneur amoureux,* 1980, Paris.
FERNANDEZ, Dominique, *De Venise à Syracuse* ,1980, Paris.

FLAUBERT, Gustave, *Correspondances,* Gallimard, La Pléiade, Paris.
FORBIN, comte de, *Voyage dans le Levant en 1817 et 1818. Souvenirs de la Sicile,* 1823.
FORSYTH, Joseph, *Remarks on antiquities, arts and letters, during an excursion in Italy in the years 1802 and 1803*, 1813, Londres.
FOUILLE, Jean de, *Gênes,* 1907, Paris. *Pise et Lucques*, 1914, Paris.
GALASSI, Peter, *Corot en Italie,* 1991, Gallimard, Paris.
GASPARIN, comtesse de, *Voyage d'une ignorante dans le Midi de la France et l'Italie*, 1865, Paris.
GAUTHIER, Pierre, *Milan,* 1905, *Paris.*
GAUTIER, Théophile, *Italia,* 1852.
GAUTIER, Théophile, *Lettres à la Présidente,* 1890.
GEBHART, Émile, *Florence,* 1907, Paris.
GEOFFROY, I., *Un mois en Italie,* 1909, Paris.
GIBBON, Edward, *Journal du grand tour en Italie. Mémoires recueillies et publiées par Lord Sheffield*, 1796
GIGANTE, Giacinto, *La scuola di posillipo,* 1993, Naples.
GOETHE,Johann Wolfgang von, *Voyage en Italie,* 1861-1863.
GONCOURT, Edmond et Jules de, *Journal,* 3 vol. Laffont, « Bouquins », Paris.
GONCOURT, Edmond et Jules de, *L'Italie d'hier. Notes de voyage 1855-1856*, 1894, Paris.
GONCOURT, Edmond et Jules de, *Madame Gervaisais,* 1876.
GOUNOD, Charles, *Mémoires d'un artiste,* 1896, Paris
GOURDAULT, Jules, *Les Villes de la Toscane*.
GOURDAULT, Jules. *L'Italie pittoresque,* 1883.
BERGERET de GRANCOURT, *Voyage en Italie 1773/1774*, 1948, Paris
GREGOROVIUS, Ferdinand, *Années de vagabondage en Italie.*
GREGOROVIUS, Ferdinand, *Rome et ses environs.*
HAWTHORNE, Nathaniel, *La Faune de marbre,* 1860.
HAWTHORNE, Nathaniel, *Passages from the French and Italian Note-books,* 1871, Londres.
HEINE, Henri, *Les Reisebilder* (Tableaux de voyage), 1826-1827, 4 vol.
HENRIOT, Émile, *Promenades italiennes,* 1930.
HERSANT, Yves, *Italies. Anthologie des voyageurs français aux* XVIII*e et* XIX*e siècles,* 1988, Laffont « Bouquins », Paris
HESSE, Hermann, *Voyage en Italie 1911/1913*, 1992, José Corti, Paris.
HIBBERT, Christopher, *The grand tour,* 1987, Londres.
HILLARD, George Stillman, *Six months in Italie ,* 1847.
HOUEL, Jean-Pierre-Laurent, *Voyage en Sicile,* 1990, Pans, Réunion des Musées nationaux.
HOUSSAYE, Arsène, *Voyage à Venise,* 1850, Paris.
HOUSSAYE, Arsène, *Souvenirs d'un demi-siècle*, 1885-1891.
HOWELLS, William Dean, *Italian journeys,* 1866.
HOWELLS, William Dean, *Tuscan Cities,* 1867.
L'Italie au temps de Stendhal, 1966, Paris.
JAMES, Henry, *Italian's Hours,* 1909.
JAMESON, Mrs Anna, *The Diary of an ennuyée,* 1829.
JANIN, Jules, *Voyage en Italie,* 1839.
JOUSSET, Pierre, *L'Italie illustrée,* Larousse, Paris.
KEMERI, Sandor, *Promenades d'Anatole France*, Paris, 1927.
LABAT, Jean-Baptiste, *Voyage en Espagne et en Italie*, 1732.
LABICHE, Eugène, en Italie d'après ses carnets de route 1834, José Corti, 1988.
LALANDE, Joseph-Jérôme Lefrançois de, *Voyage d'un Français en Italie*, 1769, 3 vol.
LAMARTINE, Alphonse de, *Graziella,* 1852.
LAMARTINE, Alphonse de, *Voyage en Orient,* 1832/1833.
LAMARTINE, Alphonse de, *Mémoires,* 1870, Correspondance 4 volumes, Paris, 1881.
LELIÈVRE, Pierre, *Vivant Denon,* 1993, Picard, Paris.
LENORMANT, François, *À travers l'Apulie et la Lucanie, notes de voyage*s, 1883, Paris.
MAMMUCARI, Renato, et NOBILONI, *Nello I castelli romani,* 1988, Rome.
MAUCLAIR, Camille et BOUCHOR. J.F., *Naples et son golfe,* 1828, Paris.
MAUCLAIR, Camille et BOUCHOR, J.F., *Rome,* 1932, Paris.
MAUCLAIR, Camille et BOUCHOR, J.F., *Assise.*
MAUCLAIR, Camille et BOUCHOR, J.F., *Venise.*
MAUCLAIR, Camille et BOUCHOR. J.F., *Vérone et le lac de Garde.*
MAUPASSANT, Guy de, *La vie errante,* 1890, Paris.
MELVILLE, Herman, *Journal of a visit to Europe and the Levant*, 1855.
MÉRIMÉE, Prosper, *Lettres à une inconnue*, 1874, 2 vol. *Lettres à monsieur Panizzi 1850/1870*, 1881, 2 vol.
MOMMSEN, Theodor, *Italienische Reise*, Lettres.
MONTAGU, Lady Mary Wortley, *Turkish letters,* 1763.
MONTAGU, Lady Mary Wortley, *Lettre à sa fille lady Bute,* 1763/67.
MONTAIGNE, Michel Eyquem de, *Journal de voyage en Italie par la Suisse et l'Allemagne*, 1774 Paris
MONTESQUIEU, Charles de SECONDAT, baron de, *Journal de voyage.*
MONTULE, Ed de, *Voyage en Amérique, en Italie, en Sicile et en Égypte*, 1821, Paris, 2 vol.
MORGAN, Lady Sydney, *Italy,* 1821.
MUSSET, Paul Edme de, *En voiturin. Courses en Italie et en Sicile,* 1885, Paris, 2 vol.
MUSSET, Paul Edme de, *Voyage pittoresque en Italie*, 1855, 2 vol.

NETO-DAGUERRE, Isabelle, COUTAGNE, Denis, *Granet, peintre de Rome,* Association des amis du musée Granet, 1992, Aix-en-Provence.
NOAKES, Vivian, *Edward Lear 1812-1888,* 1985, Londres.
NOON, Patrick, *Richard Parkes Bonington,* 1992, Paris. Réunion des musées nationaux.
OLSON, Roberto J.M., *Ottocento,* 1993, Pittsburgh.
PEROWNE, Stewart, *Rome,* 1971, Londres.
PICOUET, Philippe, *Manet et Venise,* 1986, Paris.
PIRANESE, *Magniticenza di Roma ottocento*, catalogo delle'arte italiana, n° 21, 1992, Rome.
Pittura in Italia, la, « L'Ottocento », 1990, Electra, 2 vol.
POWELL, Earl. A., *Thomas Cole,* 1990, New-York.
POWER, Margaret, BLESSINGTON, Lady, *The Idler in Italy,* 1839.
QUINET, Edgar, *Allemagne et Italie,* 1839, Paris.
RÉMY, Pierre-Jean, *Toscanes,* 1989. Paris, Albin Michel.
RENAN, Ernest, *Vingt jours en Sicile*.
RENAN, Ernest, *Lettres à Berthelot,* 1898.
RENAN, Ernest, *Mélanges d'histoire et de voyages*, 1878.
RENAN, Ernest, *Voyages.*
RÉGNIER, Henri de, *Esquisses vénitiennes,* 1906, Paris.
RÉGNIER, Henri de, *L'Altana ou la vie vénitienne*, 1928, 2 vol.
RÉGNIER, Henri de, *Contes de France et d'Italie*.
RÉGNIER, Henri de, *Supplément aux lettres d'Italie du Président de Brosses*, 1929. Paris.
REVEL, Jean-François, *Pour l'Italie.* 1977, Paris.
RICHARD, Jean-Claude, abbé de SAINT-NON, *Voyage pittoresque ou descriptions des royaumes de Naples et de Sicile*, 1781/1786, 5 vol.
ROGERS, Samuel, *Italian Journey,* 1956, Oxford. *Italy,* 1822.
POSA, Pier Andréa de, et TRASTULLI, Paolo Emilio, *Roma d'una volta*, 1991, Rome.
ROUSSEAU, Jean-Jacques, *Les Confessions,* Gallimard, la Pléiade, Paris.
RUSKIN, John, *The stones of Venice* (1851-1853), 3 vol.
RUSKIN, John, *Letters to his parents*.
RUSKIN, John, *Le Val d'Arno,* 1922, Paris.
RUSKIN, John, *Les matins de Florence,* 1922, Paris.
SADE, Donatien-Alphonse-François, marquis de, *Voyage d'Italie*, 1776.
SAINTE-BEUVE, Charles Augustin, *Voyage à Naples,* 1945.
SAND, George, Lettres d'un voyageur, 1863.
SHARP, Samuel, *Letters from Italy,* 1766.
SCHIFFANO, Jean-Noël, *Désir d'Italie,* 1992, Paris.
SCHNEIDER, Edouard, *Promenades d'Italie,* 1926.
SIMOND, Louis, *Voyage en Italie et en Sicile*, 1827, Paris, 2 vol.
SMOLETT, Tobias, *Voyages en France et en Italie*, 1766.
STAËL, Anne-Louise-Germaine, dite Mme de, *Corrine ou l'Italie*, 1807.
STARKE, Marianna, *Letters from Italy,* 1800.
STARKE, Marianna, *Travels on the continent,* 1820.
STERN, Daniel, *Florence et Turin,* 1862, Paris.
STEBBINS, T., *The lure of Italy*, 1992, Boston.
STENDHAL, *Rome, Naples et Florence*, 1817.
STENDHAL, *Promenade dans Rome*, 1829.
STENDHAL, *Histoire de la peinture en Italie*, 1817.
STENDHAL, *La Chartreuse de Parme,* 1839.
STENDHAL, *Les Chroniques italiennes*.
STENDHAL, *Correspondance,* Gallimard, La Pléiade, Paris, 2 vol.
STENDHAL, *Journal d'Italie,* publié par Paul Arbelet, 1911, Paris.
STERNE, Lawrence, *A sentimental journey through France and Italy*, 1768.
SUARÈS, André, *Le Voyage du condottiere*, 1910.
SUARÈS, André, *Italie, Italie.* 1915.
SWINBURNE, Henri, *Voyages dans le Royaume des Deux Siciles*, 1785, 2 vol.
TAINE, Hippolyte, *Voyage en Italie,* 1866, Paris.
THEDENAT, Henry, *Pompei,* 1906, Paris.
TICKNOR, George, *Life, letters and journals*, 1906.
TÖPFFER, Rodolphe, *Premiers voyages en zig-zag. Nouveaux voyages en zig-zag*.
TURNER, William, *Turner's Venice* (présenté par Lindsay Stainton), 1985, Londres.
TURNER, William, *Turner en voyage* (présenté par Andrew Wilton), 1983, Paris.
TWAIN, Mark, *Les Innocents en voyage,* 1982, Paris.
VALERY, Antoine Claude PASQUIN dit, *Voyages historiques et littéraires en Italie pendant les années 1826, 1827, 1828, 1831*, 5 volumes.
VALETTE, Gaspard, *Promenades dans le passé*, 1906.
VALETTE, Gaspard, *Reflets de Rome,* 1909.
VEUILLOT, Louis, *Le parfum de Rome,* 1865, 2 vol.
VIGEE-LEBRUN, Louise, *Souvenirs,* 1835/37, Paris.
VILLENEUVE, Camille, *Deux mois en Italie,* 1885.
VIOLLET-LE-DUC, Eugène, *Lettres d'Italie,* 1971.
VUILLIER, Gaston, *La Sicile,* 1896, Paris.
WHARTON, Edith, *Italian villas and their gardens*, 1904. New-York.
WILTON, Andrew et LYLES, Anne, *The great age of British Watercolors 1750/1880*, 1993, Londres.
WOLFF, Albert, *Le Tyrol et la Carinthie,* Paris, 1872.
YRIARTE, Charles, *Les bords de l'Adriatique et le Monténégro*, 1878, Paris.
ZOLA, Émile, *Mes voyages. Lourdes, Rome, journaux inédits* présentés et annotés par René Ternois, 1958, Paris.

Achevé d'imprimer sur les presses de Milanostampa
octobre 2001
Imprimé en Italie